数字新媒体营销产教融合型系列教材

电商新媒体运营

DIANSHANG XINMEITI YUNYING

主　编　施晓岚　王　勇　黄湘萌

苏州大学出版社
Soochow University Press

图书在版编目(CIP)数据

电商新媒体运营 / 施晓岚,王勇,黄湘萌主编. -- 苏州:苏州大学出版社,2024.9. -- (数字新媒体营销产教融合型系列教材). -- ISBN 978-7-5672-4634-8

Ⅰ. F713.365.2

中国国家版本馆 CIP 数据核字第 2024HP3170 号

书　　名：	电商新媒体运营
主　　编：	施晓岚　王　勇　黄湘萌
责任编辑：	史创新
助理编辑：	周　雪
封面设计：	刘　俊
出版发行：	苏州大学出版社(Soochow University Press)
社　　址：	苏州市十梓街1号　邮编:215006
印　　装：	苏州市古得堡数码印刷有限公司
网　　址：	www.sudapress.com
邮　　箱：	sdcbs@suda.edu.cn
邮购热线：	0512-67480030
销售热线：	0512-67481020
开　　本：	787 mm×1 092 mm　1/16　印张:17.5　字数:384 千
版　　次：	2024 年 9 月第 1 版
印　　次：	2024 年 9 月第 1 次印刷
书　　号：	ISBN 978-7-5672-4634-8
定　　价：	54.00 元

凡购本社图书发现印装错误,请与本社联系调换。服务热线:0512-67481020

本书编写组

主　编　施晓岚　王　勇　黄湘萌
副主编　孙伟国　任　鹏　颜清波　宋庆海
参　编　（按姓氏笔画排序）
　　　　王皓月　刘开隆　宋　君　张　睿
　　　　张佳琪　赵晓芸　郭翩翩

Preface......
前 言

移动互联网应用的高速发展，为电子商务交易带来了无限可能，依托电子网络渠道的商务、销售活动也在近年内完成了迭代更新，从淘宝、京东等平台的网页销售到电商4.0时代的线上线下的融合，电商行业呈现出多元化、个性化的发展趋势，同时也面临着竞争加剧、消费者需求变化等挑战。新媒体是继报纸、广播、电视等传统媒体之后，依托互联网信息技术发展起来的新的媒体形态，主要包括网络新媒体、移动社交新媒体和智能数字新媒体等，其运营的能力决定了企业电商行为的触达能力。以消费者为中心的数据驱动的泛零售形态，将过去的经验营销转为未来的精准数据营销，重构"人""货""场"，促进全产业链升级。电商新媒体运营强调社交网络和产业生态的结合，是适应线上、线下、物流、数据、技术完美结合的电商发展时代要求的必然选择。很多企业成立了新媒体事业部，并将新媒体作为自己的重点营销方式，积极主动地开展微信营销、微博营销、直播销售、短视频运作等系列活动。在技术赋能和消费升级背景下，融购物需求与情感需求于一体，建构"货到人"沉浸式商业场景，满足消费者购物、娱乐、社交多维一体需求。

基于电子商务、市场营销、供应链管理等专业的发展要求以及现实企业电商活动的知识诉求，急需符合产业发展技术特点和应用场景的新媒体运用教材，指导企业和相关专业学生通过互联网新媒体平台，如微信、微博、抖音、快手等，进行品牌推广、产品销售、用户互动，从而提高品牌知名度、吸引潜在客户、促进产品销售和提高客户满意度。提高新媒体运营的能力，更好地切入电商4.0时代的竞争。

本书系常熟理工学院商学院与电商行业供应链品牌服务商头部企业上海路捷鲲驰集团股份有限公司联合编写的产教融合型教材，采用大量的现实案例和电商实际运营数据，从电商新媒体运营的实务出发，分三个篇目完整介绍了现阶段电商运营过程中围绕新零售线上线下融合开展的各项工作，包括新媒体的内容创作、社交媒体的运营、消费者数据分析、用户关系管理等，以进阶的方式呈现内容：

上篇"新媒体运营逻辑"从新媒体发展历程谈起，介绍了新媒体电商运营的基本模式，解析直播带货和短视频变现的差别；从用户画像明确品牌定位和目标受众，制定有针对性的内容策略；全面分析了各类电商平台和新媒体运营渠道。

中篇围绕直播电商的实务操作，完整阐述了"人、货、场"的精准匹配，优化"成本、效率、体验"系统目标。对直播的主播定位、货品定位、客群定位、场景定位，整场直播的筹划准备、IP打造、流量转化，以及直播复盘与数据优化，作出了明确的分析指导。

下篇针对短视频的制作运营进行了技术性的介绍和展示，以内容营销为流量基础，短视频的内容定位和画面拍摄制作技巧在推广中起着至关重要的作用；进一步介绍了短视频账号的运营和传播的方法途径。

电商领域新媒体市场瞬息万变，本书在介绍知识和方法的同时，前瞻性地分享了直播货品无边界化、直播场景向全渠道渗透、头部主播品牌溢出、供应链多元塑造、行业竞争加剧、行业监管加强等趋势内容。随着行业规范化程度的不断提高，电商新媒体运营对产业变革、经济赋能以及社会效应的影响还将不断增强。

本书由常熟理工学院的多位专业教师和鲲驰集团的管理人员、企业导师联合编写，具体的分工如下：第1章、第2章、第3章由黄湘萌编写；第4章由施晓岚、黄湘萌编写；第5章由孙伟国、施晓岚编写；第6章由施晓岚编写；第7章由施晓岚、刘开隆编写；第8章、第9章由施晓岚编写；第10章由任鹏编写；第11章由颜清波编写；第12章由宋庆海、施晓岚编写。王勇从企业端口提供了丰富的实操数据并编写了运营案例；宋君全面参与了教材编写的实地调研；赵晓芸、郭翩翩提供了大量实操案例；王皓月、张佳琪、张睿参与了教材编写素材收集，全书由施晓岚和王勇负责整体的统筹、修改和定稿。

全书的设计、编写得到了常熟理工学院商学院、电商产业学院以及张国平、施杨、宋君、田林、梁柏松、尹自强等各位领导和相关教师的大力支持，在此表示衷心感谢。本书的编写得到了上海路捷鲲驰集团股份有限公司的全程支持，极大地丰富了实操案例和数据，特此向李宏德董事长、王勇首席运营官（COO）表示崇高的敬意。本书得以整理出版，苏州大学出版社的史创新老师花费了大量精力，特别感谢她的辛勤劳动和付出。本书的编写中还参考了相关的文献资料，在此向原作者一并表示感谢。

由于作者的能力和水平有限，书中存在诸多缺点和不足，敬请有关专家学者和广大读者予以批评指正。

目录

上篇 新媒体运营逻辑

- 第1章 新媒体运营概述 / 3
  - 1.1 新媒体发展历程 / 3
    - 1.1.1 网络新媒体 / 3
    - 1.1.2 移动社交新媒体 / 6
    - 1.1.3 智能数字新媒体 / 9
    - 1.1.4 新媒体电商时代关键词 / 10
  - 1.2 新媒体电商模式 / 11
    - 1.2.1 直播电商 / 11
    - 1.2.2 短视频运营 / 11
  - 1.3 直播与短视频的营销巨变 / 12
    - 1.3.1 销售渠道重构 / 12
    - 1.3.2 供应链组织差异 / 14
    - 1.3.3 消费体验差别 / 16
  - 1.4 新媒体电商的机遇与挑战 / 17
    - 1.4.1 技术更新推动内容升级 / 17
    - 1.4.2 监管要求更加严格规范 / 17
    - 1.4.3 跨界组合要求新媒体融合 / 18
    - 1.4.4 基于品牌的整合营销 / 19

- 第2章 新媒体电商的商业模式 / 24
  - 2.1 直播带货的模式 / 24
    - 2.1.1 网红电商 / 24
    - 2.1.2 店铺直播 / 27
    - 2.1.3 产地直播 / 29
    - 2.1.4 内容电商 / 32

         2.1.5　社群营销 / 40
         2.1.6　直播带货的优势 / 44
    2.2　短视频的变现 / 46
         2.2.1　广告合作 / 46
         2.2.2　引流运营 / 46
         2.2.3　知识付费 / 47
         2.2.4　内容营销 / 47
         2.2.5　粉丝经济 / 50

● 第3章　团队构建与运营基础 / 55
    3.1　直播团队架构 / 55
         3.1.1　电商直播团队工作 / 55
         3.1.2　岗位职责 / 56
         3.1.3　主播的选择 / 56
    3.2　短视频团队建设 / 57
         3.2.1　团队配置与分工 / 57
         3.2.2　团队协作模式 / 58
         3.2.3　绩效管理 / 59
    3.3　短视频数字设备 / 60
         3.3.1　前期拍摄硬件设备 / 60
         3.3.2　后期制作软件 / 61
         3.3.3　配套设施 / 61
    3.4　直播数字设备 / 62
         3.4.1　直播必备设备 / 62
         3.4.2　直播辅助工具 / 63

● 第4章　用户画像与品牌定位 / 64
    4.1　消费者数据调查 / 64
         4.1.1　市场调查方法 / 64
         4.1.2　采集和清理数据 / 66
         4.1.3　数据可视化 / 68
         4.1.4　聚类分析——用户画像 / 69
    4.2　品牌运营定位 / 72
         4.2.1　用户需求预测分析模型 / 72
         4.2.2　品牌市场机会 / 76
         4.2.3　精准运营 / 80

第 5 章 平台渠道与流量解析 / 88

5.1 电商平台 / 88
5.1.1 淘宝天猫 / 88
5.1.2 京东商城 / 89
5.1.3 拼多多 / 90
5.1.4 其他 / 90

5.2 社群平台 / 91
5.2.1 专业社交网络 / 91
5.2.2 在线论坛 / 92
5.2.3 即时通信应用程序 / 92
5.2.4 虚拟社区 / 93

5.3 视频自媒体平台 / 93
5.3.1 抖音 / 94
5.3.2 快手 / 96
5.3.3 哔哩哔哩（B站） / 96
5.3.4 小红书 / 97

5.4 流量矩阵解析 / 98
5.4.1 公域流量 / 98
5.4.2 私域流量 / 100
5.4.3 流量矩阵及其协同效应 / 101
5.4.4 流量沉淀与顾客忠诚 / 104

中篇 直播电商实务

第 6 章 直播电商定位 / 109

6.1 直播电商的本质——"人、货、场"的精准匹配 / 109
6.1.1 "人"是直播电商要素组织的核心 / 110
6.1.2 "货"是直播电商要素组织的基础 / 112
6.1.3 "场"是直播电商要素组织的关键 / 115

6.2 直播电商的定位 / 116
6.2.1 主播定位 / 116
6.2.2 货品定位 / 119
6.2.3 客群定位 / 122
6.2.4 场景定位 / 125

6.3 直播电商带货的运作趋势 / 127

6.3.1　基于供应链的全域营销　/ 128
　　　6.3.2　基于社群的变现能力　/ 131
　　　6.3.3　智能化发展带来的影响　/ 133

● 第7章　直播筹划　/ 137
　7.1　直播准备　/ 137
　　　7.1.1　直播间环境打造　/ 137
　　　7.1.2　直播团队分工　/ 142
　　　7.1.3　直播排期　/ 145
　　　7.1.4　选品准备　/ 147
　7.2　直播脚本的设计　/ 151
　　　7.2.1　脚本设计原则　/ 151
　　　7.2.2　脚本编排顺序　/ 152
　　　7.2.3　主播销售话术　/ 154
　7.3　直播流程注意事项　/ 160
　　　7.3.1　需求沟通　/ 160
　　　7.3.2　脚本预演　/ 161
　　　7.3.3　前期宣传　/ 161
　　　7.3.4　直播场控　/ 162

● 第8章　直播营销策略　/ 164
　8.1　产品策略　/ 164
　　　8.1.1　直播选品的原则　/ 164
　　　8.1.2　产品组合策略　/ 166
　　　8.1.3　爆品打造　/ 170
　8.2　IP打造　/ 176
　　　8.2.1　个人IP打造　/ 176
　　　8.2.2　品牌IP形象　/ 179
　8.3　转化策略　/ 181
　　　8.3.1　获得更多的流量关注　/ 181
　　　8.3.2　提升客单价　/ 184
　8.4　直播的风险控制　/ 186
　　　8.4.1　内容监管　/ 186
　　　8.4.2　主播风险　/ 186
　　　8.4.3　信息保护　/ 188

● 第9章　直播复盘与数据优化　/ 189
　9.1　直播效果评估　/ 189

9.1.1 复盘步骤 / 189
9.1.2 直播回顾 / 191
9.1.3 复盘分析 PDCA / 192

9.2 复盘数据分析 / 194
9.2.1 直播数据模块 / 194
9.2.2 人气数据 / 196
9.2.3 销售数据 / 197
9.2.4 互动数据 / 198

9.3 复盘归类分析 / 200
9.3.1 受众分析 / 201
9.3.2 大盘表现 / 206
9.3.3 竞品分析 / 210

下篇 短视频制作运营

第10章 短视频内容定位 / 215

10.1 消费者需求分析 / 215
10.1.1 短视频受众 / 215
10.1.2 心理需求分类 / 216
10.1.3 短视频剧本创作基础 / 218

10.2 内容形态 221
10.2.1 主题定位 / 221
10.2.2 产品（品牌、店铺）关联 / 222
10.2.3 视觉印象风格 / 222
10.2.4 独创性和传播点 / 223

10.3 短视频剧本创作 / 224
10.3.1 拍摄提纲 / 224
10.3.2 分镜头脚本 / 225
10.3.3 文学脚本 / 226

第11章 短视频拍摄制作技巧 / 228

11.1 常见电商短视频分类拍摄要点 / 228
11.1.1 商品展示/评测类 / 228
11.1.2 商品制作/采摘类 / 229
11.1.3 探店/街拍类 / 229
11.1.4 日常生活类 / 229

11.1.5 知识/技能分享类 / 229
11.1.6 萌宝/萌宠类 / 230
11.1.7 美景/颜值类 / 230

11.2 拍摄运镜 / 230
11.2.1 道具 / 230
11.2.2 比例 / 231
11.2.3 运镜要求 / 235

11.3 剪辑制作 / 238
11.3.1 剪辑软件 / 238
11.3.2 转场效果 / 239
11.3.3 元素添加（音乐、字幕等） / 240
11.3.4 剪辑基础 / 241
11.3.5 整体效果 / 243

第12章 短视频账号运营 / 245

12.1 视频发布技巧要点 / 245
12.1.1 平台选择 / 245
12.1.2 创建短视频标题 / 247
12.1.3 创作短视频封面图 / 248
12.1.4 发布时间的选择 / 249
12.1.5 短视频发布技巧 / 250

12.2 短视频账号运营策略 / 253
12.2.1 平台推荐的算法机制 / 253
12.2.2 获得流量分配的要素 / 254
12.2.3 粉丝个性化管理 / 255

12.3 短视频传播运营 / 261
12.3.1 单平台账号矩阵 / 261
12.3.2 多平台组合营销 / 262
12.3.3 矩阵管理的注意点 / 263

12.4 短视频运营禁忌 / 264

● 参考文献 / 266

上 篇
新媒体运营逻辑

第1章 新媒体运营概述

移动互联网已颠覆了传统的产业格局,并深深地影响着人们的日常生活。作为互联网潮流中的弄潮儿,新媒体在不断地催生新的经济增长点,让我们目睹一个个过去未曾见过的奇异风景——我们已经成为新媒体时代的见证者。

新媒体是与传统媒体相对应的,以数字压缩和无线网络技术为支撑,利用其大容量、实时性和交互性,来实现全球化的媒体。移动互联网时代的到来,使得传统媒体的生存空间逐渐缩小,而新媒体受到的重视程度越来越高。很多企业成立了新媒体事业部,并将新媒体作为自己的重点营销方式,如开展微信营销、微博营销等。

目前,新媒体平台已成为我国经济发展的新动能,国家战略持续助推新媒体行业发展,传统媒体与新兴媒体通过优势互补,促进着中国社会各层面发展。在我国大力推动网络和信息化事业发展的顶层设计强化的背景下,新媒体连接多行业多领域共同发展,逐步成为中国社会转型时期的关键因素之一。

1.1 新媒体发展历程

新媒体是继报纸、广播、电视等传统媒体之后,依托互联网信息技术发展起来的新的媒体形态,主要包括网络新媒体、移动社交新媒体和智能数字新媒体。

1.1.1 网络新媒体

1. 网络新媒体的形式

网络新媒体主要包括网络电视、博客、播客、视频、电子杂志等形式,是通过计算机网络、无线通信网、卫星等渠道,以及电脑、手机、数字电视机等终端,向用户提供信息和服务的传播形态。

从1996年开始,人民日报社、新华社、中央电视台等中央新闻媒体的人民网、新华网、央视网上线开通；新浪、网易、搜狐、腾讯四大门户网站成立。另外，天涯社区、猫扑网、西祠胡同等BBS论坛网站也陆续上线。

20世纪90年代末到21世纪初，我国形成了以三大中央新闻网站（人民网、新华网、央视网），四大门户网站（新浪、网易、搜狐、腾讯）为代表的网络新媒体；以六间房、优酷、土豆、酷6网、爆米花视频等网站，以及搜狐视频频道、新浪宽频为代表的视频新媒体。同时，地方新闻媒体网站、行业门户网站等也纷纷建立，中国网络新媒体进入了蓬勃发展时期。

2. 网络新媒体的特点

① 媒体个性化突出。由于技术的原因，以往所有的媒体几乎都是大众化的。而新媒体却可以做到面向更加细分的受众，可以面向个人，个人可以通过新媒体订阅自己需要的新闻。

② 受众选择性增多。从新媒体的技术层面上讲，人人都可以接收信息，人人也都可以充当信息发布者，用户可以一边看电视节目，一边浏览评论区，同时参与节目投票，还可以对信息进行检索。

③ 表现形式多样。新媒体形式多样，各种形式的表现过程比较丰富，可融文字、音频、画面于一体，做到即时地、无限地扩展内容，从而使内容变成"活物"。

3. 网络新媒体的优势

① 交互性。网络新媒体的传播方式可分为以下四类：第一类是多人对个人、个人对个人和个人对多人的异步传播，是指信息接收者通过网络寻找信息的活动，如浏览网页和远程通信等；第二类是个人对个人的异步传播，如电子邮件等；第三类是个人对个人、个人对少数人、个人对多人的同步传播，如网络在线闲谈、多用户游戏等；第四类是多人对多人的异步传播，如新闻讨论组、电子公告牌和电子论坛等。在第一类中，用户只是作为信息的接收者。而在后三类里，用户很有可能是信息的发布者或交流者。由此可见，网络新媒体的传播方式最突出的变化即为"受众"不仅仅是指大众，也可能是个人，"受众"不仅是信息的接收者，也可能是信息的发布者。

② 分众性。网络新媒体更加适应受众需求的多样化和受众市场的细分化。网络新媒体的交互性特征引起了用户分化。它将目标受众按年龄、性别、种族、社会地位、文化程度、兴趣爱好、专业程度等标准划分为一个个群体，从而有针对性地为这些不同的群体提供信息服务。所以说，这是具有小众化倾向的传播。

【案例】

分众传播时代　精耕广拓《轻阅读》

书籍可以告诉人们许多知识，让人们在阅读中受到启迪。如何帮助热爱读书的人们满足个性化需求，让他们面对大量的碎片化信息时依然可以寻找到自己热爱的书籍？读书类节目受众的窄化以及推介内容与形式的刻板，是不可回避的问题。同时，在互联网时代，主动拥抱新的媒介、传播方式是媒体发展的必由之路。

2013 年中央广播电视总台华语广播人文类读书节目《轻阅读》开播。通过七年的实践探索，面对新媒体时代带来的不断冲击，《轻阅读》节目形成了自己鲜明的特点。首先，在分众阅读时代，《轻阅读》节目积极拓展线上线下市场，进行多样化传播的尝试，与网络电台、播客、听书客户端等密切合作，在海外广播中拥有广泛听众，在"苹果播客"平台上的月平均下载量接近 20 万人次，在"网易云音乐"平台拥有十几万订阅用户，在"荔枝 FM"累计收听量近千万次，曾获得"苹果播客"年度"最佳新播客"、"荔枝 FM"年度"优选电台"等荣誉。

其次，出版社具有图书版权和资源优势，网络电台、听书客户端等则具有强大的线上传播能力，而广播媒体具备制作专业水准有声阅读作品的优势，三方合作可谓优势互补，相得益彰。《轻阅读》节目依托系列图书《万物简史：我的奇趣百科》而制作，就是一个三方合作的开放性历史轻科普系列节目。《万物简史：我的奇趣百科》是 2019 年《轻阅读》联手广西师范大学出版社以及"喜马拉雅 FM"精心推出的产品，以"揭开寻常生活的奥秘，探究万物背后的历史"为主题精心制作，收到了很好的反响。

（摘自《中国广播》2020 年第 7 期，有改动）

③ 复合性。通过网络传递信息突破了传统媒体传递信息的单一性，网络传递实现了信息传播的图文声一体化，它将文字、图像、视频、音频等完全融合。其复合性也充分体现了传播形态的多样性特点。它将报纸、电视、广播的传播手段与传播方式融于一体，其形式的多样化是前所未有的。它将各种接收终端、各种传输渠道、各种信息形态整合，从而保证用户可在任何地方、通过任何终端进入新媒体网络。

4. 网络新媒体的发展现状及存在的问题

我国网络新媒体发展现状：首先，网络新媒体已经相当普及。网络新媒体不仅在传播信息的数量上和内容的丰富性上均已远远超过传统媒体，而且其凭借交互性、分众性和复合性的特点，更是不断挑战传统媒体地位。网络新媒体的市场已经达到了一定规模，且逐年扩大。其次，网络新媒体的技术支撑比较成熟。我国网络新媒体传播的硬件技术较为成熟，尤其是在通信领域，可以与国外发达国家相媲美。

但是，网络新媒体存在的问题也不容忽视：第一，我国网民数量激增，但城乡分布不均。截至 2022 年 12 月，调查显示，我国网民规模为 10.67 亿人，其中城镇网民规模为 7.59 亿人，农村网民规模为 3.08 亿人。知识、信息之间的鸿沟将会变得更宽而不是更窄。第二，网民素质良莠不齐。网民拥有自由发表意见的平台，但此类言论自由随意、导向不明，甚至少数网民热衷于揭人隐私、制造谣言，而导致偏激和非理性、盲从与冲动。第三，虚假信息多。目前，网络上频繁出现一些虚假、低俗之类的有害信息，给构建健康文明网络造成了极坏影响。

1.1.2 移动社交新媒体

移动新媒体是以移动终端载体和无线网络为传播介质，以手机、平板电脑等移动终端，以及车载电视、兼具户外媒体的时空移动终端系统为典型代表。它能够实现文字、图像、音频、视频等内容的传播和服务。移动新媒体本身独特的时空移动特征是其快速发展并成为新媒体发展新导向的重要因素。

社交新媒体是新兴的人们彼此之间用来分享意见、见解、经验和观点的工具和平台，现阶段主要包括社交网站、微博、微信、博客、论坛、播客等。

移动社交新媒体就是社交新媒体的移动化，人们通过移动终端在层出不穷、令人眼花缭乱的社交平台上彼此交流和分享，使得人们既是信息的受众，又是信息的传播者。移动新媒体通过移动通信技术与互联网紧密结合，打破了地域、时间和计算机终端设备的限制。用户可以通过各类社交媒体随时随地接收和传递信息，从而满足碎片化时间休闲娱乐的需求。同时，社交新媒体为用户提供了个性化自我表达的平台，人们在各种社交平台上可以对其风格、版式、内容等进行自主选择和设计，进而最大限度地满足用户张扬自我个性的需求。

2009年8月，新浪微博上线。2011年1月，腾讯微信上线。2012年3月，张一鸣创建今日头条，并于2012年8月发布第一个版本。至此，形成了微博、微信、新闻客户端的移动新媒体形态，新媒体的发展进入了移动社交新媒体阶段。2009年到2011年这三年是移动社交新媒体的发展机遇期，涌现出了众多知名微博大V及知名自媒体。

随着2012年YY直播（欢聚时代）在纳斯达克成功上市，掀起了一轮娱乐与游戏直播的热潮，涌现出YY、虎牙、斗鱼、映客、花椒、熊猫等众多娱乐与游戏直播平台。移动社交新媒体蓬勃发展。

2013年7月，"GIF快手"从纯粹的工具应用转型为短视频社区，并于2014年改名为"快手"。接下来，2016年3月，淘宝直播电商立项启动；2016年5月，西瓜视频的前身——头条视频正式上线；2016年9月20日，抖音短视频上线。随着短视频和直播电商的突飞猛进，移动社交新媒体进入了快速发展阶段。

【案例】

步履不停

你写PPT时，阿拉斯加的鳕鱼正跃出水面。

你看报表时，白马雪山的金丝猴刚好爬上树尖。

你挤进地铁时，西藏的山鹰一直盘旋云端。

你在会议室吵架时，尼泊尔的背包客们一起在火堆旁端起酒杯。

有一些穿高跟鞋走不到的路,有一些因喷着香水而感受不到的清新空气,有一些在写字楼里永远遇不见的人。

出去走走才会发现,外面有不一样的世界,不一样的你。

8年前的文案,今天再来看,发现依然优秀到没有后来居上者。

这是中国最文艺的淘宝店——"步履不停"的经典文案。

"步履不停"的小老板——肖陆峰,曾经当过文案编辑,诗一般的文笔,让这间女装淘宝店增添了广告人的独特色彩,更是俘获了万千有文艺情结的"姑娘"的心。仅五年的时间,"姑娘"达到了113 461位,年营业额达到了3 000万元。

"步履不停"最初的产品是日本品牌服装的尾单,产品本身的属性就决定了品牌的风格——日系风。谈到日系、日本文化,含蓄、内秀、文艺、小清新等词基本可以为品牌定调了。

什么样的人偏爱日系风呢?顺着这个思路进一步缩小范围,"豆瓣"上活跃的"文艺青年"们,是最可能青睐日系风格的群体了。而"步履不停"将产品的受众进一步缩小,从"文艺青年"锁定到"文艺女青年",就是小老板口中所说的"姑娘"。

"内秀,不喜欢抛头露面,也不愿意淹没在人群里。不喜欢刻意打扮自己,但是又想与众不同。这些人群目前统称为'文艺女青年'。"小老板是这样来定义"姑娘"的。

图1-1 "步履不停"宣传海报

如果你说你卖衣服,这听起来就是一个大买卖,毕竟衣食住行乃人生四件大事之一嘛。如果你说要卖衣服给文艺女青年,这听起来就很小众了。"步履不停"做的就是这样一件事,把品牌定位到文艺女青年这个群体,一是因为本身的产品属性,二是因为它的创始人是广告人出身,在把握文艺女青年的心理上具备技术优势,其实就是制造偏爱。

而小众品牌所制造的偏爱往往程度更甚。品牌一旦得到某个亚文化群体的认同,就成了一个文化符号。"步履不停"对于文艺女青年来讲,就是那个文化符号。如何在大众中找到气味相投的同类?广撒网对于一个体量尚小的品牌显然不太适合,而新媒体,从形式、传播效率和受众上是契合需求的，往往能达到四两拨千斤的效果。

"步履不停"的微博账号仅有 7 万粉丝，在动辄百万、千万粉丝的蓝 V 中并不算多，但其粉丝的互动量相信会让不少品牌主眼红，一则新品发布的正常帖文，转评赞皆在三位数以上。

图 1-2　"步履不停"微博发布

社交媒体几乎成了"步履不停"讲故事的新媒体品牌营销舞台，当然他们卖的还是衣服。微信公众号承担了讲故事的任务，微博则承担了构建场景以及展示衣服细节的责任。

——"一副忧郁的样子，在思考人生吧？"

——"没，看一个走远的，像金城武的帅哥而已。"

你以为的我，并不是真的我，你以为我会这样想，其实我只是在做你不敢做的事，比如大大方方承认看帅哥，才没有你想得那么矫情，天天思考人生，文艺女青年也是有血有肉的好吗？

卖个衣服而已，"步履不停"也是很拼了。代入文艺女青年的角色中，通过对话为我们呈现了一个姑娘在窗边，大大方方看帅哥的场景。这个场景是不是看起来似曾相识呢？如果你是文艺女青年，我想你一定会非常有共鸣。

卖的不是衣服，卖的是文艺女青年的心思，卖的是故事。

（资料来源：https://www.digitaling.com/articles/17997.htm，有改动）

1.1.3 智能数字新媒体

2019年，新媒体发展进入智能数字新媒体阶段，将与5G、AI、AR、VR、区块链、大数据等信息技术相融合，构建智能数字新媒体，并将其作为数字基础设施。直播与短视频成为新时代的入口，建立智能数字新媒体生态体系是大势所趋。智能数字新媒体时代，已经从"人人都是新媒体"的阶段，发展到"新媒体+"连接的万物的时代，实现了万物皆媒体。

2019年1月，中关村数字媒体产业联盟、新媒联盟推出了"新媒体+"创新体系，以互联网、区块链、AI、大数据、金融科技等核心技术为基础，构建新媒体"+产业""+人""+物""+企业""+政府""+智库""+技术"等七大维度，促进新媒体服务实体产业与实体经济的融合，赋能数字经济。

【案例】

"机器主导"的热搜排行

微博热搜榜负责呈现新浪微博上的热门话题，按搜索次数来排名，以实时更新的方式出现在微博用户的首页，每一个微博用户都是热门话题的传播者和制造者。微博热搜榜的基础是搜索量，这点对于大众而言并不是秘密，但仅仅依靠搜索量爬取话题信息形成榜单是十分粗糙的信息处理方法。微博平台还需要利用具有商业机密价值的算法将热搜功能进行优化，才能将热搜信息呈现在公众眼前。

微博热搜全称是微博热门搜索，微博热搜榜是通过综合计算微博平台内部用户内容的浏览量、转发量、评论量和点赞量等指标，按照"人气"排名前50位的焦点议题。微博热搜榜在使用界面上位于微博"发现"主页的最顶端，是最为抢眼的微博站内信息公告榜。微博热搜榜实际上有三个，分别是"热搜榜"、"话题榜"和"要闻榜"。

"热搜榜"是用户流量最为集中、受关注度最高的版面。一些热搜话题后会带有热度后缀，例如，深红色的"爆"是目前已知的讨论度最高的热度后缀，一般只有社会影响极大、关注量极高的热点新闻才会出现此后缀。其次的热度后缀按照热度从大到小分别是橙色的"沸"和黄色的"热"。还有一些新鲜上榜的话题后缀是粉色的"新"。微博热搜的官方广告位后缀是一个蓝色的"荐"，但这类热搜话题关注度一般较低，而微博热搜榜上的"隐性广告位"与普通热搜无异，一般受众较难识别。

目前，人工编辑在算法主导的热搜排行把关中相对而言只起到了"审核"的辅助作用，新媒体环境下，热搜排行很大程度上是由冰冷的机器算法进行把关，这种算法把关模式可以说是由于新媒体环境下信息推送方式与信息获取方式的改变而产生的。

1.1.4　新媒体电商时代关键词

1. 新技术

新媒体行业表现形式多样，各类信息可以凭借各种媒介进行传播，而其中做凭借的媒介就给新媒体行业在技术领域的融合发展带来了新的契机。以 5G 技术来说，该技术从 2019 年起逐渐投入到了商用当中，对于新媒体产业具有重要的推动作用，促使 AR、VR、MR 有效落地，进一步推动了万物互联。一方面，新媒体技术发展迅速，同时这也对通信技术提出了新的需求。另一方面，5G 技术正处于关键发展阶段，需要落地实施、使用调试、不断试错，两者的结合在满足各行需求的同时也赋能了产业。5G 技术有助于媒体行业传递更多、更丰富的信息，比如通过 5G 技术，实时高清渲染视频的传播得以实现，并且对于接收方而言，对本地计算机的能力的需求有所下降，这有助于大数据的实时传输，使得网络延时得到控制。5G 技术不仅使高清视频传播变得方便快捷，还可以使 AR、VR 这些对时延和画质要求比较高的技术得到更好的发展，给互联网通信业、零售行业、广告行业等诸多行业带来了新的发展机遇。

2. 新产业与新业态

"新媒体+新产业"不仅是业态的叠加，更是一个资源重新组合、价值再塑造、行业融合与赋能的过程，最终能够产生新的媒体生态体系，并且在这个生态体系下产生新的产业生态。新媒体与产业的融合进一步滋生出了新的行业和产业，如短视频、直播、社交电商等行业都是在新媒体与各种产业融合的背景下发展而来的。短视频行业是我国 2019 年来互联网领域发展最快的产品形态，以快手和抖音为代表的短视频领域用户具有极高的活跃度，5G 技术的爆发式发展使得短视频行业的门槛进一步降低，得以对更多的用户和场景敞开。当前，在生活中利用碎片化的时间来浏览短视频已经成为诸多消费者的习惯，这使得短视频的发展更加势不可挡，逐渐成为各大品牌、组织、机构的重要宣传途径和手段，而短视频行业的发展又进一步催生了各个行业的发展变革，如零售行业的营销方式随着短视频的加入发生了翻天覆地的改变，"直播带货""网红经济""关键意见领袖（KOL）营销"正是在这样的背景下产生的，线下、线上的产品在线上通过直播进行售卖，进一步促进了线上、线下渠道的融合，对零售行业的业态革新起到了重要的推动作用。总的来说，新媒体行业与各行业的不断融合不仅促进了各行各业的创新发展，而且由此产生了诸多新的产业和新的业态，对经济的进一步发展和消费市场的多元化发展起到了重要的推动作用。

3. 新模式

通过数据，新媒体行业和其他行业得到有效链接，行业之间的链接不仅仅是单纯的业务沟通，还更主动地融合互生，大到产业与行业，小到新模式的产生。新模式的产生主要是各行业凭借新媒体的渠道和途径创新自身发展，形成新的模式。例如，对于新闻行业来说，在新媒体发展的背景下，新闻媒体得以一边将新闻信息在第一时间发布到互联网平台，一边通过传统媒体进行深度报道，打通线上、线下资源，形成新的影响力和运营能力，强化报网互动，强化品牌形象，打造新型主流舆论阵地，以更好看的报纸、更迅捷的新闻服务用户、传播价值。

> 议一议：
> 新媒体到底"新"在哪里？

1.2　新媒体电商模式

1.2.1　直播电商

曾经，电商作为一种新型的商业模式，创造了无数个商业奇迹，为许多人提供了一条新的致富路。但随着时间的推移，电商的经营也逐渐出现困境。它在为人们的生活带来便利的同时，也让大家感到了生意难做。不仅线下实体店的经营成本在增加，线上平台的运营成本也在飙涨。

电商平台的入驻商家经常面临打价格战的困境，通过促销活动来拉升销量，此外还要付给平台不菲的推广费，从而导致运营成本增加，难以盈利。而对于消费者而言，购物体验也受到了影响。电商平台上的商品种类太多，同质化严重，容易使消费者产生选择困难，购买欲望降低，对商家的促销活动产生疲劳感。

直播为电商带来了新的营销体验，主播们在网上与观众互动，为他们提供专属的购物指南，并且即时答疑解惑，直播带货赋予了电商更多的可能性。许多主播创造了不少的销售奇迹。同时值得注意的是直播带货的"去明星化"，直播的主力人群是普通人。据统计，2019年天猫"双11"当天，超过50%的淘宝商家参与直播，带动200亿元成交额，其中包括2万名农民、40位县长等。

内容创造了需求，有需求就有买卖，而直播则是电商推动营销的一种手段。直播带货作为一种新的营销方式，主播的个人魅力非常重要，主播通过打造自己的人设来吸引用户，让他们自愿购买产品。

1.2.2　短视频运营

科学技术的快速发展及人们对内容消费需求的不断升级，对信息产品承载的内容规模、传播效果提出了更高的要求。当文字、图片、音频的内容传播形式无法充分满足人们的内容消费需求时，再加上5G通信技术、移动互联网、智能手机的不断推广普及，内容更丰富、传播效果更佳的短视频就成了一种主要传播方式。

市场研究机构艾瑞咨询在其发布的《2016年中国短视频行业发展研究报告》中，对短视频给出了行业定义：短视频是视频长度以秒为单位，时长通常在5分钟内，主要借助智能手机等移动终端进行快速拍摄并优化处理，能够在社交媒体平台上实时分享并无缝对接的一种全新的视频形式。

制作短视频不需要较高的成本，而且由于其时长较短，在互联网中容易得到广泛传播，从而吸引了大量内容生产者创作了很多优质的短视频作品，但其劣势在于变现阻力较大。虽然短视频本身也具有一定的互动性，但受众群体并不认为短视频平台是一种有效的社交工具，而是更加注重其娱乐属性。所以，凭借短视频内容取得成功的网红papi酱，将核心"阵地"放在微博上，而不是美拍、小咖秀等短视频平台。短视频平台的社交属性终究太过薄弱，虽然能引入足够的流量，但并不能让网红与粉丝建立较强的连接关系。而视频直播内容本身具有强烈的社交属性，利于引导粉丝完成价值变现，但内容不利于在互联网中进行传播。通过短视频内容吸引粉丝，然后以社交媒体对粉丝进行运营，最后利用视频直播及电商平台完成价值变现，就形成了一条完整的网红经济产业链。

得益于网红经济的快速发展，短视频产品具有的商业价值被深度发掘。网红经济产业链将短视频与直播结合，再借助社交媒体与电商平台，在传播视频内容的同时，又能让粉丝与视频直播的主播实时交流，受到了创业者及资本市场的青睐。

> 议一议：
> 你还了解和熟悉哪些新媒体电商模式的案例？

1.3　直播与短视频的营销巨变

1.3.1　销售渠道重构

新媒体电商的销售渠道，即新媒体营销的平台，指的是用户获取信息的来源。这与传统的线上或线下销售渠道不同。用户借助互联网，通过直播间或者各平台的短视频作品获取商品信息，进而做出购买决定并实施购买行为，销售渠道发生了天翻地覆的变化，这就要求重构新媒体销售渠道（图1-3）。

新媒体电商营销过程中，消费者从营销的接受者转变为主动参与者，也成为新媒体营销战略中的一个环节。为保证消费者的忠诚度，新媒体营销的重点从产品转变为顾客，需要以顾客为中心构建营销渠道，这是现阶段直播与短视频营销的核心内涵。新媒体销售渠道结构设计要朝着整体性、有序性和开放性发展，形成扁平化和立体化的销售渠道网络。直播和短视频营销过程中，网站、微博、公众号、抖音等都可以成为打造品牌发声地的新媒体平台，媒体正在全线视频化，通过掌控用户关系而不是掌控流量发挥渠道作用，渠道管理趋于线下、线上、社群三维空间的有机融合。

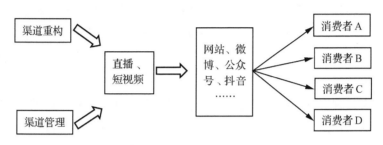

图 1-3　新媒体营销渠道重构

首先，用户广度的无限扩大。基于电子商务、微博、微信、视频直播等社交工具的庞大用户基数，新媒体营销不仅能够最大限度地拓宽产品的受众层面，还可以迅速将大量潜在用户转化为真正用户，短时间内为产品聚集更多的人气以及关注度。新媒体带来了信息传输的高效率，传播范围更广，市场影响度更高。基于移动互联网的用户主体越来越庞大，以经营客户关系为主题，新媒体营销可以触及客户需求的每一个点、线、面的结合。

其次，用户深度的直接触达。传统营销渠道存在生产者和消费者之间信息不对称问题，信息传播和搜寻的成本极其高昂。新媒体则具有天然的社交属性，其内容可接触性更强，操作更加方便，使人人都能成为传播者，无论线上或是线下的交易，用户都能获得更全面的产品信息。与用户寻找共同的话题，在消除信息不对称的同时，营销目的转化为管理用户的预期和分享行为，在与用户互动时具备更强的"深度"优势，这种优势就在于能够实现与用户一对一的即时互动，用户的高度参与很容易加深对一个品牌和产品的认知，使产品或品牌的知名度提高。

再次，渠道多样化整合趋势明显。新媒体包括多种互联互通的网络构成元素，云媒体和大型户外媒体等也将成为新媒体的重要组成部分，并以其特有的优势助力企业提升营销效果，渠道整合日益成为企业促销、提升品牌的有效手段，众多新消费社媒投放选择更趋于跨平台组合优化。渠道整合不仅通过扩展渠道触点，形成长尾效应，而且通过线下线上融合，完美解决人性化服务问题，让更多用户在购买商品时零距离接触，将消费体验做到极致。

最后，营销渠道更重视突出核心价值的内容建设。内容的生动性、价值性作为最具吸引力的渠道构建部分，通过音频、视频、在线阅读、社交网络、资讯等形式表现出来，共同构成新媒体营销的力量。内容向消费传导的逻辑，是突出产品和服务的价值，而灵活多样的网络表现形式又能够最鲜活生动地给予消费者价值展示。一方面营销渠道呈现电商化，通过内容呈现和转化，将用户核心逻辑定格为创造消费者价值，进而在产品和服务上形成消费者的情感支持和品牌忠诚。另一方面电商平台呈现出内容化特点，面对消费者在购物上对电商平台越来越强的依赖感，产品的核心价值仍然是消费者的核心诉求。而这种价值随着用户内容审美提升，形式和内容更加统一，营销渠道在新媒体框架内不再是单纯渠道功能的展示，而变为消费者核心价值的传播。根据调研结果，用户在内容消费中，核心评判要素主要集中在内容情节、实用价值及画面清晰度等方面，而非特效设置，故事内核成为内容竞争的关键所在，不仅强化内容为王，同时强调内容更加人格化、有温度。

直播带货和短视频营销拓宽了销售渠道。直播和短视频都具有直观、即时和互动的特点，具有较强的信息披露性和情感感染力，有利于用户沟通和宣传。直播和短视频改变了传统消费者和企业之间的关系，让人与货的联结关系更紧密。面对市场上大量存在的同质化产品，直播和短视频可以更好地引导消费者，更快捷地匹配供需关系。直播和短视频的形式和场景更丰富生动，使得消费者能更为直观且全面地了解产品内容及服务信息。当前许多品牌已把直播和短视频作为一种战略性管理对待，通过品牌介绍、品牌推广、增加用户访问量、促进用户参与等方式，加强产品与消费者联系。在突出产品的卖点、性价比、性能方面，再也没有其他营销渠道能够具有如此强的感染力和吸引力，利用直播和短视频技术引流和产品解说，更容易与用户产生黏性，提高产品销售额。

1.3.2 供应链组织差异

与传统营销相比，直播和短视频营销的供应链组织也存在差异。事实上，供应链已经成为各大直播电商和短视频运营必须要做好的一个内容。在新商业竞争中，人们正在重新认识供应链的价值，抓不住供应链就很容易受制于其他力量。

21世纪初，经济学家帕拉格·康纳在《超级版图：全球供应链、超级城市与新商业文明的崛起》中提到，在21世纪，供应链是一种更深层次的组织力量，谁统治了供应链，谁就统治了世界。

直播和短视频营销代表着一种新的供应链模式，它们的最大价值在于给予供应链一个新的定义。即利用自己已掌握的流量与规模优势，成为集主播孵化、选品营销、供应链甚至工厂生产能力的超级多频道网络（MCN），进而从单个企业辐射到整个行业的大型产业带服务商。和传统的生产者到消费者到企业（F2C2B）的模式相比，直播和短视频电商企业把上游的生产环节精细化（面向生产者），做近距离（面向消费者），最终通过主播和视频实现全链路统一。

新媒体电商飞速发展，给产品赋予了图片、视频等内容，基于产品的从生产、渠道到销售的供应链模式已经和基于平台的消费者对企业/消费者对生产者/消费者对工厂（C2B/C2M/C2F）、设计、生产、销售融为一体。供应链把电商推到台前，电商赋予了供应链新想象，而决定最终胜负的则是对供应链模式的管理。

对于直播和短视频营销来说，什么样的供应链是有价值的供应链？从"货"的角度来看，主要围绕主播的直播或短视频的内容，组成供应链体系；在"场"的部分，除提供流量外，还通过线上、线下场景帮助主播及短视频制作者和供应链实现更好的匹配。从广义的角度来说，供应链正在成为主旋律，生产和销售的关系正在被重新规范。

一般来说，直播和短视频供应链模式主要有以下五种。

1. 品牌集合模式

供应链利用自身资源优势，通过和线下专柜品牌合作，建立自己的直播基地，对外邀请主播来带货，货物一般以上一年老款为主，折扣相对较高，也有新款，但折扣颇低。目前的品牌直播基地基本上是这种模式，对应的直播大型活动有超级内购会。

该模式的缺点是仅依靠外部主播来消化，本身不生产商品，不做电商运营，也没有孵化主播，完全是靠天吃饭，因货物款式陈旧，营收很难稳定，没有自己的核心竞争力。再加上是帮供应链清理库存，所以成本相对不低，供应链要维持30%以上的毛利，加价率一般在二倍以上，性价比也不高，经常会发现还有比直播间价格更低的其他渠道。

2. 品牌渠道模式

品牌方具备一定的线下门店基础，依托原有的资源，创建供应链，定期开发一批新款，邀约外部主播或寄样合作，或者绑定几个比较合适的主播做联名款。直播只是品牌方增加销量的另一个销售渠道，大主播播完之后，也可以安排小主播来轮番带货。

该模式的缺点是由于品牌方开发周期长，款式数量更新不多，再加上没有专业的电商运营团队，外部主播有自己的档期，邀约难度较大，所以这类型的供应链开播率不高，很难做到高产。

3. 批发档口模式

供应链主要存在于批发市场，一是单个档口与线下市场走播的主播合作；二是将批发市场商户整合为供应链，邀约主播进行直播；三是第三方或者物业牵头组织档口加入其中，一起做成供应链。比如之前平台官方做过的"老板娘驾到"活动。

该模式的缺点一方面是档口数量较多，管理难度较大，目前还没有形成特色的、专业的直播供应链；另一方面是批发档口更新比较快，一般不会提供退货服务，对于服装这种高退货率商品的直播类目，许多档口不愿意参与进来。

4. 尾货组货模式

供应链前身就是尾货商，手上掌握着大量的尾货资源，通过建立直播团队服务于主播，或与直播机构合作，建立起新的销售渠道。

该模式的缺点是货品较为陈旧，库存量比较大，单个产品数量不多，卖完就没有了。为了收购大量的尾货，供应链需要投入大量资金，如果资金管理不当，可能会导致流动性问题，甚至使企业面临破产的风险。

5. 代运营模式

这个模式主要是有电商基础又具备一定直播资源的机构在做，一边帮助商家解决电商环节的问题，一边邀约主播进行直播，然后帮助商家把售后这些问题一并解决，只拿提成或者服务费。

该模式的缺点是没有固定的合作商家，当大量的退货来临，大量的利润被代运营机构分走，商家很快就会反应过来，不再和这种团队一起合作，这种模式只适合短期赚快钱，长期发展还要另辟蹊径。

1.3.3 消费体验差别

与传统营销相比，直播和短视频营销的信息传递不再是单向性的，通过与主播互动和观看短视频，消费者不仅能获得信息，还能充当媒体。参与式消费时代已经到来，比如，商家通过直播和短视频进行营销活动，消费者会根据自己的需要选择适合自己的信息，然后分享给周围的人，起到传播信息的作用。因此，消费者的积极参与无形地起到了宣传的作用。

在参与式消费时代，消费者的参与程度和对营销活动娱乐性的要求日益凸显，单纯的广告宣传已经不能满足品牌互动营销的深层次需要。直播和短视频的参与式营销，一方面可以持续了解消费者的想法和需求，另一方面可以在价值交换时与消费者进行更紧密、更及时的互动。新媒体电商企业只有培养了消费者对产品的感情，才能让消费者对自己的产品情有独钟。

> **议一议：**
> 新媒体电商直播和短视频的营销巨变给商家与消费者分别带来了怎样的影响？

1.4　新媒体电商的机遇与挑战

1.4.1　技术更新推动内容升级

在互联网时代，随着信息技术建设的快速发展，各大新媒体电商平台对技术的掌握已经不相上下。新媒体信息技术的不断更新推动了新媒体电商营销内容的不断升级。

随着电商平台与社交网络平台技术水平的不断发展和迭代，电商服务机构从传统劳动力密集的服务外包商，逐渐融合营销、策划、咨询等业务能力，向更具内容和价值创造性的品牌综合服务商转型。近年来，行业头部电商服务机构拓展自身能力矩阵，成为具备整合营销能力、全渠道能力、会员体系管理能力、仓储物流体系配置能力的集成型运营商。同时，凭借多年积淀的对品牌、消费者的深刻认知，丰富的数据积累以及运营服务过程中的技术积累，电商服务机构逐渐融合营销、策划、咨询、技术支持等多种类型的业务内容，成长为可帮品牌提供从业务咨询到销售落地的一站式商业解决方案的综合服务商。

1.4.2　监管要求更加严格规范

新媒体电商不仅帮助市场中的品牌、商家和消费者缩短了彼此距离，扩展了交易范围和渠道，提升了交易信用和消费体验，降低了交易成本，活跃了城乡消费，而且还带来了大量的直接就业机会，创造出了间接就业和间接服务，为经济发展带来了新的动力与活力。

与数字经济下许多市场和社会创新一样，新媒体电商在新模式、新业态的创新过程中出现许多问题，如资格资质、产品质量、内容违规、数据安全等，这些都给新媒体电商的监管、治理带来了严峻挑战，也在法律层面提出了新问题。

行业参与者普遍认识到新媒体电商要想健康、持续发展，就一定要建立在遵守法律、公平竞争、诚信守规、保护各主体权益的基础之上。从总体上看，对于新媒体电商，直播、短视频是形式，主播是媒介，内容是手段，商品交易是核心与目的，这也决定了需要通过《中华人民共和国电子商务法》《中华人民共和国广告法》《中华人民共和国消费者权益保护法》以及依据这些法律制定的一系列规定、规范等来落实和监管电商平台和商家等的主体责任。

因此，可以将新媒体电商的监督监管与市场支持体系建设共同纳入国家、城市和区域优质的总体营商环境打造工作之下,通过补齐法律制度短板,完善信用评价机制,倡导行业自律自治能力,提高市场人才培养成效,引导消费者监督等,建立一个品质优良的新媒体电商营销市场,服务国家经济和社会发展的大战略,为商业繁荣、乡村振兴和保障人民放心消费等工作做出更大贡献。

1.4.3 跨界组合要求新媒体融合

新媒体时代,"互联网+"万物互联的特性和媒体的融合发展打破了原本封闭的商业模式,为跨界融合提供了良好契机。与此同时,新锐生活理念和新型消费需求的出现成为品牌营销改革的助推力,加之愈演愈烈的市场竞争下产品同质化严重,品牌印象逐渐模糊化,特征单一的品牌极易被同类竞争品牌模仿替代。由此,跨界营销应势而兴。

跨界营销是利用各自品牌的特点和优势,将核心元素提炼出来,彼此间进行融合,从多个侧面诠释一种共同的用户体验。跨界营销对于品牌最大的益处就是让品牌给人一种立体感和纵深感。跨界营销的方式有很多,比如产品跨界、渠道跨界、文化跨界、营销跨界、交叉跨界等。

例如,农夫山泉是饮料市场发展较快的品牌之一,也是利用新媒体进行跨界组合营销的先锋军。其先是与网易云音乐携手推出"音乐瓶",后又联合上海新上铁实业发展集团有限公司打造"高铁瓶"。良好的营销运作为其带来名利双收的好局面。2018年8月下旬,农夫山泉再次跨界,与故宫文化服务中心联合推出了9款限量版"故宫瓶",如图1-4所示。从合作品牌的选择到营销策略的执行,无论内部因素的创造还是外部环境的把握,都能为品牌开展跨界营销带来启示。

图1-4 农夫山泉与故宫文化服务中心联合推出限量版"故宫瓶"

新媒体时代开展跨界组合,需要注意以下几个方面的内容。

1. **精准分析并解构重组用户需求**

精准分析用户的需求是开展跨界营销基础而关键的一步,不仅要精确定位受众,充分了解其所想所需,还要进一步细化、解构用户的不同需求,并以此为基点与其他未被满足的用户需求重新组合。由此,品牌才能最大限度地开拓跨界合作的可能性,创造性地给出新的综合性的产品或服务，多维度地满足用户的需求和体验。

2. 合理匹配品牌，实现优势互补

跨界营销中的互补体现在两个角度，即品牌方资源优势的互补和创造出的用户体验的互补。在合作品牌的选择上至少应遵循以下几点建议：一是目标用户群相似。只有具备相似的用户群体，才能将各自的产品或服务有机融合。二是品牌价值理念相契合。只有与合作品牌的价值理念相契合，彼此在用户心中才更容易产生联想，达到强化品牌形象的目的。三是品牌资源实力相当。只有双方在市场地位、战略目标、渠道资源、执行能力等方面相类似或匹配，才能实现合理互补，最大化地发挥协同效应，使跨界合作有序进行。

3. 多角度借势，扩大品牌影响力

可以通过热点事件和名人效应多角度借势，扩大品牌影响力。借势热点事件的跨界营销可以迅速发酵话题，减少前期预热成本，通过转嫁流量赢得更多关注，创造广泛而深刻的品牌印象。通过名人效应借势，名人的个人闪光点与品牌形象相叠加，建立起更为丰富立体的品牌联想。受众对名人的喜爱，还会产生对品牌和产品的"移情效应"，有效拉动粉丝经济，实现品牌创收。

4. 整合传播，多媒体渠道联动

要想完成有效的跨界信息传播，合作品牌要在彼此媒体资源共享联动的基础上，有针对性地制定各类媒体环境下的营销传播方案，形成一个多元有序的信息渗透系统，并且，透过不同媒体触点的信息应彼此关联呼应，传达清晰一致的品牌价值，这是整合传播的核心，也是在用户心中建立清晰的品牌形象的关键。

5. 创新应用技术，增强互动体验

互联网是用户参与互动和获得体验价值的重要平台，品牌利用好互联网中一系列便捷、灵活的互动方式，是最为经济和有效的基础手段。与此同时，云计算、大数据平台为品牌建立和维系用户关系提供了强有力的数据支持。具有强大的沉浸感和交互性的VR（虚拟现实）、AR（增强现实）、全息投影等技术，为我们带来了更为艺术的表现方式和更为新奇的认知感受，使得营销场景化、体验化，也让抽象的品牌信息转化为具体的感官刺激，深入触达用户心灵，引发联想共鸣。

1.4.4 基于品牌的整合营销

新媒体电商整合营销策划，顺应用户在线沟通、数字互动的大趋势，亮化产品的实际品牌价值，放大品牌的优质形象，高效沉淀用户数据和各项新媒体品牌营销策划数据，使企业可以更高效地洞察目标用户的营销价值，进而更强更快地智能推荐优质企业商品及服务，新媒体营销传播的强大闭环因之更加强大。

新媒体基于品牌整合营销可以关注以下几个方面：一是聚焦核心用户及 KOL，亮化品牌核心识别，全面刷新用户的品牌认知。二是放大品牌化消费导向，基于用户的产品/服务消费场景，创造高识别度的"品牌学说"及品牌化内容体系。三是发挥新媒体传播优势，形成结构化传播力，构建"品牌传播主阵地"。四是以"品牌高识别传播"为主线，强化多元化新媒体营销联动，打造新媒体"数字品牌传播闭环"。

【案例】

抖音电商"虎力全开"

在虎年即将来临之际，面对年末营销节点，抖音电商营销IP"抖in百味赏"和"抖in新风潮"，分别立足食品和服饰行业在年末旺盛的消费需求，积极联动优质品牌、商家打造主题活动，整合营销资源和玩法，为新品首发和爆款出圈搭建舞台。

其中，"抖in百味赏"在辞旧基础上设置"2021当然要回味啊"话题挑战赛，促进品牌和用户的互动，并借助概念海报、TVC（商业电视广告）短片等内容帮助品牌增加曝光，引起用户共情。"抖in新风潮"则根据商家虎年上新的营销节奏和诉求，针对品牌"虎元素"的新品，打造"有点虎变装"挑战赛，联动达人为产品趣味"种草"，提前为商家促销蓄能。其中，妙飞、森马、d'zzit、影儿时尚集团、安德玛、斯凯奇六个品牌在抖音电商"虎力全开"，进行品牌整合营销，探寻新媒体电商融合的"通用法则"。

图1-5　虎年"抖in新风潮"整合品牌（妙飞、森马和d'zzit）

1. 妙飞：优化合作达人配比，短视频直播双线发力

作为儿童健康食品企业，妙飞一直致力于引领行业开创提升儿童体质适应性的技术、配方与工艺，其奶酪产品甄选新西兰优质奶源，营养丰富且拥有布丁口感，广受消费者喜爱。2021年12月份，妙飞在"抖in百味赏"活动期间支付GMV（商品交易总

额）达 2 609.4 万元，环比增长 23%。

活动期间，妙飞针对刚刚发售的新品"小牛有约"，独家定制了小牛有约和抖 in 百味赏联名礼盒，增强新年礼品感。还分时间段推出了不同价位的货品组合，以配合自播、达人直播节奏，提供福利加持。

活动"种草期"，妙飞侧重短视频达人合作，按照头部、中腰部和尾部达人 2∶3∶5 的比例组合，邀请了年糕妈妈等超 20 位达人发布开箱视频，通过联合达人共创的形式，多方位"种草"用户，打造长尾热度。之后，通过直播承接流量热度，促进转化。妙飞一方面稳固品牌自播，借助总裁进直播间、工厂源头开播、明星空降等形式，加强产品品质背书；另一方面，加强达人助播，活动期间，妙飞共与 29 位达人合作开播，其中头部达人的成交订单占比超过 54%，助播优势显著。

2．森马：25 周年庆强造势，发力冬装打造爆款

作为中国新时代消费者心目中最受欢迎的本土快时尚品牌之一，森马自创立以来持续为不同人群提供优质产品。2021 年 12 月，森马 25 周年庆联动"抖 in 新风潮"开展整合营销，活动全期支付 GMV 超 3 627 万元，官方账号涨粉超 10 万。

森马的整合营销模式可以分为线上、线下两条路径来分析。在线下，森马于杭州圣诺丁艺术中心举办 25 周年公益展，并邀请明星亲临现场打卡助阵，其 vlog 视频在抖音发布后吸引大量关注。在线上，森马发起"定格精彩瞬间"话题挑战赛，设置现金奖励，激发 UGC（用户城内容）投稿超 13 万，总曝光破 4 亿。

通过线上线下的双重引流，森马在活动期间积蓄了充足的流量，为销量爆发做足了铺垫。活动期间，森马迎合大众冬季置办厚衣物的需求，通过应季营销策略打造爆款，其成交额前十的单品中有八款羽绒服和一款棉服，TOP 1 应季羽绒服累计销量破 2.3 万件，成交额超 581 万元。

3．d'zzit：明星加持新品首发，虚拟盲盒打造数字购物体验

集时尚、潮流元素为一体的女装品牌 d'zzit，鼓励女性能够无惧年龄、无畏风格，随心所欲地搭配。"抖 in 新风潮"活动期间，d'zzit 结合年底上新节点力推春装，活动 7 天支付 GMV 达 1 148 万元，环比增长 97%。

d'zzit 的成绩离不开明星加持，活动前期，多位明星为其新款产品代言，明星同款赚足眼光；活动期间，d'zzit 又邀请明星亲临直播间与用户开展互动，同时在线观看人数超 1.88 万，人均观看时长达 4 分 26 秒，创品牌开播历史新高。明星加持为直播间带来的高流量和高用户留存率，进一步加大了商品成交的概率。

此外，d'zzit 还在活动期间首次尝试虚拟盲盒玩法，共发布 413 个盲盒，其中 13 个作为抽奖福利，另外 400 个在消费者购买后，由品牌方直接寄出，为消费者带来了一场新奇独特的数字购物体验。这也是 d'zzit 在虚拟数字宇宙的一次成功探索。

图1-6 虎年"抖in新风潮"整合品牌(影儿时尚集团、安德玛、斯凯奇)

4. 影儿时尚集团：洛邑古城实景开播，打造古风直播购物盛宴

影儿时尚集团是一家以时尚行业为主导、跨行业发展的大型服装企业，先后创建了YINER音儿、INSUN恩裳、PSALTER诗篇、Song of Song歌中歌、OBBLIGATO奥丽嘉朵和XII BASKET十二篮六大品牌，致力于将东、西方高雅文艺的精粹自然交融于服饰文化之中，以时尚的眼光传递传统与现代艺术之美。

年末时节，影儿时尚集团联合热剧《风起洛阳》打造联名款新衣，引爆全网，并携手"抖in新风潮"在洛邑古城发起"风起影儿时尚·国潮焕新周"活动，将历史文化与潮流文化汇聚在一起，打造艺术盛宴。同时，影儿时尚集团还在抖音开启"我的虎年战袍"话题，吸引主流时尚媒体发声，持续扩大活动曝光和影响力。

活动期间，影儿时尚集团主要以品牌自播承接活动流量，促成销量转化。通过在洛邑古城实景开播，影儿时尚集团为用户打造身临其境的沉浸式购物体验，并邀请明星前往直播现场，促成销量爆发。7天时间，影儿时尚集团支付GMV总金额便达到9 276万元，TOP10单品支付GMV均破百万元。

5. 安德玛：直播间掀起运动热潮，内容营销助力购买转化

源自美国的运动品牌安德玛（Under Armour），以"为拼搏者赋能"为目标，专注提升面料和科技，为运动爱好者提供高功能性产品，保障运动时的穿着体验。

"抖in新风潮"活动期间，安德玛在抖音发起"不主动就被冻"话题挑战赛，联合达人展示产品运动专业性，带动用户分享冬季运动方式，话题曝光量超6 000万。此外，安德玛还通过抖音短视频向用户分享运动、健身技巧，甚至将运动干货内容搬入品牌直播间，鼓励用户加强冬日锻炼，以内容营销促成销量转化。最终，安德玛在一周时间内创造了超3 080万元的支付GMV。其中，限量首发的Curry 9新配色火爆一时，供不应求；爆款羽绒服热卖2.3万件，支付GMV超1 481万元。

6. 斯凯奇：掀起"虎力变身"快闪风潮，自播矩阵拉动成交爆发

1992年诞生于美国加州的斯凯奇（SKECHERS），在美国市场是仅次于耐克的第二大鞋类品牌，曾被 *Footwear Plus* 杂志评为"2009鞋类产品年度最佳公司"，是全球最受欢迎鞋类品牌之一。

为了迎接2022年，斯凯奇专门推出虎年定制新品，例如虎虎生威系列熊猫鞋，就迎合新年主题加入了虎头印花等"虎"元素。在营销层面，斯凯奇在线下8个城市发起"虎力变身"快闪活动，并联动"抖in新风潮"增加活动曝光，邀请《这就是街舞》百强舞团为活动助力，邀请明星担任斯凯奇"青春大使"，以短视频祝福的方式为斯凯奇"抖in新风潮"打call，通过线上线下全域联动的方式打造虎年超级声量。

借助活动声势，斯凯奇以抖音电商的品牌自播矩阵账号拉动成交爆发，通过多个账号相互配合，高效承接活动曝光和流量，还邀请品牌大使亲临直播间开展互动，打造促销高峰。活动期间，斯凯奇支付GMV超3 199万元，其中94%的成交量来自品牌直播间，支付GMV占比达68%。

（资料来源：http://www.niaogebiji.com/authorview/11504，有改动）

议一议：

我们需要如何面对和应对新媒体电商带来的机遇和挑战？

第2章 新媒体电商的商业模式

在电商发展4.0时代，电子商务领域的重大变革更加强调商业的本质和消费者的体验，基于数字化技术，依托新媒体进行分享传播逐步替代了高成本的广告营销手段。直播和短视频呈现的共享经济，将电商的生态圈打造成了人人可参与，人人愿消费，人人享众利的新型模式。通过实时视频直播和内容短视频的方式展示商品和服务，增加了购物的趣味性和信任感，成为新媒体电商中的主流，其变现的方式转移到与消费者积极互动上，尊重消费者作为"主体"的价值观，并让消费者更多地参与到价值创造过程中。通过提供有价值的内容来吸引用户，而非直接销售产品，依靠内容的质量和创意，以及与用户的互动和信任建立长期的品牌忠诚；依托于用户的社交网络和社区群体，通过口碑传播和社群互动来推动销售。

2.1 直播带货的模式

2.1.1 网红电商

网红电商是网红在直播的过程中，通过一系列的行为向消费者传达信息，最终促成消费者购买的一种带货方式。以网络红人主播为中心，场景、流量、电商平台以及物流为支撑的模式，构成了网红直播带货模式的"五力模型"。

在网红直播带货模式当中，第一个因素是网络红人主播，即网红。网红作为网红直播带货中的关键因素，在直播过程中扮演着重要的角色，网红自身的能力和特质影响着成交额的高低。基于目前的发展现状，网红想要脱颖而出，首先要做到的就是自身定位明确。在有了精准的市场定位之后，提高自身的专业性，并从例如增加娱乐性等方面提高个人魅力。第二个因素是场景，即网红直播过程中的场景。场景的设计对消费者的体验感有着重要的影响作用，当场景与网红所推荐的产品相契合，会增强消费者的体验感,反之,当网红直播的场景设计与自身所推荐产品的吻合度不高,就会降低消费者的沉浸感,从而影响直播带货的成交额。第三个因素是电商平台。作为直播带货的一个重要支撑,电商平台一方面将消费者与网红连接起来,为消费者与网红提供了一个沟通渠道;另一方面,为直播带货提供强有力的物质支撑,电商平台为网红提供的商品以及优惠力度影响了消费者的购买意愿。第四个因素是流量,也就是网络直播终端受众所带来的流量。网红直播的流量是流量变现的一个基础,如果没有强大的流量作为支撑,那么网红直播带货的成交额会受到一定的影响。最后一个因素就是物流。作为网红直播带货的最后一环,物流体系是否完善决定了商品是否能快速到达顾客手中,这是影响顾客满意度的重要因素,而顾客满意度决定了回购率。

网红直播的盈利模式可以有以下三种。

1. "种草经济"变现

"种草经济"作为一种新型的经济模式逐渐进入大众视野,它具体表现为消费者通过用户生成内容(UGC)在社交平台上分享自己购买的产品或者商家通过专业生成内容(PGC)在社交平台将销售的产品进行推荐,没有购买过该产品的人通过观看分享以及介绍,对某种产品表现出极大兴趣,产生一种购买冲动,这就产生了"种草"行为。网红直播中,通过主播对产品的介绍,产生"种草"行为;在直播这种互动程度比较高的环境中,很容易受到其他人的影响进行冲动性购买,形成"拔草"行为。购买行为完成,就形成了"种草经济"的变现,这也是网红直播带货盈利的重要来源之一。

【案例】

小红书下的内容种草

随着社交"种草"的火爆,小红书从一款 App 逐渐成为一种生活方式。如何在这样一款 App 上引爆话题?星巴克有一套自己的理论。

小红书作为当代年轻人的生活方式平台,能够快速制造大量爆款话题。星巴克因此选择将小红书作为营销发力点,以年轻化的社交方式重回年轻人的话题中心、推动品牌年轻化。星巴克利用小红书"官方玩梗"的特点,创意大胆真诚且有温度,营造一种与年轻人"玩"在一起的品牌人设,以一种更贴合年轻人的方式来进行用户沟通。

星巴克的小红书动态频频展示如"突击检查相册""被指到就去做"等在年轻人中流行的小众文化"热梗",将碎片化的注意力集中到品牌身上。同时品牌也结合年度营销日历,用整合营销传播叠加营销组合策略的站内运营思路,将年轻、互联网冲浪达人、打工人等标签作为明确的品牌人设,优化官方账号内容栏目,增加用户与品牌之间的互动内容。

图 2-1 星巴克在小红书的内容"种草"

在优质内容与粉丝福利结合的基础上,星巴克还依照新品上市的产品节奏与小红书站内的相关热点,为品牌打造小红书的站内小型营销活动,"达到大热点不错过,小热点不间断"的内容社交"种草"效果。在三个月的运营时间内,做到了官方、KOL 爆文 50＋,收获了品牌官方万赞笔记、KOL 7 万赞笔记的爆文高峰,成功"种草"星巴克生活方式。

2. "粉丝经济"变现

"粉丝经济"是粉丝与被关注主体之间的一种经营性、创收性行为。粉丝与被关注主体之间的超高黏性促成了"粉丝经济"的变现。在这里被关注主体是指网红主播,根据主播影响力的不同,主播可以分为 KOL 以及其他两类。这两者都有一定量的粉丝基础,差别在于前者粉丝数量比后者大,在同一领域内,前者的影响力要比后者大。粉丝变现在网红直播过程中主要表现为两种:一种是打赏主播;另一种则是购买其推荐的产品。一方面,由于直播本身具有互动性以及趣味性,粉丝更容易沉浸在直播的过程中,所以愿意打赏主播;另一方面,直播间的商品相较于其他的商品,价格更加优惠,这也是粉丝进行购买的一个重要原因。同样地,"粉丝经济"下的这两种变现行为都是网红直播带货盈利的重要来源。

3. 广告植入与品牌代言

广告植入与品牌代言都是依托于主播或者直播间人气流量。广告植入指的是商家通过在直播间投放产品相关链接,根据投放的效果给予主播一定的费用;品牌代言则是由主播为某品牌代言,相比广告植入,这个效果更为明显,当然费用也比广告植入较高,这两种方式都是网红直播带货盈利的来源。

除上述几个盈利模式之外,主播也会与平台进行合作。在直播间通过主播对产品的介绍，顾客可以点击链接实现一键购买，这些产品通常是该平台的商品。根据这种方式，主播和平台实现合作，共同赚取利润。

【案例】

丽人丽妆拍下 papi 酱首支广告

借助网红的知名度进行营销，除了直接与之合作植入广告和产品之外，还有其他的方式。papi 酱是知名的短视频博主，因为制作一系列原创视频而收获了高人气和高知名度，成为早期的一批网红之一。作为一个拥有长时间流量沉淀的 KOL，papi 酱的身价非常高，要与之进行广告合作并不容易。

papi 酱曾将自己的首支广告进行拍卖，而最终由丽人丽妆以 2 200 万元的价格成功拍下，并创造了单条视频广告最高价格纪录，引起了极大的讨论。对于 papi 酱来说，自身的商业价值得到了认可；而对于丽人丽妆来说，也是稳赚不赔，甚至在广告开拍之前，就凭借这一新闻获得了极高的知名度。

在这样一次营销中，丽人丽妆砸下重金，收获的不仅仅是知名网红的首条广告，还有 papi 酱的热度和热门话题的制造，借助 papi 酱的热度让大众注意到这一品牌，同时通过高价拍下广告这一事件成功引起话题和讨论，为品牌传播创造了绝佳的舆论环境。

2.1.2　店铺直播

店铺直播的内容就是直播间展出的各个款式。这一模式的竞争力来源于在播商品，依靠购物袋中的商品引起观众互动。主播针对每个在售产品款式进行逐一介绍，或者由观众在评论区留言，告诉主播要看哪款。

如果你有自己的网店，希望用直播来提高店铺的人气和销量，那么不妨采用店铺直播模式。你可以向观众一一介绍店铺内的在售产品，或者事先与观众沟通，问他们希望看哪一款，主播就优先介绍哪一款。这种模式的特点非常明显，它的针对性非常强，网店通常都会有专门的分类，如食品、男装、美妆等网店，在直播时比较专业，同时辨识度高，容易吸引对这些分类感兴趣的用户。但是缺点也很明显，由于直播的商品有限，所以只能吸引一部分用户，而且直播间的氛围通常会比网红直播更差一些，这成为店铺直播模式中应该重点优化的地方。

直播开通了之后，并不代表就万事大吉了。有流量的地方才有生意，当只有寥寥数位粉丝时，不要奢求较大的成交量，此时店铺商家应该持续发布内容，不停地吸引粉丝，让更多的用户来观看直播，这个过程就是引流。

那么，直播吸引的流量究竟是从哪里来的呢？以淘宝天猫为例，店铺的流量来源通常分为两种：公域流量和私域流量。

下面以淘宝天猫为例，详细说明公域和私域流量的应用。

1. 公域流量

公域流量，就是淘宝官方的展示渠道，包括有好货、必买清单、手淘搜索、每日好店、淘宝直播等。公域流量是由淘宝官方控制的，是基于规则、算法后由系统推荐呈现的，商家和主播无法直接管理或干预。

作为直播平台，淘宝官方在提供公域流量时，会兼顾头部主播和新人主播。一方面，淘宝会将大部分资源向头部主播倾斜，因为头部主播能力强，带货能力有保障。另一方面，淘宝又会给新人主播一些福利，例如，一定期限的浮现权，通过这种方式来扶持新人主播，避免他们被头部主播打压。这

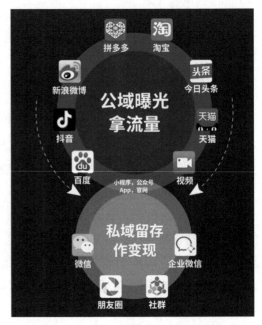

图2-2 公域流量和私域流量示意图

样做的目的很简单，就是要帮助优秀的主播提高关注度，让他们能更好地带货。

淘宝公域流量的推荐方法和今日头条相似，二者都是分步骤进行的。首先，淘宝官方会将主播推送给一定数量的用户，如果收看率、满意度等各项数据都很好，系统就会加大推荐力度。反之，则会停止推荐。一般来说，淘宝直播间的成交转化率越高，点赞、评论越多，用户观看的时间越长，关闭的比例越低，能获得的公域流量就越大。因此，获得公域流量的关键还是要靠内容，把内容做好，延长观众的停留时间，刺激观众购买，这样淘宝才会倾斜更多的公域流量。

2. 私域流量

和公域流量不同，私域流量并非由淘宝提供，而是主播自己运营获得的流量，如微淘、问大家、买家秀等。这些区域虽然都是由平台提供的，但是我们依然可以努力争取流量。主播一定要提升自己对私域流量的运营能力，当私域流量积累得足够多时，便会对公域流量产生影响。

获取淘宝直播私域流量的方式通常有以下两种。

（1）微淘

微淘在自运营渠道中是最简单、最容易入手的，它能把所有信息同步，一方面让粉丝看到主播在直播间发布的内容，另一方面将直播间的活动信息同步到微淘，这样也能带来更多的私域流量。微淘的运营是一个循序渐进的过程，需要主播花时间去策划，而不只是发个上架新品通知、发张图片那么简单。

(2) 群聊

群聊是一种非常简单的工具，也是非常容易被人忽视的工具，其实它的作用很大。群聊的筛选能力很强，能够把那些对优惠抢购十分感兴趣的用户留下。主播可以通过限时抢购、红包喷泉、店铺红包、提前购、群任务及淘金币等方式，在群里进行各种预热，这些都能够有效地帮助各位商家们做好活动前的预热，最终有效吸引流量，让店铺排名靠前。

总之，在运营淘宝直播的过程中，主播需要从多个方面进行宣传和引流，将有需要的顾客引入直播间内，然后通过直播促使消费者收藏加购。在这些工作都做好的情况下，商家还可以结合钻石展位、直通车等方式进行推广。

新人主播应该重视私域流量的经营，尤其是在平台大促开始之前，事先发布预热，再把直播、微淘及群聊做好，当活动日期来临时，就有机会获得巨额流量。

值得注意的是，引流虽重要，但也要兼顾用户体验。引流能力是评价直播效果的重要标准，而引流主要依靠的就是用户，因此在进行流量变现时，必须考虑用户的感受，将用户的支持放在第一位。但是在实践的过程中，很多人渐渐走入了一个误区，他们认为只要投入的成本足够多，流量就一定会升高。然而事实证明，过度依赖投入，很可能会陷入增长瓶颈。当你的直播遇到瓶颈期时，不妨先停下来想一想，你的引流模式是否符合观众的利益。不要只追求一时的数据，及时调整思路，找到真正符合用户需求的引流模式，才能让销售额持续上升。

2.1.3 产地直播

产地直播，又叫基地走播，顾名思义就是在商品的产地或者说是供应基地进行直播，向观众直接展示生产的实景。如果对供应链比较熟悉，并且有一定的人脉资源，就可以采用这种模式。通常，直播团队需要提前到达供应基地，一边搭设直播场景，一边挑选直播商品。这样做的好处有很多：第一，更容易与厂家沟通，拿到超低的价格；第二，货源有保证，不至于出现无货可发的尴尬局面；第三，基地通常会在直播中大力协助主播，减少了主播团队的工作量。

一些主播选择在农村开播，直播售卖土特产，例如土鸡、土鸡蛋、腊肉、苹果、橘子等，突出自产自销或产地直销的特点，非常容易获得观众的喜爱，这种模式同样可以归属于产地直播模式。产地直播的粉丝基数和观看量并不高，但其转化率却十分惊人。

【案例】

产地直播：让农产品走出乡村

1. 西双版纳阿浪

"西双版纳阿浪"拥有近 200 万粉丝，基本每天中午都会固定进行直播。因为他身处西双版纳，而西双版纳又堪称天然果园，得天独厚的地理位置培育了种类极其丰富的热带水果，所以这也给阿浪的带货之路加上了一层滤镜。

2021 年 4 月 26 日，阿浪以"榴莲降价，每人一箱"为标题开启了榴莲直播专场，在短短 2 个小时内就带货超 20 万元。在同时在线人数不到 3 000 人的情况下，卖出 9 611 件商品，最终整场销售额达到 51 万元，已经是算是非常高的转化率了。

图 2-3　西双版纳阿浪直播销售榴莲截图

2. 赶海熊二（海鲜）

"赶海熊二（海鲜）"主要带货海鲜水产类商品，且他的视频作品也是以赶海为主，通过发布赶海搜寻海鲜、捕获海鲜的技巧手法等内容引起观众们的好奇和注意。

根据知乎@飞瓜数据公布的直播日历来看，该主播每天都有坚持开播，销售额基本维持在 10 万—20 万元。

与果农直播不同，渔民大部分都是半夜出海捕捞，所以海产类主播直播时间普遍比较早，一般在早上 5 点半左右就开始了直播。通过直播人气数据（图 2-5）可以看出，早上 5 点多的观众竟然还真不少！

图 2-4　赶海熊二（海鲜）直播捕捞海鲜截图

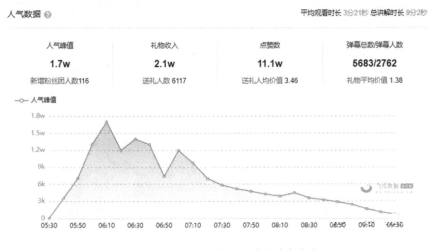

图 2-5　赶海熊二（海鲜）直播人气数据

3．快手助农走出新模式

2020 年新型冠状病毒疫情暴发，快手就开始了一系列的助农计划。

2020 年 3 月初，11 位县长、县领导连同 11 位快手达人直播助农带货，累计销售额达 2 000 多万元。

2020 年 4 月，广西三场快手助农扶贫直播共吸引了 1 296 万人观看，总销售额突破 458 万元。

众多明星也开启了快手助农扶贫直播带货，在联合央视新闻共同发起快手助农扶贫直播公益活动中，央视主持人欧阳夏丹携手演员王祖蓝、蔡明以及 66 位快手带货达人，卖出价值 6 100 万元的湖北农副产品，助力助农扶贫。

在快手发布的《2020 快手三农生态报告》中显示，截至 2020 年 12 月，快手上三农兴趣用户已超过 2 亿。其中，相关短视频日均播放量 6.5 亿，直播日均观看人次达 5 500 万；短视频日均消费时长 500 万小时，短视频日均直播观看时长超过 220 万小时；短视频每日超过 1 200 万点赞，直播日均 1.4 亿次点赞。

在快手的电商生态中，农业始终是重要的一环。产地直播通过短视频和直播赋能，让越来越多的优质农产品被人们看到。如今的产地直播已经不仅局限于自产自销，越来越多的主播和机构也愿意跑到产地助农直播，少了品牌方的控价，产地直播具有绝对产品优势、价格优势，是直播带货的最佳练车场！

图 2-6　2020 年知乎@飞瓜数据公布的快手三农数据报告

（资料来源：https://www.sohu.com/a/463495176_12007290，有改动）

2.1.4　内容电商

虽然内容电商是新名词，但是它的载体依然没有改变，仍然是依托电子平台和互联网进行交易。内容电商主要有两种发展方向。一种是电商平台内容化，这种模式下电商平台继续深化内容建设，凭借内容吸引潜在的消费者。平台往往在 App 中将图文、直播等内容元素位置靠前展示，同时采用"公众号 + 小程序"的方式实现对潜在消费者的引导。另一种是内容平台电商化，即由社交平台完成对电商的引流。这种模式一般需要借助流量明星和网络红人的影响力，由他们在社交平台对产品进行推广，吸引大量人群关注，再通过发布广告链接的形式，将流量引向电商平台。

其实无论是电商内容化还是内容电商化，本质都是通过内容宣传产品以吸引流量。对于年轻人来说，传统电商的宣传方式显然不如社交化的宣传方式吸引眼球。短视频、直播、论坛、朋友圈、小程序、公众号与 App 之间的互动与转化是内容电商得以迅猛发展的基础。

在相当长的一段时间内，"流量为王"的观念盛行于直播带货，而随着整个行业的发展成熟，大家开始认识到坚持"内容为王"的路线才能让直播电商走得更远。内容电商的核心是制作优质的内容，使直播在电商平台上树立个性品牌。

1. 组织优秀的带货文案

好的带货文案对内容电商的运营具有重要影响，在很大程度上决定了带货的速度和数量。主播必须了解用户的想法，针对用户的痛点来组织文案，用可视化的语言来描述产品，让用户产生代入感，不能让直播沦为一份枯燥、晦涩的说明书。

总的来说，优秀的带货文案通常具备以下三个特征（图 2-7）：

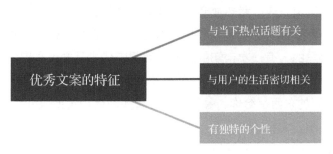

图 2-7　优秀带货文案的特征

首先，优秀文案的设计要与当下热点话题有关。其实在线下营销中，蹭热点的方式就常被销售人员使用。这些热点话题包括节假日、名人效应、热播影视剧等。一个优秀的主播必须学会蹭热点，借助热点话题，观众可以迅速与主播产生同理心。主播应当时刻留意互联网上出现的新动态，看到讨论热度较高的话题，可以记下来，在直播时和观众讨论。

其次，优秀文案可以是与用户的生活密切相关的。主播说出来的文案中需要包含与受众生活密切相关的话题，以便迅速吸引受众的注意力，这是提高转化率的关键。好的带货文案，通常都会触及客户的痛点，他们会把客户代入应用场景中，然后推出自己的产品，帮助客户解决问题。

最后，文案要有独特的个性。文案中包含着作者的个性，那些个性强烈的文案能获得很多人的认同和喜爱，使这些人成为主播的粉丝。此外，我们看到很多主播在直播时特意突出自己的不同之处，他们不会平铺直叙地说话，而是在平时使用的关键词、语言风格上下功夫，给观众耳目一新的感觉。

【案例】

新东方的带货文案

半夜 10 点，东方甄选的抖音直播间里，一个脸型方方的主播正在带货。

他从大兴安岭聊到星辰大海，从原始森林聊到中国历史，评论区有人提醒，过去一小时粉丝又涨了 40 万！

台下导演提示：书已经卖了 50 000 册了。

这时主播才想起来还要带货，赶紧说回要卖的书：《额尔古纳河右岸》。

"我在读到这本书的时候，第一次充满了对力量、对生命、对森林、对流水、对落叶、对日月、对清风、对苔藓、对起舞的萨满、对夜里的月光，由衷深沉、不知所以但一往情深的爱。他们吃着简单的食物坐在星空下，围着篝火喝酒聊天，他们会带着孩子去捕鱼打猎，他们也会与爱的人在落日的山巅，欣赏秋风与红叶。"

接着他又说道:"我前几天躲在家里不方便出门的时候一晚上就看完了,看完后觉得不够,睡起来再看第二遍,我热血澎湃,我现在就想去一次大兴安岭,我想去看一看那里的山林,我想感受那里的清泉,我甚至想去看一看苔藓长什么样子,我想摸一次驯鹿的角,我想跟那里的人有一次亲切的交谈。我想带你去品尝大兴安岭深处、清晨沾满晨露,表皮一层白霜的野生的蓝莓。"然后猝不及防拿出一箱"有机野生蓝莓汁"。

"我想把一些好的东西都给你,譬如朝露,譬如晚霞,譬如大江大河,譬如6月21号达到北极圈的太阳,北极达到极昼,太阳终日不落,如我对你的爱一样坦坦荡荡,所以我还做了非常详细的各种农药残留和药物或化学物残留的检测,所以请大家可以去放心地购买。"

然后"有机野生蓝莓汁"又卖了27 000单。

眼前这位正在带货的主播叫董宇辉。

据说他的成名作是这段话:"大家在六月的清晨点进直播间,看着我像兵马俑一样的脸型,感受到了人生的无常和命运的不公,但这时你发现和我一样脸型的还有这款299元牛排送你的这口锅,这个锅你得背。"

据说当时的直播间里,有80 000人同时在线,而自称脸像兵马俑又像牛排锅的董宇辉长这样。

而在董宇辉的背后,是俞敏洪带队新东方转型直播推荐好物的平台"东方甄选"。

众所周知,新东方经历了一段难熬的时光:公司市值下跌90%,营收减少80%,员工辞退6万人,退学费、员工辞退N+1(赔偿)、教学点退租等现金支出近200亿元。

断腕求生的新东方,在2021年12月进军直播带货领域,用半年时间,把粉丝量从0艰难做到了100万。

6月初的时候他们还在苦苦挣扎,但接着就凭借"双语直播带货"冲上了热搜。

而要说真正的"出圈",还是前面提到的6月10日董宇辉凌晨卖牛排的名场面。

之后便是一发不可收拾,从0到第一个100万粉用了半年,到第二个100万粉只用了3天,再到一小时涨粉40万。

熬过了无数个无人问津的夜,东方甄选终于成了抖音直播带货的顶流存在。有观众评论说"直播的天花板,我觉得其他直播都好俗"。一夜爆火的背后,是这些前新东方名师们的才华被看见。

在董宇辉的直播间里,前面那些散文诗一样的带货文案,他可以连续3小时无间断输出,起初以为有台本,结果后来发现直播间连提词器都没有,全靠主播一张嘴,就让导演补货跑断腿。这些张口就来的带货说辞,很多都有着优秀文案的特质:富有张力的排比句式,充满洞察的场景描写,还有直指灵魂的问心。

一、雄浑有力的排比句

在卖《DK博物大百科》时,他说道:"我们无法真正去踏上每一片土地,无法牵孩子的手去看每一处风景，无法听每一个诗人讲他们的故事，无法听每个科学家讲他的发现，我们的生命太短暂了，没有办法去体会这一切，但请记得，你一定可以找到一个无所事事的下午，就像你好多年前放学后无所事事的下午一样，陪着孩子翻着一本书，聊一些童年成长的故事。"

当翻到书中的"岩石篇"的时候，他说："天体行星就是浪漫，我们是宇宙星辰的孩子，我之前给大家讲过构成我们身体的元素，跟脚下这座蔚蓝色的星球一样古老，甚至比它还要更为古老。"

"比如我们身体70%都是水，组成水的氢来自大爆炸，比如说我们所吃的米面其实本质上都是碳，碳来自恒星内部的核聚变，比如说我们身体里有铁元素，取出来可以是一根7厘米长的钉子。"

"所以从这个角度去说，我们与岩石无异，我们与花草树木无异，我们与飞禽走兽也并无二异，因此人要亲近自然，大山大川才能让人内心平静，只有你带孩子出去一趟，你才会发现他对这些东西，是有如此多的疑问和喜爱。"

然后，他边翻书里的动植物图片边说："它可以是一株植物，可以是开放的一束花，可以是草丛里爬过的一只昆虫，也可以是天上飞过的一只雄鹰，它可以是任何东西，它可以是此时直播间里一个长相奇怪的男主播，它也可以是2022年6月10号下午那一刻，阳光的角度和吹过窗户的风。"

当翻到"蝙蝠"这一页时，他说："大家可能会觉得丑，但我会告诉孩子万物皆有他的审美，我们不能用自己的标准去衡量别人。如果世界上只有一种审美，那便没有了美；如果世界上只有一种对，那便没有了对；如果世界上只剩了成绩，那便没有了孩子呀。"

二、充满洞察的场景描写

在卖"大兴安岭野生蓝莓汁"时，他说道："那天，第一批我们自己喝的样品到了，我喝完一瓶，然后坐在中关村的出租屋里，天气燥热，楼下吵闹，北四环的车流从来没有因为我的忧伤或者是兴奋而停止过，楼下还时常在夜里打电话争吵。但那一刻我坐在中关村租住的小房间里头，我的灵魂已飘向远方。"

"是的，遥远的北方，大兴安岭的原始森林沾着露水，月光下，人们起舞饮酒，畅谈，驯鹿脖子上的铃铛，偶尔作响，萨满穿着精致的衣服，充满力量地起舞，那里的孩子自由而健康，右下角想要的自己去拍。"

在卖《三体》的时候，他说的是："你想象一下，朋友，组成你左手的原子和组成你右手的原子，可能来自不同的恒星，只要想到这一点，就已经足够浪漫了。"

"所以我们就是星辰，我们生于星辰，我们也终将归于星辰，我们是星辰的孩子。《三体》这套书讲的就是人类要如何去在宇宙星辰中寻找下一个家园。"

三、直指灵魂的问心

在卖《藏着地图里的中国历史》的时候,他说道:"我们也在努力地活着,有贷款,有房租,有压力,有爱的人,有脆弱的感情。大概就在10天前我们还在苦苦挣扎,那天晚上有1 300人陪我聊到天亮,我说我们是朋友,对吗?我们能聊聊天吗?你们为什么睡不着?"

"当时我才突然知道,有那么多人在夜里,跟我一样辗转难眠,有没考上研究生还没有找到工作在家里焦急的学生,有期望在大城市打拼的孩子能回来看看自己的老人,有孩子尿床哭醒了收拾完一切坐在客厅里想喝一杯水冷静冷静的母亲,有半夜还在路上开着车的中年人——众生相。"

"前天晚上我跟宋老师播完之后,我俩走到楼下,有几个人在天桥底下睡觉,前天下那么大的雨,我其实特别想帮他们,但我又不好意思打扰他们——那才是众生相。"

"所以什么叫作《藏在地图里的中国历史》?城堡会泯灭在长河中,英雄会老去,美人会迟暮,你我的故事终将化为一炬,但是平凡的人会给我最多感动。我的精神力量不是从那些大家听起来很壮阔的故事中获得的,反而是来自我身边真实的一个个朋友们,七情六欲,五谷杂粮,但可爱如你我。"

"我希望六月的阳光下,你我光明磊落地站着,大大方方,热爱生活,慷慨、乐观、自信。有困难是对的,因为月有阴晴圆缺,人有悲欢离合嘛,苏轼都跟你说了。"

真正动人的东西不需要"尬吹",评论里有人说:"进了直播间就出不去了。"当他话题扯远了的时候,下面观众会互相提醒:"想买货的自己下单,想听课的认真听课。"

(资料来源:https://www.woshipm.com/copy/5493109.html,有改动)

2. 制造身份认同

除了优秀文案,主播能够成功制造身份认同,也会使观众更容易接受(图2-8)。

制造身份认同是市场营销中的常用方法,也是主播拉拢粉丝的重要方法。即主播通过某些设计好的语言,有意识地引导观众下单。了解这些方法,对提升直播的效果会有很大的帮助。

很多主播也十分擅长制造身份认同,他们在直播时会故意大声地说"所有粉丝""所有女生""所有没下单的观众"等,这些都是在制造身份认同。看看主播说的这段话:"带孩子的快去把孩子哄睡,有老公的快去把他安顿好,该洗澡的快去给我洗澡,但洗澡的时候一定要把我放在旁边听,因为我说的每一句话都

图2-8 直播节目的宣传海报

非常重要。"这段话就像一个老师在课堂里大声地对学生说："不及格的同学都听好了，我再强调一遍……"这时那些没有及格的同学就会自动产生身份认同，他们会竖起耳朵，等着听老师接下来要说什么。不同的是，老师面对的受众是"所有同学"，而主播面对的受众是"所有女生""所有粉丝""所有没下单的观众"。针对各自的受众，他们分别采取了不同的做法，但是总的原则是一样的——制造身份认同。

通过上面的例子，想必你已经对制造身份认同有了一定的了解，它就是通过说出消费者的性别、社会角色、消费习惯等方式，让观众对号入座，在不知不觉中对主播产生认同感，然后促使观众按照主播宣传的内容去消费。在实际生活中，制造身份认同可以从以下几个方面进行。

我是××人。这是最简单的方法，也是最常用的方法，如上文提到的"所有粉丝""所有女生""所有没下单的观众"等，都是在提醒观众要注意自己的身份。

主播可以从观众的基本信息入手。

性别认同：所有女（男）生、直播间的女（男）生。

年龄认同：家里有老人的，可以买一件回去。

民族认同：请大家多多支持国货。

职业认同：上班族、老师、司机等。

我应该是××人。每个人都希望生活变得更好，自己变得更优秀，主播可以利用这种心理，展现一些美好的场景，让观众产生渴望心理。例如：你值得拥有更好的；女孩子要对自己好一点儿……

只要我××，我就会××。相信你一定听过这些话：买了×××，你走在路上回头率"爆表"哦；连×××都在用，你还在等什么？主播其实是在暗示你，东西买回去以后，你就会变得与众不同。

综上所述，在直播的时候营造特定的语境，赋予商品更多的附加价值，并且将这些价值与消费者的身份认同结合在一起，就可以引导观众迅速下单。

3. 寻找和利用热点话题

紧跟热点，拉近与观众之间的距离，也是内容电商的带货模式之一。热点话题通常自带流量，策划一个好的热点选题，可以让你的直播间人气暴涨，因此，主播应当学会紧跟热点话题，利用热点话题给自己带来流量。那么，应该如何寻找热点话题？又如何利用热点话题呢？

（1）蹭热点是主播的必备技能

顾名思义，热点就是人们当前关心的话题。因此，蹭热点就成了很多主播的必选项，在平时的直播过程中，特意提起一些与产品相关的热点话题，例如"××明星同款裙子，现价只需59元"等。热点可以有很多种形式，可以是新闻，可以是信息，也可以是周边发生的事件等，只要广大群众关注，就可以成为热点。这些热点可以是大众喜闻乐见的，比如科技发展、新品面世；也可以是有争议性的，比如娱乐八卦。总之，大家都在关注什么，什么就是热点。

目前来说，最容易成为热点的话题主要有三种。

一是娱乐八卦类。娱乐明星的关注度一向都很高，常年都有流量。蹭流量明星的热点还有一个好处，那就是很多明星都有自己的忠实粉丝，这些粉丝们的消费意愿非常强烈，只要看到偶像的同款商品，就会迫不及待地下单。有些头部主播的人脉比较广，能够找到的资源也很多，他们会直接邀请明星参与直播，为自己的直播间迅速提升人气。普通的主播虽然没有这么大的能量，但是对娱乐明星的热点还是要多加关注。

另外，要注意侵权的问题，你可以提明星的名字，但是在未经允许的情况下，不要使用明星的照片、签名等。

二是节日热点类。节假日本身也是热点，因此成为各家店铺的营销战场。例如每年的元旦跨年、春节发红包、情人节玫瑰、母亲节送祝福、国庆节促销等。除了这些传统节日以外，商家还自创了一些节日，比如天猫的"双11"购物节、京东的"618"等。2020年，淘宝直播推出了"321直播"购物节，从3月21日到3月27日，开启淘宝直播购物节的超级大促。这次活动由1个主会场、9个行业分会场、2个权益会场、3个特色会场构成。其中，9个行业分会场分别是服饰、美妆、消费电子产品、美家（家装家居）、食品、母婴、国际、珠宝、本地。

三是热门专业领域类。在一些专业领域内，同样有很多关注者。例如军事、财经、体育、互联网、科技、游戏、汽车、房产等，这些领域也经常出现热点新闻事件。作为主播，可以根据自己的产品特点，专门寻找相关的领域，关注该领域的热点新闻，吸引同领域的关注。

（2）多种途径寻找热点

作为主播，只知道热点还不够，还要寻找热点，以便持续生产优质内容。我们可以从多个网站上搜寻信息，从而获得更全面的热点信息。

百度热搜。百度热搜是百度公司的一种工具，它根据关键词对全国网民的搜索记录进行统计，以排行榜的形式呈现出来，直接、客观地反映网民的兴趣和需求，是最具代表性的"网络风向标"。你可以在上面查询实时热点、今日热点、七日热点等。

百度指数。百度指数是一款数据分析平台，能够为主播提供数据统计和分析服务。打开百度指数，输入需要查询的关键词，便可以得出百度经验的搜索指数，并可以根据时间查看相应的趋势变化，以及查询PC端和移动端的趋势变化，还可以精确到全国的每个省级行政区。

新浪每周新闻排行榜。新浪每周新闻排行榜显示了新浪各频道的新闻浏览量情况，也是以排行榜的形式呈现出来。主播可以通过榜单清楚地看到新闻总排行、视频排行、图片排行、国内新闻、国际新闻的点击热度。

微博热搜榜。微博热搜榜也是一种非常实用的工具，它让我们知道当下讨论热度最高的热搜话题。

头条指数。头条指数是今日头条推出的一款产品，和百度指数相比，它有自己的独特之处。头条指数可以用来查询关键词的热度变化，以及关键词的用户画像、地域渗透度等。

营销日历。这是软件新媒体管家上的一款实用工具，你可以根据日期进行查询，在热点尚未爆发时就做好准备，包括传统节日/节气、现代节日/纪念日、营销大事件等。

4. 多运用故事型文案

最后需要强调的是，故事型文案更容易打动人心。在电商直播中单纯地讲事实、列数据，可能不会有人相信，观众会认为主播只是在背台词而已，很难吸引人们的注意，更别说沉淀出忠实粉丝了。故事型文案就是这样一种能够吸引观众的工具。如果主播会讲故事，就会有很多"剁手党"成为主播的忠实粉丝。

（1）好故事让观众产生共鸣

好故事具有触动观众的内心，戳中大众的痛点、泪点或者争议点，让人在不知不觉中发泄情绪，并产生代入感的作用。

人们之所以喜欢听故事，就是因为听故事容易产生代入感。例如，"褚橙"就是一个极其擅长卖故事的品牌，它围绕着创始人褚时健年过古稀，二次创业的传奇经历，向人们传播了"褚橙"的精神："人生总有起落，精神终可传承。"很多人在购买之前，首先就被这个故事打动了。如果主播也能讲出这样的好故事，就同样可以打动观众。如果观众听了以后，主动"脑补"一出出感人至深的场景，那么主播的故事就是成功的。

观众都喜欢听故事，还因为故事很容易理解。试想一下，在如今这样一个信息爆炸的年代，还有多少人愿意费时费力地看广告呢？绝大多数人都是用一种非常悠闲的心态在看直播。如果直播说的东西太深奥、太烦琐，大多数观众可能会马上退出直播间。

因此，在设计文案时，必须考虑到大多数观众的接受能力，尽量减少理解的难度。故事型文案就有这样的魔力。人们对故事有着天然的喜好，一个好故事，哪怕只有短短几句话，也能勾起观众的兴趣，让他们情不自禁地听主播继续讲下去。

生活中，主播需要储备一些好故事，成为一个讲故事的高手。从人物的角度来看，可以把故事分为三类：第一，是自己的故事，用来打造主播自我形象；第二，是客户的故事，用来帮助客户进行宣传；第三，是名人的故事，在直播间中偶尔提一下，可以用来激励粉丝。

总之，故事型文案的作用，就是为消费者营造出一种独特的氛围，从而激发消费者的购买需求。

（2）围绕产品塑造故事的内核

故事型文案的本质仍然是一种营销方式，因此要想让观众感同身受，首先得明确目标受众,看看他们有什么特点。只有贴近目标消费者,才能用他们能够理解和接受的方式去讲故事。当你明确目标受众之后,就可以通过故事塑造自己的风格,走差异化路线了。故事型文案可以有多种特征,可能是讲创业、讲梦想的,也可能是讲爱情、讲文艺的。但是归根结底,故事必须围绕着一个内核去展开,这个内核就是:紧紧围绕品牌,契合消费者的需求。

比如,你来到一片梨园中,站在梨树的荫凉下做直播。你在设计故事的时候就可以从两个方面去考虑:一是围绕梨子做文章,如讲述果园老板的传奇故事,他是如何创业的,在经营的过程中又发生了哪些有趣的事情;二是客户的感受,比如客户与亲朋好友对梨子的评价,对店铺服务的评价等。

2.1.5 社群营销

1. 什么是社群营销

社群营销就是彼此之间有相同或相似的兴趣爱好或者一定的利益关系,通过某种平台聚集在一起,通过产品销售或者服务,满足不同群体需求而产生的一种有着独特优势的营销方式。社群营销的平台很广,不局限于网络,各种平台和社区,都可以做社群营销。比如线上的论坛、微博、QQ群、贴吧、陌陌等,线下的社区,都可以是社群营销的平台。

2. 社群营销的突破点

建立社群并不是最难的,你或许可以在一周内建立一个成百上千人的群,但这并不意味着接下来你能把社群营销做好,因为社群营销并没有你想象中那么简单。要想经营好一个社群,可以从下面两点进行突破。

(1)把社群成员转变为目标用户

社群营销的第一个突破点是从社群成员到目标用户的转变,通俗地说,就是"变现",这也是社群营销的一大难题。很多社群做营销,人很容易进来,产品也容易有,但是如何把社群成员转变成目标用户就难多了。下面来看"鸟蛋"是如何做的。

手环的出现让运动更加有趣,骑行自然也少不了智能产品,"鸟蛋"就这样产生了。首先,"鸟蛋"以众筹的方式建立社群,吸引自己的粉丝,然后定价49元,这亲民的价格符合互联网产品的价格区间。其次,"鸟蛋"把社群成员做了分类,根据贡献及参与度设定了不同的级别,比如"黄金蛋主""白银蛋主"等,还把从"罗辑思维"那里获取的粉丝定义为"罗粉蛋主"。

这些营销的成功,使得"鸟蛋"很快就众筹到1万份。其背后是100位"黄金蛋主"、1 000位"白银蛋主"、365位"罗粉蛋主"的高度参与和自发推广,由此实现了20分钟众筹1万份"鸟蛋"的众筹目标,打破京东以往的众筹最快售罄纪录。

图 2-9 骑行手环产品——"鸟蛋"

当然,成功并不是随随便便就能得到的,同样有很多小公司打着"智能"的概念进行众筹,如果只能依靠自然流量和在群里发红包来吸引关注,那么这种效率是很难有所突破的。如果把相关产品的目标高敏感用户群拢聚起来,以社群营销作为切入点,相信所花费的成本会低很多,效果也会更好。

(2) 让社群保持持久的热度

社群是有寿命的,玩过微信群或 QQ 群的人都应该知道,当你初次加入一个群时非常热闹,但随着时间的推移,群渐渐就安静下来了,因此,保持持久的社群热度是社群营销的第二个突破点。那么,如何解决这个问题呢?需要从社群成员入手,并在参与机制层面上下功夫。

首先,要梳理并建立更清晰的社群图谱,每个成员的特点都要以大数据的方式呈现在社群运营者的面前,比如每个成员都有哪些能力、特长,关系怎样,这些关系能否推动影响力渗透,等等。虽然做这些是很费力的,但一个社群要想发展,就必须这样做。

其次,为了持续让社群产生动力和新鲜感,应该赋予社群一个个任务,在每一个任务的驱动下,社群组织才能履行自身的组织职能,带动社群的发展。

最后,还要加大投入,刺激并鼓励核心团队参与进来,这样才能更好地完成任务。

总之,社群营销的步骤很容易掌握,但成功的案例较少,主要是因为没有突破以上几点。所以,只有找到正确的方法,用一些更好的方式,才能真正实现营销目标。

3. 社群营销的运行方式

移动互联网时代,社群营销的发展有了更好的条件,很多主播也想抓住社群的优势发展更多的业务。然而,进行具体操作也是有一定难度的。下面,我们就来了解一下社群营销是如何运行的,或是具备怎样的条件才能做好社群营销。

(1) 意见领袖是动力

社群虽然不像"粉丝经济"那样依赖个人,但它依旧需要一个意见领袖,这个领袖必须是某一领域的专家或者权威人士，这样才能推动社群成员之间的互动、交流，树立起社群成员对企业的信任感，从而传递价值。

(2) 优质的服务是前提

通过社群营销可以提供实体产品或某种服务，来满足社群个体的需求。在社群中最普遍的行为就是提供服务，比如招收会员、得到某种服务、进入某个群得到某位专家提供的咨询服务等，能吸引不少人群的注意力。

(3) 优质的产品是关键

无论是在工业时代，还是在移动互联网时代，产品都是销售的核心。如今，社群营销的关键依旧是产品，如果没有一个有创意、有卖点的产品，则再好的营销也得不到消费者的青睐。

(4) 宣传到位是保障

有了好的产品之后，以什么样的方式展现出来显得尤为重要。在移动互联网时代，社群营销可谓是最好的选择，这种社群成员之间的口碑传播，就像一条锁链一样，一环套一环，信任感较强，比较容易扩散且能量巨大。

4. 社群营销的特点

移动互联网的到来，带来了营销的变革。如今，无论是 PC 端还是移动端，社群营销都占据着主导地位。从一定程度上来说，社群是最好的营销对象，因为社群有着巨大的优势。社群营销更是有着自己的特点，主要表现在以下几个方面。

(1) 弱中心化

社群营销是一种扁平化网状结构，人们可以一对多、多对多地实现互动，进行传播，并不是只有一个组织人和一个富有话语权的人，而是每个人都能说，使得传播主体由单一走向多重，由集中走向分散，这是一个弱中心化的过程。

(2) 多向互动性

我们知道，社群营销是通过社群成员之间的互动交流，也包括信息和数据的平等互换，使每一个成员成为信息的发起者，同时又成为传播者和分享者。正是这种多向的互动性，为企业营销创造了良好的条件。

(3) 具有情感优势

社群成员都是基于共同的爱好、兴趣而聚集在一起的，因此，彼此间很容易建立起情感关联。社群成员能够产生点对点的交叉影响，并且还能协同产生叠加能量，从而合力创造出涌现价值，使企业从中获得利益及有价值的信息。

(4) 自行运转

由于社群的特性，社群营销在一定程度上可以自我运作、创造、分享，甚至是进行各种产品和价值的生产与再生产。在这个过程中，社群成员的参与度和创造力能催生出多种有关企业产品的创新理念或完善企业产品、服务功能的建议，使得企业交易成本大幅度下降。

(5) 碎片化

社群的资源性和多样性特点，使得社群在定位上也呈现出多样化、信息发布方式松散的特点，这就意味着社群在产品设计、内容、服务上呈现碎片化的趋势。虽然碎片化会使社群缺乏统一性，为企业的社群营销带来很多的不确定因素，但只要企业善于挖掘、整理，就能从中挖掘出社群的价值。

5．社群营销的优势

(1) 费用低

传统营销和新媒体营销的其他方式在推广上的费用巨大，而社群营销所花费的费用相对低一些，特别是比起传统媒体动辄百万、千万的投入，做好一个社交平台往往一年的预算不过数十万而已。

(2) 效率高

社群营销是以目标人群的双向互动沟通为核心的，社群成员可以是信息的制造者，也可以是传播者。因此，社群营销更加高效。

(3) 精准性高

社群营销是网络营销里唯一能和搜索营销相比的精准营销方式，而搜索又是定向流量，社群营销是定向需求、人际信任、口碑传播。在即时性上，社群营销更能提供新鲜资讯。

(4) 传播快

社群营销虽然不能与大众媒体广泛传播相比，但是能到达精准目标人群，也就是说在圈子里的传播速度非常快。一旦社群营销效果显现后，你就会感受到"一传十，十传百"的魅力。

(5) 实效久

网络营销的特点就是"凡走过必留下痕迹"。社群营销是以人际关系、兴趣圈子、口碑传播为核心的营销方式，这些网络上的口碑随着时间的流逝，不仅不会消失，相反，不知道何时会被一些因素激活，能够二次甚至三次发酵。

(6) 针对性强

社群营销，不仅可以作为普通宣传活动的手段，还可以针对特定的目标组织、特殊人群进行宣传活动。不管社群是以什么目的建立起来的，都一定具有类似的生活形态、人口特性等。由此，可以看出社群具有很强的针对性。

> **议一议：**
> 几种直播带货模式各有什么特点？你会倾向于选择哪种直播带货模式？为什么？

2.1.6 直播带货的优势

直播是一种动态的试听过程，与传统的电商相比，直播可以在直播时呈现产品，更有利于提升产品的真实性，展示产品使用的细节，从而帮助用户更好地了解产品的功能和特点，实现商品的价值交换。

1. 直播带货能增加用户的购买欲望

传统的电商购物需要先通过目录进行检索，再查看图片以及文字描述，然后再决定是否购买，这种方式存在一些缺陷（图2-10）。

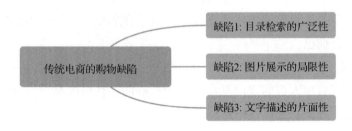

图2-10 传统电商的购物缺陷

与之相比，直播带货则具有明显的直观性（图2-11），使商品销售更具真实性，可以体现在以下几个方面。

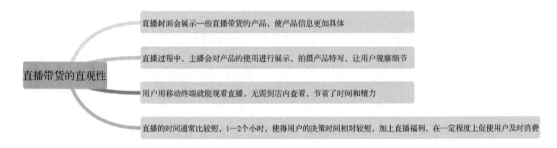

图2-11 直播带货的直观性

除此之外，直播带货时主播频繁与用户互动交流，相较于传统商家更有亲切感。同时，主播会站在用户的角度进行思考，会提供自己的使用感受，供用户参考。

2. 直播带货能促进用户的消费频率

（1）帮助用户了解产品

主播帮助用户充分了解产品的性能和特性，其他用户的提问也可以用来参考。

（2）促使用户参与抢购

在直播互动中，其他人的言语也会影响消费者的购买，尤其是在商品抢购时，受众会产生从众心理，进而带动另一些用户的参与，增加产品销量。

（3）提高用户的参与感

品牌邀请主播进行直播带货，提高了主播的地位和影响力，同时也增强了用户的参与感，不再是简单的一对一的产品介绍，而是在相互的社交沟通中进行销售。

3. 直播带货能增强用户的信任程度

在直播带货中，主播的作用更具影响力，在一定程度上也反映了主播与消费者之间的信任程度。主播与消费者的信任关系对直播带货的影响见图2-12。

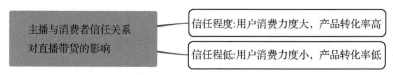

图2-12　主播与消费者的信任关系对直播带货的影响

因此，直播团队可以考虑从以下几个方面提高消费者对主播的信任程度。

一是树立正面的个人形象。主播应具有正确的三观，树立一个正面的人物设定，不要为了出名而选择消极的曝光方式，消极的方式只能获得一时的热度，正能量的主播有利于培养用户的信任感，更有利于自身的发展。

主播在直播过程中，应当认真介绍产品，不能通过贬低他人来抬高自己，这种直播方式很容易降低粉丝对主播的好感度。

二是提高自身的专业技能。主播在直播之前需要充分了解产品，把握产品特性，并在直播时能根据产品的亮点进行精准介绍，掌握专门的语言技巧，这样更有利于促进用户消费。语言技巧可以从以下几个方面提高。

① 对症下药。主播需要熟悉产品的用户群体，根据用户群体的特点进行讲解。例如，在美妆直播中，面对的多为时尚女性，这类女性普遍爱美，需要在把握产品的特点上分析产品是如何提高用户颜值的，讲述过程中要尽可能让用户产生共鸣，带动用户的情绪。这类针对性强的产品和用户，也可以体现在直播间的名称上。

② 外表形象。主播在进行带货时需要热情，要表现得很有耐心，并且具有感染力、亲和力，这样更能促进用户消费。

③ 个人观点。作为一个带货主播，在直播时一定要有自己的看法，如果都是习以为常的观点，或者是商家的看法，那样的直播是吸引不了用户的。

> 议一议：
> 　　如何利用好直播带货的优势？

2.2 短视频变现

2.2.1 广告合作

无论是传统媒体还是新媒体，出售广告资源都是其重要的利润来源，用户可以免费获取内容，但需要观看内容产品中的广告，如果内容产品能够吸引较大的流量，其带来的广告利润就相当可观。因此，广告是短视频必不可少的变现方式之一，它符合短视频平台的特点。广告与短视频平台结合之后衍生出了三种主要的广告形式。

一是框入广告。由于短视频多为自生产情境性内容，将广告的产品信息通过隐形手段融入内容产品中，既符合了广告方的诉求，也减少了受众的抵触情绪，所以在未来的短视频领域中，广告内容的生产创新点仍然有很多地方值得探索。二是贴片广告。贴片广告主要表现为前置贴片和后置贴片。无论是何种贴片广告，在海量的短视频内容中，我们可以预想到无数的广告位，这对于广告主和平台方来说无疑是福音。三是流量广告，流量广告是目前应用最广泛的广告形式，其优点为穿插在视频列表中，可以依托用户持续注意力来实现内容的曝光。

2.2.2 引流运营

引流是什么，通俗的说法就是获得客源，通过一定方法和手段吸引更多消费者来购买自己产品或者服务。要想成功引流，离不开两个方面，一是引起共鸣，调动用户情绪，让用户产生关注的吸引力。二是满足用户需求，如干货、优惠等。因此，短视频推广引流，具体要从内容策划、产品植入、多渠道引流和封面展示等方面入手。

内容是服务于用户的，要注意结合产品和用户诉求。大家一般喜欢有创意和内涵的内容，所以内容既要有实用价值，又要有创新。内容一定要对用户有价值，这需要内容中有干货。内容形式可以是严肃认真的，也可以是活泼搞笑的，甚至是吐槽的都可以。不过都要结合产品的特性和价值去策划运作，千万不能跑偏。

引流还可以考虑产品植入。产品植入要巧妙。一般情况下，带产品偏商业化的视频，很容易被用户反感而失去推广的价值。这就需要我们在做产品类的视频时，要多多发挥创意，尽量将产品植入得有趣味性。或是增加视频的价值，比如给用户提供一些福利。当视频内容价值大于广告反感时，才会有更多的用户观看和互动。

另外，可以采用多渠道引流。既然是引流，就要利用好一切可以引入流量的渠道。

这里常见的渠道有评论区、直播间，还有官方平台等。比如可以去同行业账号的评论区或直播间发表评论，吸引有相关兴趣的用户来看自己的视频。官方平台也有很多引流渠道，比如投放付费广告，参与官方活动等。

封面展示对引流也有非常重要的影响。标题和封面图片是视频在展示时，最先被用户看到的一个部分，如何抓住用户的心，往往靠的就是这短短的几秒钟。写标题、选封面的时候，要注意揣摩用户想看到的部分，将其呈现出来，从而吸引用户的眼球。这里有很多方法，比如突出数字、突出对比等，可以多参考做得好的账号。

2.2.3 知识付费

知识付费是一个长期命题，它本身不是一个新的概念，其本质就是将知识转化为产品或服务，通过售卖这些产品或服务来获得收益。无论换到哪个平台，知识都非常容易被接受和传播。

如果说2016年是知识付费元年，那么经过这些年的发展，如今已然变成了时时可学、处处可学的时代，越来越多求知若渴的学习者和知识传播者涌现于各个领域。短视频行业知识付费进入高速发展期，整体行业规模进入稳定发展阶段。作为每日活跃用户量超6亿的短视频平台，抖音发布的《2021抖音泛知识内容数据报告》显示：抖音泛知识播放中有五分之一为知识类视频，播放量年同比增长达74%。其中用户利用短视频获取知识付费的约占73.7%。

短视频从流量变现到知识付费的转变，本质上就是制作服务模式的改变，从吸引更多流量的创新，变成为特定群体的精细化服务。知识付费利用平台的大数据技术，根据用户的浏览习惯，推送定制化内容，针对不同用户提供个性化服务，满足用户的长尾需求。因此，短视频知识变现需要注意以下几个方面。

第一，用户基础要广泛，满足刚需，不小众，这样才可能与更多的渠道和平台合作。第二，有完整的知识内容体系，完整意味着可以有全套的学习课程，而不是片段式的知识点，内容创作者要对知识或课程的大纲设计有足够的专业性。第三，知识内容更加强调实用性，能帮助用户解决实际问题，让用户能学到某项知识或技能；如果有系列课程，则时间要短而精，能在短视频领域利用碎片化时间学习。第四，内容适合以视频形式呈现，并且有通过视频来学习的必要性，展示场景能够给用户带来体验增值。

2.2.4 内容营销

对于短视频运营工作来说，关注内容营销工作，是整个发展的过程中的关键。需要发什么内容的短视频，该用怎样的方式进行推广，如何将产品恰到好处地融合在视频之中……这些都是短视频运营和推广过程中，必须要去考虑的。内容的精彩程度决定了整个短视频的运营好坏，只有更好地推进内容的营销，才能够真正卓有成效地进行推广。

内容营销归根结底就是短视频要有特色，在新媒体时代，运营者面临的最大挑战就是别人比自己更有特色。短视频运营在内容营销方面就要求视频制作者必须要有创新点，因为很多内容大家都已经看过了，如果内容不够新，别人就一下滑过了，想要让自己的运营能够更给力，必须做好内容创新。

例如，德克士借哔哩哔哩弹幕视频网站上播放过百万次的原创神曲《普通DISCO》，联合站内大神打造了《普通Disco 脆皮手枪腿版》，洛天依的声音与"不一样的美男子"般的画风，绝对刺激感官的内容，让人过目难忘。这个视频虽非"鬼畜"，但也是基于二次元文化创作的不错尝试。

而在内容为王的市场环境下，匹配优质内容是制胜的关键。那么，到底应该生产和配置什么样的内容呢？短视频的内容布置离不开用户生产内容（UGC）和专业生产内容（PGC）两个概念。

UGC是指任何人在平台上都可以上传相关的图文和视频内容，你看到的朋友圈的文章、小视频，以及快手、秒拍、抖音等短视频中的各色短视频大都属于UGC。UGC天生就有交互性强的特点，它承载的内容更加人格化，更能表达分享者的个性和心情。短视频的创作者既是主人公又是观众，而且通过和其他用户的互动，很容易让用户产生比较强的黏性。由于短视频制作简单，用户不需要经过专门的训练就可以上手，所以短视频拥有大量的UGC来源。一般用户可以借助短视频分享自己的生活方式；网红们通过分享视频、与粉丝互动来积累粉丝或是推荐商品；自媒体采用短视频引起用户的关注；传统视频平台借助短视频来持续活跃用户；企业通过在短视频中植入广告、开启短视频通道等方式来宣传产品或增加品牌的曝光度。

PGC是指由专业个人或团队有针对性输出的较为权威、制作精良的内容，如电视节目、报纸刊物、媒体资讯等。UGC和PGC最大的区别就是前者是个体化的生产，而后者主要由团队来打理、制作，PGC一般要比UGC产品更加精致，制作效率也高。与UGC不同的是，优质的PGC一旦被用户认可，就可以深挖打造IP，或是通过软硬广告的植入来实现流量变现。当然，这并不是说UGC的内容一定不如PGC，一些具有专业知识背景和技能的网络用户也能制作出相对专业、精良的短视频，但是它仍然属于UGC。

PGC的产生和UGC有着千丝万缕的联系，可以说正是由于UGC的长时间沉淀才有了PGC短视频内容的萌发。相对于UGC，PGC的专业性更强，其内容和品质也更有保证。优酷土豆很早就开始发力于PGC，以"罗辑思维""暴走漫画"等为代表的PGC产品均成了爆款内容。而自2016年以来，PGC进入了全面爆发时期，自媒体、网红、视频网站等均加入了PGC热潮，如papi酱、二更视频就采用了PGC模式。

短视频内容营销想要变现，需要考虑以下几个方面：一是内容主题要有个性、趣味性和新鲜感；二是图文包装要更能赢得用户青睐；三是一定要会讲故事。

"颜值"的重要性在这个时代正在逐渐被个性和趣味取代。在社交内容生产的平台上,谁拥有制作创意短视频的能力,谁就能在短视频内容的红海中脱颖而出。

【案例】

看鉴:有趣的知识类短视频

看鉴是向用户普及历史、文化、常识的知识类短视频产品。2018年5月,看鉴推出了以唐朝为题材的知识短视频系列——《超简中国史:世界性帝国——唐》,该系列短视频一上线便受到了观众和网友的广泛好评。为什么它比传统的历史纪录片更受欢迎呢?原来该系列短视频不仅保持了传统历史纪录片的严谨和体系感,而且更重要的是内容创作中融入了年轻人的兴趣,比如内容中讲到了唐朝的美妆、美食以及惬意的文艺生活。而且整个系列内容采用灵动的表达方式,不仅不会枯燥,而且颇有趣味,因此收获了一大批忠实粉丝。

图2-13 历史知识短视频《超简中国史:世界性帝国——唐》

(资料来源:百度百科. https://baike.baidu.com/item/E7%9C%8B%E9%B4%2010108726,有改动)

"这是最好的时代,也是最坏的时代",新媒体时代虽然能够让短视频创作者迅速地连接消费者,但是却难以在信息过剩、传播过度、注意力稀缺的环境里引人注目,而故事则是摆脱这种困境的最有效路径。在讲故事方面,做得最好的莫过于"二更"了。二更围绕讲好故事的主题形成了一套自己的讲故事的方法论。二更凭借多年对人物微记录和故事演绎的经验的积累,在微信、微博和各大视频平台上讲述了一个个"有温度、有情怀"的故事。

【案例】

二更用优质内容定义短视频价值

先来看几组大数据。

第一组:2016年3月,二更完成A轮融资,融资金额超过5 000万元。

第二组：2017年8月，二更完成B+轮融资，融资金额达1.5亿元。

第三组：2018年4月，二更正式对外宣布完成B3轮融资，融资金额达1.2亿元。

在短视频行业竞争日趋激烈的大环境下，二更为何能频频获得融资？一个很简单的原因是，二更是一家以内容为上的公司。自公司成立以来，二更一直坚持正能量的内容创作。视频内容涉及人文、艺术、潮流、生活、时尚等各个层面，展现出各行业的生活方式、生活情趣和生活理念。截至2018年底，二更旗下拥有"文化""娱乐""生活""财经"四大版块，已建立起包括"二更""二更食堂""更城市""更财经""娱乐Fun""mol 摩尔时尚""Fun 音馆"等多个内容品牌。二更每月出品250多部原创短视频，原创作品总数超过2 800部，拥有超过4 000万粉丝，视频播放总量超200亿次，日播放量达6 000万次，影视作品更是频频获奖。

二更的优质内容来源于强大的人才库，二更自2016年开始搭建"影视创作人生态平台"，形成了大体量的人才库和作品库，为二更优质作品的创作提供了保障。其中二更教育作为重要模块，于2017年4月启动了二更学院，不仅为二更培养优质人才，还在就业、商业项目、影视项目的期化等方面为优质人才的培养提供了长期支持。

不同于一般的创作团队，二更的创作团队不仅在北京、上海、广州、深圳等30多个国内城市扎根，还在日本、美国等也拥有上百支优秀的PGC合作团队。

二更创作的内容与一般的短视频不同，它既不包含热门的搞笑元素，也不费尽脑力去蹭热点。虽然短视频的内容也是以人和事件为主，但是选取的对象都是人们日常生活中容易忽视的事物。例如，在二更的短视频中经常会看见一些看似不起眼的人物，如街边小店的店主、烤红薯的老人、在街头对局的棋手等。这些人中的每一个都有着自己独特的故事，而这些故事串联起来就是我们平凡而简单的生活。二更的做法其实是在为其他短视频创作者打开思路，即短视频不一定要在拍摄手法和剧情编纂上有多大创新，更多的是要学会发现独特的视角，记录别人发现不了的事物。

（资料来源：搜狐新闻. https://www.sohu.com/a/239960524_100056741，有改动）

短视频内容有价值自然有人愿意花钱付费，除了像二更这样与品牌定制内容的方式，人们还可以浏览和观看短视频来提升专业技能、获得专业知识或者解决某些疑虑，因此可以通过订阅打赏、购买特定内容产品和会员制付费等方式来变现。

2.2.5 粉丝经济

粉丝经济泛指架构在粉丝和被关注者关系之上的经营性的创收行为，是一种通过提升用户黏性并以口碑营销形式获取经济效益与社会效益的商业运作模式。粉丝经济在以前往往通过明星代言来变现，现在则可以通过一些网络平台，将粉丝热度转化为消费力。

在过去，粉丝通常是明星们才拥有的，但现在，一个普通的网红就能拥有几十万甚至上百万的粉丝。传统的营销模式很难产生粉丝，也很难创造出粉丝经济。短视频则不同，它比传统的营销模式更具有黏性，能够吸引用户，让用户变为粉丝，继而创造出粉丝经济。

1. 粉丝经济与社群营销

有些人认为粉丝经济和社群营销差不多，其实，虽然两者有一些共性，但区别还是存在的，而且各有各的优势。下面，我们分析一下两者的优劣，从而更好地理解粉丝经济。

通常情况下，有较高知名度的明星、偶像和行业名人是社交平台上被关注的热点，并因此有着很高的经济价值。从社会学角度看，粉丝是一种有特殊属性的社会群体，它具备社会群体的一般特征，包括明确的成员关系、持续的相互交往、一致的群体意识和规范、一定的分工协作以及一致行动的能力。假如你建立了微信公众号，并积累了几万的粉丝，正准备开始做点推广收回投入的时候，你却突然发现粉丝们已经不看你的微信公众号了。这种情况，粉丝并不一定是讨厌你，他们只是看不到你的推送信息，无法对你进行关注罢了。

其实，粉丝从关注到渐渐不看微信公众号的推送，周期大概是 3~6 个月，这 3~6 个月还是在内容的确有可读性的情况下。因为每个人的时间是有限的，粉丝愿意分配多少时间给你，取决于他对你的黏性，而黏性取决于你的价值。所有的社会化营销的争夺与运营，都是在用一切办法抢占用户每天的 24 小时。

由此可见，单靠推送信息是难以留住粉丝的，粉丝需要更多的互动。而有了社群之后，这样的问题就得到了解决，大家都乐意通过社群来分享、获取信息，这种传播效果要比某一篇被海量信息流覆盖的文章推送好得多。从这一方面来讲，社群有着更大的优势，主要体现在以下几个方面。

一是社群的自运行生态。社群是围绕"同好"去做事、成长的，而不是围绕某一个人去转的。社群的结构是多点之间的相互连接，强调的是凝聚力，缺失一个，瓦解不了整体，是一个可以自行运转的生态。

二是群体氛围容易引起消费者的冲动购买行为。人都有从众心理，比如大街上围着一大群人，路过的人会不自觉地上前去一看究竟。正是这种行为，使社群成员容易相互感染，从而做出一致的行为。

例如，"罗辑思维"第三季会员开放前，建立了上千个微信群。在微信群里不断有忠实"罗粉"发布最新小道消息。到了正式购买这天，很多人纷纷炫耀自己抢到了"铁杆"会员，并询问群里熟悉的好友买了没有。很多这个群里的人都买了，要留在这个群，不买个会员都不太好意思，甚至都不好意思只买普通会员。

三是通过直接分享建立紧密联系，获得更多营销机会。例如，著名自媒体人万能的大熊创立的自媒体社群组织"大熊会"就很成功。它是国内最大的社会化营销社群组织，主要致力于研究和引领微营销及其品牌营销的发展潮流，帮助更多人通过微信、微博等工具，打造自己的品牌和产品，实现最低成本创业。通过一年的努力，"大熊会"已经成为超群组织。

2. 社群营销与粉丝经济的结合

从上面的比较可以看出，社群营销的优势毋庸置疑，它要比粉丝经济更优越一些。当然，借助社群做营销也是一把双刃剑，如果方法不对，会集一群人过于直白地进行产品推广，则最终可能是以退群的方式结束。同时，社群营销如果能够结合粉丝经济的优势，则可以做得更好，可以在以下几个方面下功夫。

（1）要精准地选择粉丝

粉丝是社群营销中最优质的客户资源，企业要想更好地联结粉丝，就要清楚地知道自己想影响的是哪一类粉丝。企业明确自己的目标粉丝后，就可以考虑如何找到与自身品牌定位相符的社群，然后去建立产品与社群粉丝的联系。在最初的营销阶段，将产品与目标社群放在一起，这样才能产生良好的营销效果。

例如，美丽说的营销，就是通过QQ空间这个社群平台积累了大批粉丝。之所以选择QQ空间，是因为美丽说的产品定位与QQ空间粉丝的定位相符，QQ空间的粉丝正是它所需要的粉丝。在选择粉丝之前，美丽说认真地进行了审视。通过审视，美丽说找到适合自己的营销社群，成功地联结了这个社群的粉丝。可以说，美丽说最初对QQ空间这个社群的成功把握，为其日后的发展奠定了坚实的基础。

（2）要提供优质的产品与服务

联结更多的粉丝是取得社群营销成功的关键，但必须有个前提，就是给粉丝提供优质的产品和服务，这样才能提高社群的黏性，长期得到粉丝的关注，这一点是任何企业都必须注重的。一个没有优质产品和服务的社群，一定是一个短命的社群。

美丽说成功联结到QQ空间的粉丝之后，非常注重提供优质的产品和服务，这大大提高了粉丝对它的黏性，使得众多女性网友活跃于QQ空间上。美丽说会针对女性的特点，在QQ空间中做具有针对性的产品推广或是营销活动。例如，美丽说针对夏季女性需要凉鞋的需求向粉丝推荐了凉鞋，或是针对女性爱美、夏天怕被晒黑的特点做了遮阳伞的推荐。这些推广都是根据粉丝的需求而推荐的有价值的产品。

（3）要抓住粉丝的痛点

企业一定要时刻关注社群里粉丝的诉求是否有变化以及产品性质是否跟上了粉丝诉求的变化。一般来说，企业产品的研发都是按照"发现粉丝的痛点—做出产品—解决痛点"这个形式来做的。如果抓不准粉丝的痛点，这个形式就会崩溃。

另外，粉丝的诉求是在不断变化的，一旦粉丝的诉求在短时间内发生了变化，而企业又没有发现，那么当前的产品属性是否能击中粉丝的"痛点"，就有待商榷。当社群里的粉丝诉求与产品属性出现了不匹配的情况时，企业就必须重新研发自己的产品，或是修改产品的某些属性，直到社群里的粉红诉求和产品属性完全匹配。

买卖宝从成立之初就把通过社群联结粉丝作为第一要务，在多个城市对社群粉丝进行了调查。因为只有了解了粉丝的特质，才能了解到粉丝诉求的变化，才能对自己的产品及时进行改进。买卖宝进行了长达8年的社群抽样调查，真正地了解了每个社群的粉丝的需求，也很自然地建立了属于自己的服务模式。扎根社群，紧随粉丝的脚步，不断修改自己的产品属性，这就是买卖宝的营销和产品能够打动粉丝的根本原因。

3. 粉丝经济的变现

企业做社群营销，一定要善于抓住粉丝，这里不但包括精准地选择属于自己的粉丝，还包括抓住粉丝的痛点，然后把自己优质的产品和服务带给粉丝，如此就取得了通过粉丝获得商业价值成功的第一步。接着，就可以通过以下几种方式进行又快又准的变现。

（1）商品销售

许多有影响力的内容创作者或KOL可以通过社交媒体平台推广和销售自己设计或代言的商品。他们利用个人影响力和粉丝追随度，吸引粉丝购买相关产品，实现商品的销售增长。

（2）付费内容创作

这是广泛应用的粉丝变现模式。通过提供独家或高质量的内容，如文章、视频、音频等，内容创作者可以吸引粉丝订阅并支付一定费用。这种模式需要内容创作者不断创作并保持粉丝黏性，以确保持续收入。

（3）线下活动和演出

粉丝经济也通过组织线下活动和演出来实现变现。例如，某个音乐偶像组合可以举办粉丝见面会或巡回演唱会，吸引大批粉丝前来参与，并通过门票销售、周边产品等方式产生商业价值。

（4）品牌合作与代言

有些知名内容创作者或KOL通过与品牌合作和代言实现粉丝变现。品牌可以借助粉丝的影响力和曝光度，通过粉丝的推广为自己的产品或服务打广告。代言合作的形式可以是发布相关内容、参与广告拍摄、举办品牌活动等。

（5）广告变现

有关注过网络红人的朋友应该都有发现，很多红人在粉丝多了之后就会开始各种打广告，例如，抖音某博主的视频中会出现这样的内容：点击下方链接玩游戏，点击下方链接买某某商品等，其实这便是粉丝变现的第三种方法：广告变现。

（6）引流变现

除了以上直接变现的方式之外，也是可以间接变现的。例如，抖音平台的一些网红会将抖音中的粉丝引导到自己的微信或者是网店中，将公域流量转化为私域流量，以此来扩充客户源，最终实现粉丝变现。

> **议一议：**
> 举例说明你知道的短视频变现的案例，并分析其变现的模式。

第3章 团队构建与运营基础

一个高效的新媒体运营团队是电商企业成功的关键,他们应该是一个充满活力和创新的团队,致力于利用互联网和数字技术等运营基础来推广和运营组织的品牌和产品。

在运营过程中,新媒体运营团队成员之间需明确分工与合作,共同完成工作任务。每个成员需了解自己的职责范围和工作重点,同时需积极与其他成员沟通协作,共同实现团队目标。在分工的基础上,团队成员还需关注整体工作进展和效果,及时调整工作策略。下面就分别对直播和短视频两种不同模式的团队构建和运营基础进行介绍。

3.1 直播团队架构

3.1.1 电商直播团队工作

一场好的直播离不开整个团队的工作,除了优秀的主播外,还需要团队中的很多工作人员一起努力,各司其职,才能轻松应对直播中可能遇到的各种问题。通常,一支电商直播团队由直播团队和运营团队构成,其中直播团队主要包含主播、副播和助理,运营团队包含编导、产品运营人员、后期制作人员和客服人员(图3-1)。

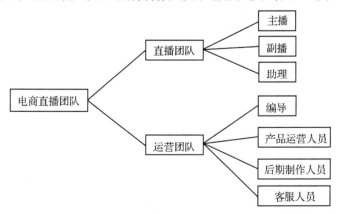

图3-1 电商直播团队架构

3.1.2 岗位职责

1. 直播团队

（1）主播

主播是电商直播团队最重要的成员，是直播间的门面，直播带货对主播有很高的要求，包括形象和气质、性格、口才、相关知识储备等。

（2）副播

副播的主要任务是协助主播直播，直播间介绍产品时，可以与主播进行配合，同时要向观众讲解直播间的规则等。

（3）助理

助理的工作职责是负责配合直播间所有的现场工作，比如操作直播中控台、控制直播间节奏、调试直播灯光设备、摆放商品等。

2. 运营团队

（1）编导

编导需要负责直播节目的选题、统筹和执行，通常编导们对电商直播有比较深刻的认知和理解，熟悉短视频拍摄，还要会写直播脚本。

（2）产品运营人员

产品运营人员一般有三个岗位，分别是内容运营、活动运营和用户维护。其中内容运营人员需要先了解用户喜好，并将其反馈给团队，并在此基础上确定正确的方向，把控直播内容的质量。用户有什么需求，团队就策划什么样的内容。

（3）后期制作人员

在直播结束以后，后期制作人员负责将直播中用户需求的部分挑出来，配上一些视频特效，剪辑成短视频，并将其发布到网上来完成进一步的传播。

（4）客服人员

客服人员需要负责直播间互动答疑、直播间配合主播要求、解答售后发货问题等。因此，直播间客服人员必须熟悉直播间的内容和福利，避免观众提问时无法及时提供信息回复。

3.1.3 主播的选择

首先，主播需要具备良好的形象和气质，这个要求和线下营销人员一样，谈吐优雅、举止得体、风趣幽默的主播很容易受到用户的喜爱和追捧。同时，在选择主播的时候，还要注意与店铺的特点和产品面向的群体相匹配，选择气质相符的主播。例如，销售美妆产品的直播间面向的群体主要是年轻女性，那么在挑选主播时，可以选择长相清秀、五官端正、口齿清晰的人，这样的主播更接近年轻女性的审美标准。

其次，电商主播需要向观众和用户介绍产品，需要即时沟通，所以最好选择性格活泼外向、沟通技巧好且不易发怒的人。同时，主播要具备较强的语言表达能力和临场应变能力，需要适时与直播间观众沟通交流，调动直播间氛围。

最后，一个优秀的主播一定要懂产品，对产品相关内容非常熟悉，比如制造工艺、产品成分、工作原理以及使用体验等，都要一清二楚，特别是一些行业内的专业知识。只有这样才能为观众提供专业的建议。

3.2 短视频团队建设

3.2.1 团队配置与分工

短视频团队成员的数量和短视频的方向内容有关，不同的工作内容有不同的要求，因此要求负责相关内容的成员有相应的技能水平，才能确保工作的顺利完成。通常，短视频团队成员的工作流程包括前期准备、内容策划、拍摄、剪辑、发布、变现和粉丝转化这几项内容。

短视频团队则需要根据这些工作流程合理安排人员构成和成员比例，这样不仅能使团队运作有章可循，还可以提高团队成员的工作效率，保持持续生产内容的能力。一般来说，根据工作内容和流程，短视频的常设团队人员配置与比例见图3-2。

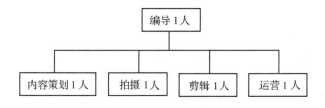

图 3-2 短视频团队人员配置及比例

一个短视频团队要有一个总领导，就是编导。编导是短视频创作团队中的最高指挥官。团队其余人员可根据短视频的内容进行安排。对于一个起步阶段的短视频团队来说，如果每周产出2~3个作品，标准配置是4~5人，其中1人是总领导，剩下人员根据工作内容进行安排。当然，其中有能力的团队成员可以身兼数职，这样可以缩减成本。同样，如果对短视频的内容要求较高，则可以增加相关成员。

同时，根据短视频内容不同，每次参与拍摄的演员或达人可能不同，他们主要负责协助短视频创意、分镜编写，按照脚本完成短视频拍摄演绎等。

除了固定的团队成员外，某些短视频制作还需要司机、化妆师、场记等流动性较大的人员，这些人员可以通过招募短期工的方式来解决。

3.2.2 团队协作模式

短视频团队的协作模式可以通过适应视频内容配合有效的工作流程，团队成员各司其职又需要全程参与。

第一步要召开选题会，讨论选题。一般是由编导带领团队成员召开选题会，参加选题会的成员可以将自己认为好的选题提出来，然后相互讨论。讨论的范围包括预测用户的喜爱程度，选题是否有趣好玩，内容是否具有广泛传播的潜力，内容是否符合自己的用户定位，短视频传递出的三观正不正，拍摄和剪辑的成本如何等。一般来说，在选题会环节需要全员参与，包括编导、内容策划、摄影师、剪辑师，如果有演员出镜的话，演员也要参与其中，了解整个内容创作的思路、短视频内容策划与制作。

第二步需要确定选题，编写剧本大纲和脚本。通过召开选题会，讨论选题后，最终会确定一个选题，然后编导就要根据新选题编写剧本大纲和脚本，想好镜头和场景的运用，并不断进行修改。修改的标准是考虑剧本的转折点会不会太突兀，内容是否能够表达主题，传递出的三观正不正，字幕语言是否有逻辑等，直至最后确认。这一环节的主要参与人员是编导。

第三步是根据剧本投入拍摄。剧本确认后，编导要布置拍摄场地、拍摄支架等进行拍摄。如果需要演员参与，那么演员就要提前熟悉剧本台词，并做出与剧本主题相符的造型和妆容，摄影师则根据剧本内容拍摄。所以，这一环节的参与人员包括摄影师、编导和演员。

第四步是剪辑短视频。剪辑师收到摄影师拍摄的原素材和后期剧本之后，就要开始剪辑短视频。一方面按照剧本的要求剪辑出本期短视频的主题，另一方面通过各种剪辑手法让短视频以一种更精彩的方式呈现出来，包括各种美术设计，比如卡通形象、文字设计、图片设计等。另外，剪辑师在剪辑视频时，如果发现有的镜头不可用（如模糊、摇晃、拍到一半等），还要联系摄影师进行补拍。当然，剪辑师在剪辑的时候，编导也会与剪辑师讨论如何剪辑更佳等事项。所以，这一环节的主要参与人员是剪辑师和编导，有时可能也需要摄影师的参与。

第五步要再次审核剪辑出的短视频并定稿。剪辑师剪辑出短视频后，编导要仔细检查短视频是否有问题，包括剪辑出来的短视频是否呈现出主题，是否出现剪辑混乱，后期字幕和设计是否出错等。如果有问题，剪辑师就要按照编导的修改意见继续修改，如果没有问题就要定稿，输出成片。同时，运营人员也可以提出相关建议以期提高视频的推广。因此，这一环节的主要参与人员是编导、剪辑师和运营人员。

总体来说，短视频内容制作团队的协作非常重要，它一方面可以让团队紧密合作，输出高质量的内容；另一方面也能通过将各环节流程化、标准化，提高产出效率。

3.2.3 绩效管理

短视频是新兴行业，很多团队对其绩效管理和考核还在摸索中。有些传统企业的领导者，想用短视频却不懂短视频，把人招来之后，给相关人员制定的关键绩效指标（KPI）是要求一个月要变现多少万元的业绩，导致从事短视频的团队和成员苦不堪言，工作很难进行下去，企业最终也没有达到效果。

短视频的绩效管理和考核要取决于每个岗位的工作内容，绩效考核主要分为关键绩效指标和关键胜任能力指标（KCI）两个部分。其中KPI是可衡量的绩效指标，如结果、数据等，而KCI是不可衡量的绩效指标，如过程、态度等。KPI和KCI各自在考核指标中所占的比例一般是80%和20%。

1. KPI考核的内容

（1）制作视频数量

① 数量≥10条，100分；② 5条≤数量<10条，80分；③ 数量<5条，0分。

（2）视频作品数据

播放量：① 总播放量≥300万；② 至少有3条播放量破10万。达到以上2条，100分；低于任意1条，80分。

点赞数：① 点赞总量≥10万；② 至少3条点赞量破1万。达到以上2条，100分；低于任意1条，80分。

分享数：① 总分享量≥1万，100分；② 总分享量<1万，80分。

（3）账号用户数据

粉丝量：① 粉丝净增长量≥10万，100分；② 粉丝净增长量<10万，80分。

评价数：① 意向评价数≥100条，100分；② 意向评价数<100条，80分。

私信数：① 意向咨询用户≥50条，100分；② 意向咨询用户<50条，80分。

400电话（蓝V账号）：① 拨打400电话用户≥30条，100分；② 拨打400电话用户<30条，80分。

官网链接（蓝V账号）：① 表单有效报名信息≥50条，100分；② 表单有效报名信息<50条，80分。

2. KCI考核的内容

（1）工作态度（上级主观评价）

基本素质：对工作的认真程度、对挑战的态度、对改革和创新的开放性等。

日常纪律：出勤；提交日报、周报、月报。

（2）能力水平

技术水平、沟通能力、执行力、管理能力、创新能力等。

3.3 短视频数字设备

3.3.1 前期拍摄硬件设备

工欲善其事，必先利其器。常用的短视频拍摄设备主要有智能手机、单反相机、摄像机、麦克风、轨道车、航拍无人机等。

1. 智能手机

随着智能手机的普及和短视频投放平台的日趋完善，短视频创作者直接用手机就能完成拍摄，并上传至短视频平台。而且现在的很多短视频平台都内置了短视频拍摄、剪辑功能，大大降低了短视频制作的门槛。用智能手机拍摄短视频有三个优点：轻便、方便携带；操作简单，新手也能很快学会；直接分享，便于形成互动。

2. 单反相机

单反相机是短视频拍摄较为常用的设备，它主要具备三大优势：机身相对较轻便，画质等方面更专业，相比摄像机更便宜一些。

3. 摄像机

在拍摄电视节目时，经常会用到摄像机，这是因为摄像机在视频效果上很出色。如果需要制作精良的短视频，就必须用摄像机，而且必须是业务级摄像机，而不是家用DV摄像机。

4. 麦克风

在短视频拍摄过程中经常用到一些辅助工具，麦克风就是其中之一。借助麦克风，我们可以提高短视频的音频质量。市场上的麦克风产品很多，根据拍摄需要购买即可。

5. 轨道车

在拍摄外景、动态场景时，经常会用到轨道车。轨道车的种类有很多，如载人电动滑轨、便携式载人轨道车、匀速电动轨道车以及脚踏电动轨道车等。

图 3-3　拍摄轨道车

6. 航拍无人机

出于拍摄的需要，在某些场景中需要使用航拍无人机进行拍摄。比如从高空俯拍一些广阔的场景就需要用到航拍无人机。

3.3.2 后期制作软件

短视频后期制作常用软件有 Premiere（Pr）剪辑、After Effects（Ae）特效合成、C4D 栏目包装、DaVinci Resolve（达芬奇）调色、Photoshop（Ps）后期图像处理等。其他还有 Final Cut Pro、Vegas、Avid 等，结合不同项目需求，选择对应适合的软件组合搭配，效率更高。

1. Premiere

简称"Pr"，是由 Adobe 公司开发的一款非线性编辑的视频剪辑软件，广泛应用于影视剧、栏目包装、广告片、宣传片、短视频制作等后期剪辑。使用范围最广，插件最多，操作界面自由，自带丰富的转场，还能够识别多种格式的视频。

2. After Effects

简称"Ae"，是由 Adobe 公司推出的一款图形视频处理软件，是制作动态影像设计不可或缺的辅助工具，利用与其他 Adobe 软件的紧密集成和高度灵活的 2D 和 3D 合成，以及数百种预设的效果和动画，可广泛应用于影视后期、影视特效、广告宣传、栏目包装以及 UI 设计等领域。

3. C4D

C4D 是德国 Maxon Computer 公司开发的一款三维制作软件，以极高的运算速度和强大的渲染插件著称。关于三维立体的产品或者是场景都可以用 C4D 制作，软件具有很多强大的功能，比如建模、灯光、材质、绑定、动画、渲染等。

4. DaVinci Resolve

DaVinci Resolve（达芬奇调色）是由 Blackmagic Design 开发的专业视频编辑软件，自 1984 年以来就一直被誉为后期制作的标准。众多电影、广告、纪录片、电视剧和音乐电视制作中都能看到 DaVinci Resolve 的身影，并且它的作品是其他调色系统所无法比拟的。

5. Photoshop

简称"Ps"，是由 Adobe 公司开发和发行的图像处理软件。Photoshop 主要处理以像素所构成的数字图像。使用其众多的编修与绘图工具，可以有效地进行图片编辑工作。Photoshop 有很多功能，在图像、图形、文字、视频、出版等各方面都有涉及。

3.3.3 配套设施

因为是更加专业的视频拍摄，所以与之相配的设施就更多，比如摄像机电源、摄像机电缆（用来连接摄像机和录像机）、摄影灯、彩色监视器（用来保证拍摄画面的颜色）、三脚架（用来稳定拍摄设备）等。云台（图3-4）也可以选择性购买。由于云台体积小，便于携带，拍摄作用安稳且有跟拍、运动追寻、横竖屏一键切换等功能，非常适合外出拍摄。除此之外还有光源、打光板等。

图3-4 拍摄云台

3.4 直播数字设备

3.4.1 直播必备设备

1. 摄像设备

摄像设备主要包括手机和摄像头，又分为两种情况。

第一种情况是用手机来外出直播或应对预算不足的情况。手机是当前最受欢迎、最为方便的直播设备，主播外出直播带货或者新手主播预算不足，大多都会使用手机来做直播。不过因为当前手机型号配置的不同，直播呈现的效果也不同。一般直播间都会准备两到三部手机来做直播，比如，一部手机做直播，一部做互动，一部查直播数据。

第二种情况是用摄像头来做直播。专业的且有经济实力的直播团队一般会选择专业的高清摄像头直播，这是因为这种摄像头具备美颜，更有微调、自动曝光等功能，而且还能更好地展示产品。

2. 麦克风

在电商直播时，主播想要更好的直播效果，可以选择电容麦克风。这是因为它能够让主播的声音更清晰地传播给观众，让观众不必收到直播杂音。

3．手机支架

当主播使用手机直播时，可以利用手机支架来支撑话筒和手机，这样不仅可以进行角调整，还可以固定在一些物体上。而手机支架在不同的直播场景有不同款式的支架，例如经常坐着的主播，可以用八爪鱼支架或者桌面式手机支架。

4．计算器、倒计时器

在直播卖货时，主播经常会以打折的方式来促进消费者下单，与单纯的口头表达相比，消费者更愿意相信计算器呈现的数字，另外，计算器声音要外放，会更有说服力。

直播卖货的优惠方式不仅仅有打折，还会有秒杀，这时候直播间会使用一个倒计时器，给消费者营造紧迫的气氛，更容易达成成交。

5．展示板

主要用于突出商品的优惠活动和价格优势，其中，展示板上的文字建议用醒目的颜色来标示，字体越大越好。

3.4.2　直播辅助工具

1．美颜补光灯

美颜补光灯，顾名思义，就是让主播看起来更好看的设备，而且还可以保证直播间光线充足。主播选择环形补光灯正面打光即可。

2．棚拍补光灯

棚拍补光灯主要是用来展示商品的，让商品在展示时更加清晰地展示出细节和特点。不过购买价格略高，非必要无需购买。

3．声卡

主播想要活跃直播间的气氛，可以使用声卡。声卡还可以用于播放音乐、声效等，主要用于手机直播。

另外，根据产品和主播的需求不同，直播时还可以选择使用提词器、背景布、转换器等设备。

第4章 用户画像与品牌定位

在新媒体运营的环境中，电商的海量数据加速呈现，消费者的构成也十分广泛而复杂，通过收集和分析用户的行为数据、生活习惯等信息构建出用户画像，可以帮助新媒体运营者深入了解目标用户群体的特征和需求，从而制定更加精准的运营策略。品牌定位涉及目标市场、产品特性和企业形象等多个方面，根据明确的用户画像，锁定目标客户群体，精准品牌定位，在市场中找到一个独特的位置，对产品进行针对性的优化，传递品牌的核心价值和理念，增强品牌的吸引力，建立长期的客户关系，提升用户体验。这为企业的新媒体运营提供了方向，确保运营活动与企业的整体战略相一致。

4.1 消费者数据调查

消费者数据调查是指通过各种方法和手段，了解和掌握消费者的需求、偏好、行为、态度、满意度等方面的信息，以便为企业的产品开发、定价、促销、分销等提供依据和指导。消费者调研可以帮助企业发现消费者的潜在需求，创造新的市场机会，也可以帮助企业了解消费者的购买动机和决策过程，制定有效的营销策略，还可以帮助企业评估消费者对产品或服务的满意度和忠诚度，提高客户关系管理水平。

新媒体消费者数据调查的流程就是先通过市场调研的方法获取相关数据，采集好的数据经过整理和清理，再运用数据统计的方法进行计算、分析和呈现，最后便可形成用户画像。

4.1.1 市场调查方法

1. 定量调研

定量调研是指通过数学统计的方法，对大量的消费者数据进行分析，得到客观、可量化的结果，常用方法有问卷调查、实验法、观察法等。比如，观察法又分为直接观察和实际痕迹测量两种方法。

直接观察法是指调查者在调查现场有目的、有计划、有系统地对调查对象的行为、言辞、表情进行观察记录，以取得第一手资料，它最大的特点是在自然条件下进行，所得材料真实生动。而实际痕迹测量则是通过某一事件留下的实际痕迹来观察调查，一般用于对用户的流量、广告的效果等的调查。例如，企业在几种报纸、杂志上打广告时，在广告下面附有一张表格或条子，请读者阅后剪下，分别寄回企业有关部门，企业从回收的表格中可以了解在哪种报纸或杂志上刊登广告最为有效，为今后选择广告媒介和测定广告效果提供可靠资料。

2. 定性调研

定性调研是指通过非数学统计的方法，对少量的消费者数据进行分析，得到主观、深入的结果。定性调研常用方法有访谈法、焦点小组法、案例分析法等。比如，焦点小组法，又称焦点小组访谈法或小组座谈法，就是采用小型座谈会的形式，挑选一组具有同质性的消费者或客户，由一个经过训练的主持人以一种无结构、自然的形式与该小组的具有代表性的消费者或客户交谈，从而获得对有关问题的深入了解。

焦点小组访谈主要有两个特殊作用。一是深入探索知之不多的研究问题。焦点小组访谈适用于迅速了解顾客对某一产品、计划、服务等的印象，或诊断新计划、服务、产品（如开发、包装）或广告中潜在的问题。在访谈中收集有关研究问题的一般背景信息，形成研究假设，从而了解访谈参加人员对特定现象或问题的看法和态度，因此可以为问卷、调查工具或其他量化研究采用的研究工具的设计收集资料等。二是为分析大规模定量调查提供补充。可在定量调查之后通过焦点小组访谈进一步收集资料，帮助更全面地解释定量研究结果。

3. 社交媒体调研

在新媒体电商背景下，市场调查被赋予了新的方式。因此，除了可采用传统的定量调研和定性调研外，还可以通过分析用户在社交媒体上的行为和互动来了解用户的兴趣爱好、购买习惯以及对产品或服务的评价等。而在进行社交媒体调研时，可以通过以下几种方式获取信息。

（1）监测关键词

通过监测与企业相关的关键词，来了解用户对产品或服务的讨论和评价，发现潜在的问题和改进空间。

（2）跟踪竞争对手

可以通过分析竞争对手在社交媒体上的活动和用户反馈，来了解竞争对手的优势和劣势，为企业制定竞争策略提供参考。

（3）专题讨论法

通过新闻组、电子公告牌或邮件列表讨论组的方式进行，让参与者针对某个主题进行讨论，提供有关市场和产品的信息。

(4) 在线问卷法

通过在线问卷的形式向特定人群发送调研问卷，以了解他们的需求和意见。在线问卷可以通过邮件、社交媒体、企业网站等多种渠道发布。

同时，需要注意的是，新媒体市场调查需要遵循相关法律法规和隐私政策，保护被调研者的隐私和合法权益。

4.1.2 收集和清理数据

1. 数据收集

数据收集是数据分析与利用的基础，在新媒体运营中，常用的数据收集方式包括自有平台数据和第三方数据。其中自有平台数据就是使用上述市场调查方法从自己拥有的网站、App 或社交媒体等渠道收集的数据。而第三方数据是指从外部数据提供商或合作伙伴处获取的数据。例如，可以通过向第三方购买数据来了解受众的兴趣、消费行为等信息，也可以通过合作伙伴提供的数据进一步分析用户的行为路径和购买决策等。在收集自有平台数据时，需要特别注意以下几点。

(1) 采用科学的消费者样本抽取方法

消费者样本是指从总体中抽取出来用于进行消费者调研的一部分消费者。市场调研员在采用科学的消费者样本抽取方法时，要根据消费者调研的目标、范围、方法等因素，确定合适的样本大小、样本结构、抽样方式等。市场调研员要注意消费者样本的代表性和随机性，避免出现偏差、误差、失效等问题，保证收集到的数据的普遍性和有效性。

(2) 运用多种数据收集渠道和方式

数据收集是指通过各种渠道和方式，获取消费者信息的过程。市场调研员在运用多种数据收集渠道和方式时，要根据消费者调研的目标、范围、方法等因素，确定合适的数据收集渠道和方式，如网络、电话、邮件、面对面等。市场调研员要注意数据收集的及时性和完整性，避免出现数据丢失、损坏、篡改等问题，保证收集到的数据的真实性和完备性。

(3) 利用三个维度来收集用户数据

新媒体运营收集用户数据，除了要从用户维度出发，还要考虑运营、产品和内容的维度。

用户的维度是指从用户行为的角度来采集数据。分析用户通过何种渠道接触企业新媒体平台，他们在新媒体平台上做出了哪些行为，都属于从用户的维度来收集数据。用户进入新媒体平台后的活动也是重要信息。他们会点击哪些页面，在同一页面上停留多长时间，访问路径是从哪个页面到哪个页面，等等，都会成为产品决策的依据。通过这些数据，我们可以找出用户访问度最高的渠道，加大该新媒体渠道的推广力度。用户的会员注册情况也是一个监测要点。假如用户只浏览而不注册，新媒体平台的用户转化率就会很低。监测用户的注册流程可以让运营者弄清楚到底是哪些环节让用户失去了注册的兴趣，从而优化会员注册流程。

用户的维度针对的是用户来源，运营的维度主要是分析收入情况。新媒体营销渠道每一天的订单数、每笔订单的金额大小、订单支付成功率、订单交付周期、用户退货率、用户投诉率、用户重复购买率、用户再次下单的周期等数据，都是新媒体运营者需要注意的。

此外，新媒体运营者还要关注平台上每天的内容产出量与新用户增加、老用户流失等情况，以便筛选出优质活跃用户。假如运营数据显示用户濒临流失，新媒体运营者就要及时调整经营策略了。

新媒体运营的最终目标是销售产品。通过对每个用户的购买类型、平均购买数量及金额、退换货情况进行大数据分析，新媒体运营者就能发现比较受欢迎的热门产品，进而做好促销计划。优质内容是新媒体平台的核心，用户关注的初始动机是获得内容。新媒体运营者应该对平台上的内容进行分类，可以按照文字、图片、视频等表现形式来划分，还可以用电影、美食、运动、旅行、历史、军事、体育等标签来划分。新媒体运营者要时刻关注用户们最感兴趣的标签，并观察每个标签下，用户每天发布多少内容、内容质量、评论转发状况信息。如此一来，用户的兴趣爱好就一目了然了。

2. 数据清理

数据清理是指数据的清洗和处理，是对收集到的消费者信息进行筛选、整理、转换、归纳等操作，使之符合分析的要求和目的。市场调研员在采用有效的数据清洗和处理方法时，要根据消费者调研的目标、范围、方法等因素，确定合适的数据清洗和处理方法，如删除无效数据、填补缺失数据、剔除异常数据、分类汇总数据等。市场调研员要注意数据清洗和处理的准确性、规范性，避免出现数据错误、混乱、不一致等问题，保证数据的可分析性和可比较性。

在新媒体电商运营过程中，数据的清理流程主要包括数据清洗、数据集成、数据转换和数据规约，如图4-1所示。

图4-1 新媒体市场调查数据清理流程

数据清理是新媒体市场数据处理过程中非常重要的一个环节。从各个渠道收集到的数据，体量庞大，其中难免会包含一些没有价值和错误的数据。数据清洗的目的就是将多余的、错误的数据清洗出去，留下有价值的数据供市场调研人员或数据分析人员进行后续的数据分析。

数据集成是指将多个数据源的数据进行集成,从而形成集中、统一的数据库。数据集成有利于减少数据冗余和不一致的问题,提高数据的一致性和可用性,使分析数据更加完整、安全。

为了方便后续将采集到的数据进行建模与分析,在数据处理过程中,市场调研人员或数据分析人员需要将数据的属性、分布特性、离散特征等进行转换。数据转换就是将数据或信息从一种格式转换为另一种格式,通常是从源系统的格式转换为新目标系统所需的格式,通过数据转换可以实现数据统一,从而提高数据的一致性和可比性。

如果数据量过大,在进行数据分析时就会比较困难,数据规约则会在不损害分析结果的准确性的前提下,对数据进行"缩小"处理,从而提高数据分析的可操作性。

4.1.3 数据可视化

对数据进行清理后,还要对其进行计算、比较、归纳等操作,得出有意义的结论和启示,这就是数据的分析和解读。市场调研人员或数据分析人员在运用合理的数据分析和解读方法时,要根据消费者调研的目标、范围、方法等因素,确定合适的数据分析和解读方法,如描述性分析、关联性分析、因果性分析、综合性分析等。还要注意数据分析和解读的合理性、客观性,避免出现数据歪曲、误导、偏见等,保证收集到的数据的真实性和有效性。

同时,为了将复杂的新媒体市场调研数据变得易于理解和消化,可以通过数据可视化来提高传达效果。数据可视化是关于数据视觉表现形式的科学技术研究,它通过图形、图表、动画等形式,直观、生动、形象地展示数据,使人们能够以更加直观的方式从不同角度观察数据及其结构关系,洞察数据背后隐藏的信息。

相比于冗长的文字和数字表格,图表和图像更能吸引读者的注意力,并直观地展示数据中的规律和趋势。例如,可以利用柱状图展示销售额的变化趋势,让人一眼就能看出销售额在过去一段时间内的增长情况,大大提高信息传达效果。另外,在企业决策过程中,数据可视化也扮演着重要角色。通过对关键指标进行可视化呈现,管理层可以更清晰地了解业务状况,并基于数据进行决策制定。例如,在市场调研报告中使用饼状图展示不同产品在市场中的份额,可以很好地为高层决策提供直观的参考依据。

总体上,数据可视化有两种分类标准,一种是根据用户调动的感官层次,可分为视觉、视听、视触和视听触结合四类;另一种是根据视觉形态的动静差异,可分为静态可视化和动态可视化两类,其中静态可视化以信息图表为代表,动态可视化又可按照是否有交互操作分为动画视频与交互图表两类,如图4-2所示。

信息图表是指信息、数据、知识等的视觉化表达。信息图表可以将枯燥的信息与数据转换成美丽的、能给人留下深刻印象并且有意义的图形,达到信息的视觉化萃取。常

第 4 章 用户画像与品牌定位

见的信息图表有以下几大类型：折线图、柱状图、饼图、散点图、雷达图、热力图等。

随着移动短视频的快速发展，数据可视化越来越依托微视频的表现形式，让枯燥乏味的数据鲜活地"动"起来。例如，CGTN 制作的 *China's journey towards global trade* 90 秒短视频，用数据解读中国贸易 40 年的发展历程，通过动画的方式，更有利于展现数据的动态变化，增加直观性与趣味性。视频相关数据图表的截图如图 4-3 所示。

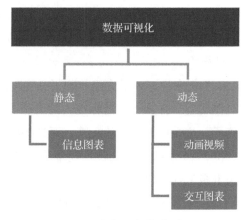

图 4-2 数据可视化类型

图 4-3 *China's journey towards global trade* 视频截图

随着以交互性为特点的 Web 2.0 时代的深入，数据可视化也逐渐融合了交互操作，调动用户的积极性和参与性。在新媒体数据信息展示方面，交互图表的制作和应用也越来越广泛，目前很多数据可视化平台都支持交互图表制作。

澎湃新闻自制的网页交互作品《穿越胡线》通过丰富的交互设计，让用户更加直观地感受胡线两端在地貌、海拔、人口以及降水上的差异。如图 4-4 所示，用户按照提示左右滑动查看胡线地貌，等距分割的图片可以任意拓宽或缩窄，随着用户手指的滑动，下方的地形和降水图也会跟着变化。

4.1.4 聚类分析——用户画像

所谓用户画像，指的是根据用户的社会属

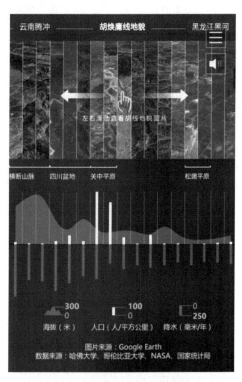

图 4-4 《穿越胡线》作品截图

性、生活习惯和消费行为等信息而抽象出的一个标签化的用户模型。构建用户画像的核心工作是给用户贴"标签",而标签是通过对用户的信息进行分析而得到的高度精练的特征标识。

举例来说,如果你经常购买一些玩偶玩具,那么电商网站就会根据你买玩具的情况给你贴上"有孩子"的标签,甚至还可以判断出孩子的大概年龄,贴上"有3~6岁的孩子"这样更为具体的标签,而这些所有的标签综合在一起就形成了你的用户画像——一位3~6岁孩子的家长且经常买玩具。得出这样的结论后,电商网页就会向你精准推送更多3~6岁的孩子的玩具。

新媒体运营商要想找准目标用户,就需要通过数据建立用户画像,然后根据用户画像来准备产品,这样才能有的放矢,正中目标用户。而用户画像又可以分为用户的显性画像和隐形画像。

1. 用户的显性画像

用户的显性画像指的是市场调研人员对用户群体的可视化特征的描绘,想要完整地描绘用户的显性画像,可以从基础特征、上网习惯、产品使用习惯和其他特征几个方面入手。具体内容见表4-1—表4-4。

表4-1 基础特征

特征	描述重点
年龄	用户群体的年龄段分布情况,找出数量第一和第二的群体
性别	对比男女用户在总人数中的比例
职业	找出用户群体中最多和次多的职业
地域分布	找出用户分布最多和次多的地域
兴趣爱好	总结用户群体中第一和第二的兴趣爱好标签

表4-2 上网习惯

特征	描述重点
在线的时间段	用户主要在哪个时间段上线
在线的时间长度	用户每次上线时间有多久
上线的频率	用户隔多长时间上线一次
影响上线的因素	用户平时上线受哪些因素影响

表4-3 产品使用习惯

特征	描述重点
使用产品的频率	用户多久使用一次产品
使用产品的时间	用户主要在哪个时间段使用产品,找出使用最集中的时间段
使用产品的时长	用户每次使用产品的时长
个人使用习惯	用户有哪些特殊的产品使用习惯

表 4-4　其他特征

特征	描述重点
了解产品信息的渠道	弄清用户主要通过什么渠道来获取产品信息
用户注册的时间	用户在什么时候注册新媒体账号
用户等级	用户在新媒体平台上的等级
用户活跃程度	用户在新媒体平台上是否活跃
用户分类	用户在新媒体平台上属于哪种类型

新媒体运营商完成对用户显性画像的描述后，就能初步建立一个比较完整的用户档案，抓住其基本特征。如果跳过这个环节，运营者就无法真正弄清楚用户的深层特征。

2．用户的隐性画像

用户的隐形画像指的是市场调研人员对用户内在深层特征的描绘，主要包括以下几个方面。

（1）用户的消费目的

毋庸置疑，用户的消费目的肯定是想利用产品的某种性能来解决某种问题。新媒体运营者需要了解的正是这一点。消费目的决定了用户愿意为此投入的成本、时间、精力。确认企业产品能否实现用户的消费目的，是交易的起点。

（2）用户的消费偏好

消费偏好包括对产品品牌、产品功能、审美特点、购买数量、购买方式等方面的取舍。不同的用户群体存在不一样的消费偏好。新媒体运营者不仅要设法让产品满足用户群体的消费偏好，还要设计出一个令他们感到满意的服务方式。

（3）用户的核心需求

用户的消费目的对应了某个核心需求。他们的需求可能是追求实用价值，也可能是为了获得炫耀性消费的心理满足。调查目标用户群体最核心的需求，是新媒体运营者赢得市场的关键。一旦运营者抓准了核心需求，无论用户的需求曲线如何变化，都不会脱离运营者的掌控。

（4）使用产品的场景

用户是在家里使用产品，还是在其他场所使用产品，也是新媒体运营者需要弄清楚的一个重要问题。在不同的应用场景下，用户会表现出不一样的特征。

（5）使用产品的频率

用户使用产品的频率反映了他们的需求水平。有的产品容易消耗，而用户的使用频率较高，那么新媒体运营者就可以根据这些信息及时准备下一批供货。

通过描绘用户的隐性画像，新媒体运营者可以挖掘出目标用户群体的深层特征。这将为企业的产品设计、宣传推广和售后服务提供足够具体的参考数据，从而不断改善用户体验，提高用户的品牌忠诚度。

用户的显性画像侧重于目标用户的静态特征，而用户的隐性画像则更关注目标用户的动态特征。从隐性画像中，新媒体运营者可以了解到更多关于用户的细节，尤其是他们近期的需求变化情况。新媒体运营讲究时效性和互动性，预测用户的变化，在前方做好准备等着客户踏上这条道路，这样才能真正掌握新媒体市场营销的主动权。

4.2　品牌运营定位

品牌定位是在目标市场中找到品牌的独特位置，以便在消费者心中形成区别于竞争对手的特定印象。品牌定位是对特定的品牌在文化取向及个性差异上的商业性决策，它是建立一个与目标市场有关的品牌形象的过程和结果，从而使品牌形象在消费者心中占据一个特殊的位置。通过新媒体运营，在用户头脑中形成鲜明的形象，形成核心竞争力。在消费者数据调查形成用户画像的基础上，进一步进行用户需求预测分析，可以做好定位精准运营。

4.2.1　用户需求预测分析模型

市场需求预测是在营销调研的基础上，运用科学的理论和方法，对未来一定时期的市场需求量及影响需求的诸多因素进行分析研究，寻找市场需求发展变化的规律，为营销管理人员提供未来市场需求的预测性信息。传统的理论方法包括购买者意向调查法、综合销售人员意见法、专家意见法、市场试验法、时间序列分析法、直线趋势法、统计需求分析法等。通过定性、定量的方法来测算市场变化的趋势。

而随着人工智能、大数据、物联网等技术的不断发展，新媒体市场的竞争日益激烈，各种新媒体平台不断涌现，用户对于内容的需求也在不断变化，运营将更加注重用户体验和内容创新，例如更加智能化的推荐系统、个性化的定制内容等将成为新媒体运营的重要方向。新媒体运营中的用户需求预测是一个复杂而多变的过程，受到技术进步、市场趋势、网络舆论、行为跟风等影响，需求模型通常涉及对用户行为的分析，基于新媒体数据的表现来预测未来的用户趋势和需求。典型的分析模型和方法有：AARRR 模型、RFM 模型等。

1. AARRR 模型

AARRR 模型，也被称为海盗模型，是一个用于指导产品/品牌生命周期内用户管理的框架，它关注用户增长的五个关键指标，即获取用户（Acquisition）、激活用户（Activation）、留存用户（Retention）、获取收入（Revenue）和自传播（Referral），如图 4-5 所示。在新媒体运营中，这个模型可以帮助理解如何获取客户和维护客户，通过漏斗模型判断用户流失情况,并据此进行优化。

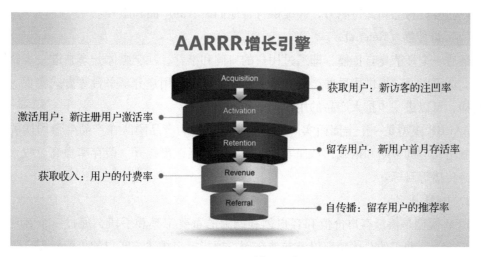

图 4-5　AARRR 模型示意图

（1）获取用户（Acquisition）

这是产品生命周期的第一步,主要关注如何吸引和获取目标用户。在这一阶段,需要了解目标用户群在哪里,并通过各种推广策略将他们转化为产品的用户,也就是吸引潜在客户到你的网站上或店铺中。获取用户时需要统计分渠道的获得量,因为在渠道推广时,很多应用开发者选择了付费推广。结算的时候,要了解在某个渠道有多少真正激活的用户。即使没有付费关系,也需要知道哪个渠道获取客户是最有效的。

（2）激活用户（Activation）

在成功获取用户后,接下来的目标是提高用户的活跃度,鼓励他们完成某个特定的动作,比如注册账户、订阅服务或者完成购买。这个阶段的关键是提高用户的初体验质量,确保他们有动力继续使用产品。关注的指标包括 DAU（日活跃用户）、MAU（月活跃用户）,这两个数据基本上说明了当前的用户规模。渠道的质量数据主要参考每次启动平均使用时长和每个用户每日平均启动次数,当这两个指标都处于上涨趋势时,可以肯定用户活跃度在增加。为了提高用户活跃度,需要分析他们的需求方向,找到最能吸引用户的渠道和内容。

（3）留存用户（Retention）

提高用户活跃度之后,需要关注如何保持用户的长期留存,应该关心 1-Day Retention 和 7-Day Retention。在这个阶段,目标是减少用户流失,通过提供持续的价值和优化用户体验来保持用户的忠诚度。这涉及提高用户黏性,让用户对产品产生依赖和形成习惯。为了提高留存率,需要关注用户流失的原因,并采取相应的措施进行改进。

（4）获取收入（Revenue）

在成功吸引、激活和留存用户之后,需要考虑如何从用户身上获取收入。这可以通过提供付费服务、广告收入、电商销售等方式实现。为了确保收入的稳定增长，需要关注用户的付费意愿和支付能力，并提供符合他们需求的产品和服务。

(5) 自传播（Referral）

最后一个环节是自传播，即通过用户的口碑和推荐、社交媒体分享来进一步获取新用户。这可以通过提供优质的产品和服务、建立社区和用户分享平台等方式实现。通过自传播，可以进一步扩大产品的用户基础和影响力。

AARRR 模型是一个全面而实用的框架，可以帮助产品团队在产品生命周期的不同阶段制定相应的策略和措施，从而实现用户增长、活跃度提升、留存率提高、收入增加和口碑传播等目标。

2. RFM 模型

RFM 模型是衡量客户价值和客户创利能力的重要工具和手段，通过一个客户的近期购买行为、购买的总体频率以及花费金额三项指标来描述该客户的价值状况。模型基于三个维度——最后一次消费时间距今天的天数（Recency）、消费频率（Frequency）和消费金额（Monetary）来分析客户的消费行为。在新媒体运营中，RFM 模型可以帮助识别最有价值的用户群体，并针对不同类型的用户制定相应的营销策略。

R（Recency）：指用户最后一次消费时间距今天有多长时间。这个指标与用户流失和复购直接相关，理论上，上一次消费时间越近的顾客应该是越有价值的顾客。

F（Frequency）：指用户消费频率，即在固定的时间段内用户消费了多少次。这个指标反映了用户的消费活跃度，消费频率越高的用户通常价值也越高。

M（Monetary）：指用户消费金额，即在固定的周期内花了多少钱。这个指标直接反映了用户对公司贡献的价值，消费金额越大的用户通常价值也越高。

RFM 模型通过对这三个指标的量化评分，可以得出用户在群体中的相对价值水平。评分标准通常根据具体业务情况进行设定，例如：

R：依据最近一次消费时间距今天的天数，0～30 天为 3 分，31～90 天为 2 分，90 天以上为 1 分。

F：依据消费次数，1 次为 1 分，2～4 次为 2 分，5 次以上为 3 分。

M：依据消费金额，0～100 元为 1 分，100～1 000 元为 2 分，1 000 元以上为 3 分。

然后，通过将用户的 R、F、M 得分与整个用户群体的平均得分（或指定分数）进行比较，如图 4-6 所示可以划分出用户群体中的不同类型，从而便于为不同类型的用户采取有针对性的营销策略。例如，对于价值较高的用户，可以采取更加个性化的服务策略，而对于价值较低的用户，则可以通过优惠活动等手段进行激活和留存。RFM 模型在客户关系管理（CRM）的分析模式中被广泛应用，它有助于企业更好地理解和管理客户关系，把握客群状态，实现精准营销和客户价值最大化。

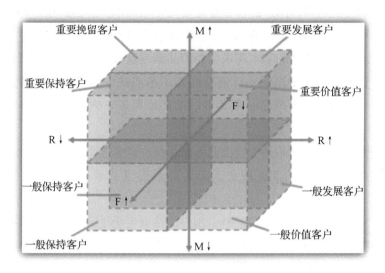

图4-6 基于 RFM 的客户分群

> **练一练：**
> 尝试依托你（调研的）店铺的平台数据，进行 RFM 用户分析。

3. KANO 模型

KANO 模型是日本学者狩野纪昭发明的一种对用户需求分类和优先排序的有用工具，以分析用户需求对产品满意度的影响为基础，揭示了产品性能和用户满意度之间的非线性关系。KANO 模型将用户需求分为五类（图4-7）。

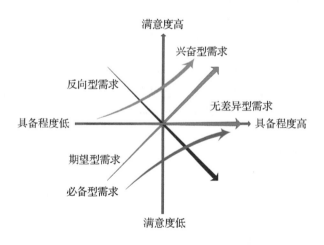

图4-7 KANO 模型

兴奋型需求：当产品提供此需求时，用户满意度会有很大提升；当不提供此需求时，用户满意度不会降低。这通常是一些出乎用户意料的、能带来惊喜的功能或服务。

期望型需求：用户满意度与产品提供此需求的程度成正比。即产品提供的服务达到或超出用户的期望值越多,用户的满意度就越高;当需求没有达到用户的期望,用户的不满程度也会增加。这通常是一些用户认为产品应该具备的功能或服务。

必备型需求:这是产品的基本需求,当产品满足这些需求时,用户可能不会表现出满意的态度,认为这是理所当然的;但当性能不足或缺少时,用户的满意度会大幅下降。这通常是一些用户认为产品必须具备的功能或服务,例如产品的基本性能、安全性等。

无差异型需求:不论产品是否提供此需求,用户满意度都不会有变化。这通常是一些对用户来说并不重要的功能或服务,无论是否提供,都不会对用户的满意度产生影响。

反向型需求:当产品提供此需求时,用户的满意度会下降;当不提供此需求时,用户的满意度会提升。这通常是一些用户认为产品不应该具备的功能或服务,或者可能会对用户造成困扰的功能或服务。

通过 KANO 模型分析,企业可以更加清晰地了解用户需求,识别并预测出不同类型的用户需求,从而对产品功能进行优先级排序,优化产品设计和服务。同时,KANO 模型也可以帮助企业发现潜在的市场机会,通过提供兴奋型需求属性或期望型需求的功能或服务,提升用户满意度和忠诚度。KANO 模型也存在一些局限性。例如,样本的选择可能难以准确界定,因为不同用户对于同一功能的接受度可能存在差异。由于用户往往在未看到新功能之前不确定自己的需求,因此可能会存在"盲人摸象"的情况。因此,在使用 KANO 模型进行分析时,需要结合其他传统的工具和方法,如用户调研、竞品分析等,以获得更加准确和全面的用户需求信息。

新媒体运营中的需求预测模型是多元化的、动态的,需要结合多种数据分析工具和理论模型来综合预测用户的需求和行为。综合考虑用户需求、市场趋势、技术发展等多个因素,这个模型可以是一个统计模型、机器学习模型或其他类型的预测模型。通过这些模型和方法,新媒体运营可以更准确地把握用户需求,抓住市场机会,制定有效精准的运营策略,从而提升用户体验和增强用户黏性。

4.2.2 品牌市场机会

电子商务的产品生命周期通常较短,新消费、新生活与新平台的涌现,让网红产品的更新迭代速度加快,消费者未被满足的需求或新生的需求,以及消费升级的趋势,都为品牌创业提供了机会。要捕捉品牌市场机会,企业需要进行深入的市场研究,了解消费者需求的变化和未来的趋势,同时关注竞争对手的动态。通过创新和精准运营,推出符合市场需求的新产品或新服务,从而抓住市场机会并建立品牌优势。此外,与相关行业的合作伙伴建立牢固的关系,可以共同开拓市场机会,实现资源共享、市场扩展和品牌曝光等好处。

1. STP 模型应用

STP 模型是市场营销中的一个重要理论，通过市场细分（Segmentation）、确定目标用户群（Targeting）和品牌定位（Positioning）三个步骤帮助企业更有效地识别市场机会、服务于不同的消费者群体。电商运营的 STP 决策依赖于前述的大数据收集和分析结果。

（1）市场细分（Segmentation）

这是 STP 模型的第一步，涉及将市场划分成具有相似需求、偏好或特征的不同群体。如表 4-5 所示，常见的细分标准包括人口因素、地理因素、心理因素、行为因素等，例如将消费者分为价格敏感型、品质追求型、冲动购买型等不同群体。地理位置也是一个重要的细分维度，如图 4-8 所示，例如，针对不同地区的气候特点和消费习惯，推出适合当地消费者的产品。而在电子商务领域，电商平台可以根据消费者的购买历史、搜索习惯、点击行为等数据进行市场细分。通过数据分析，还可以发现某些类别的产品类别受到特定群体的青睐，根据产品偏好也可以进行市场细分。

表 4-5 常见的市场细分标准

序号	细分方法	内容	举例
1	地理因素	不同地理位置的消费者对产品的需求和偏好不同，国内常规可以划分为华东、华南、东北、华北、西北、西南等片区。地理因素包括地理位置、城镇大小、地形、气候、人口密度和交通条件等。	如依据食物的口味差异"南甜、北咸、东辣、西酸"等特点，不同口味的零食网购的群体可能会有明显的地理集群，华东片区甜点的销量一直居高不下。
2	人口统计	这个标准包括年龄、性别、家庭生命周期、收入水平等因素。人口统计特征变量有助于企业了解不同群体的购买力和产品需求。	常见的服装分为男装女装，女装又可分为青少年服装、少淑女装、成熟女装、中老年服饰等。
	人文因素	根据客户的社会特征进行分类，如职业、学历等。	如电脑产品，根据学生和企业用户，我们可以把笔记本电脑分为学生用机和商业用机等。
3	心理特征	这种细分标准关注消费者的生活方式、价值观、性格特征等心理因素。心理特征细分有助于企业更好地理解消费者的购买动机和品牌偏好。	如购买品牌产品、高价产品、奢侈品的动机有可能来自个人对生活价值的表达和较高的自我意识。
4	消费行为	侧重于消费者的购买行为，包括购买场所、购买频率、品牌忠诚度、使用情况等。	比如坚持在旗舰店购买、习惯深夜守候主播团队购买会有明显的忠诚方向和行为习惯差异。

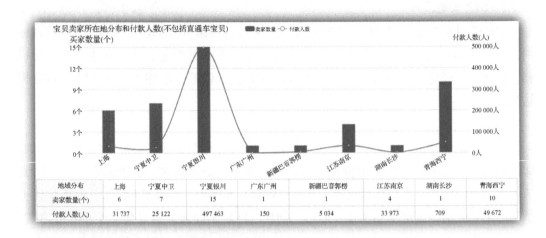

图4-8 地理因素细分示例（数据来自合作企业）

（2）确定目标用户群（Targeting）

基于市场细分，企业选择最有潜力和最适合其产品的顾客群体作为目标用户群，目标用户群的选择（表4-6）则是基于企业的资源、产品特性以及市场竞争状况等因素。在新媒体运营过程中，要考虑自身产品的优势以及客户对象新媒体运用的情况，如果企业在母婴产品上有供应链优势，那么可以将"年轻妈妈"作为目标用户群。电商运营的竞争既存在于平台之间，更有来自平台上同行的压力，需要评估市场中的竞争对手情况，选择竞争相对较小的细分市场，或者在竞争激烈的市场中找到差异化的切入点。

如果不确认目标用户，可以尝试性地将资源投放到少数几个细分市场上，然后随着这些细分市场地位的巩固和数据表现，确认主力市场或者再逐渐将范围扩展到其他细分市场。盈利潜力是选择目标用户群的重要指标，电商企业应该评估不同细分市场的盈利能力，优先选择那些能够带来更高利润的市场。

表4-6 目标用户群选择示例

细分基础	示例1	示例2
服装的目标用户群选择	"海澜之家"是一个专注于男装品牌的企业，它选择了成年男性服饰这一细分市场，并为此提供专门的产品和策略。这种市场集中化的策略使得企业能够深入了解目标用户群的需求特点，从而在市场中建立强有力的地位和声誉。	淘宝起家的"戎美"女装，目标用户群主要是具有高信用度和较强消费能力的25至45岁的都市职场女性，涵盖了从职场新人到资深职场人士的不同阶段，这部分人群往往对时尚有一定的追求且愿意为品质付费。

续表

细分基础	示例1	示例2
健康食品的目标用户群选择	"养生堂"的目标用户群主要是关注健康和美容的年轻人,在国内传统保健品市场中引领了"内服美容品"的潮流,这同样吸引了追求健康和美容的年轻消费者。	"土也球"主打绿色农产品,针对健康意识强的家庭消费者群体,提供有机、无添加的食品产品,满足消费者对健康生活方式的追求。
旅游的目标市场选择	同程"六人游"的目标用户主要是中高端家庭,专注于定制化服务,为中高端家庭或小型团队提供个性化、高质量的旅游服务。	"周末酒店"的目标用户群为休闲假日游的亲子家庭客户、情侣、商务人士等,满足其高端多样化的住宿需求和体验。

(3) 品牌定位 (Positioning)

品牌定位的核心是在目标市场的顾客心中创建品牌的独特地位。这通常涉及传达品牌的独特价值主张,确保品牌与竞争对手相比拥有清晰的区别点。

品牌定位策略的开发包括从经营者角度挖掘品牌产品的特色。这个过程不局限于产品本身,还可以源于产品但超越产品创造独特的品牌形象。强大的品牌背后通常有强大的思想支持,品牌定位不仅仅是关于功能或产品特性,更多的是关于与目标受众的情感和心理需求产生共鸣。设定核心的关键词关联,捕捉和传达品牌的核心价值和主张,在整个营销组合中包括广告、包装、产品设计、销售渠道和客户服务等方面保持一致性和连贯性。

为了实现品牌定位,企业可以采取多种策略,如市场空白点定位法、首席定位法、目标消费者定位法、品质定位法等。这些策略可以帮助企业在竞争激烈的市场中找到自己的位置,并通过独特的品牌形象吸引和留存消费者。

品牌定位是一种战略行为,是企业在市场竞争中的重要手段,它要求企业深入理解市场、消费者和自身的核心优势,以便在激烈的市场竞争中脱颖而出。通过有效的品牌定位,企业可以建立强大的品牌资产,提高顾客忠诚度,并最终实现可持续的业务增长。

2. 电商领域的市场机会

随着互联网的普及和移动支付的便捷,消费者的购物习惯逐渐转向线上。这为电商平台提供了巨大的市场机会,尤其是在特殊时期,线上购物的需求大幅增加,也培养了更多的电商客户群体。电商平台可以通过数据分析,了解消费者的个性化需求,提供定制化的产品或服务,以满足消费者的期望。随着人工智能、大数据和云计算等技术的发展,电商平台可以利用这些技术进行精准营销、智能推荐和优化运营,提升消费者体验,增加销售额。

(1) 利用人工智能 (AI) 进行营销创新

无论是 Pika Labs 推出的视频生成,还是 Sora 在 2024 年的横空出世,随着生成式 AI 的发展,品牌都可以通过内容生成和创新运营来提升营销效果,例如使用 AI 生成营销文案、视频或创建虚拟代言人等，AI 在电商领域的应用将会更新新媒体传播的节奏，也会带来更多的基于此类技术的产品分享和传播。

（2）针对特定人群的市场开发

通过深入分析市场趋势和消费者需求，品牌可以开发新产品或升级现有产品，以满足消费者的新期望，并通过这种方式拓宽消费客群并增加销量。如"Z 世代"和"银发人群"，这两个群体代表了未来巨大的消费潜力，品牌可以通过定制产品和服务来满足这些特定人群的需求，如"Z 世代"年轻群体关注新技术（如自热技术、冻干技术等）制造的产品；"银发人群"更为关注智能家居产品系列（助力装置、科技产品等）。科技进步和消费者需求的迭代为产品创新提供了动力，在消费加速的市场中，可以结合特殊群体的需求寻找机会。

（3）联名营销

与其他品牌或知名 IP 进行合作，推出联名产品或活动，可以吸引更多消费者的注意并增加品牌的曝光度。联名营销需要品牌深入理解合作伙伴的核心价值，并与消费者建立情感联系。2024 年，肯德基与 NBA 联合推出的"篮球汉堡"在青少年群体中广受欢迎。通过联名，在公域和私域之间建立桥梁，实现从人找货到货找人的转变，同时整合线上线下渠道，提供无缝的购物体验。

（4）新兴市场外拓

随着全球化的推进，可以考虑拓展海外市场，针对不同国家和地区的消费者特点，提供本土化的产品和服务，利用海外市场的新机会来增加品牌的全球影响力。拼多多旗下的跨境电商平台 Temu 在上线英国站点后不久，紧接着同时在德国、荷兰、意大利、法国与西班牙等欧洲国家上线，深受当地客户青睐，每天数以万计的各种产品包裹由中国发往欧洲。而社交媒体平台的用户数量庞大，电商运营依托社交媒体合作，利用社交网络进行产品推广和销售，实现出海战略。

（5）可持续发展主题

随着消费者对环保和社会责任的关注日益增加，品牌可以通过推广可持续的产品和实践来吸引有环保意识的消费者。绿色、节能、减排、可循环、可回收、有机、无污染等主题的产品营销受到越来越多的认可和追捧，消费者对于绿色产品愿意承担更高的溢价。

电商运营中的品牌市场机会是多方面的，需要根据市场趋势和消费者需求的变化，不断创新和优化运营策略，以抓住市场机会并实现持续增长。

4.2.3 精准运营

在精准的品牌定位的基础上，依托现代信息技术手段建立个性化的顾客沟通服务体系，精准运营，通过深入分析用户数据，细化用户画像，优化内容发布，以及个性化推荐等手段，来提高用户的参与度、转化率和忠诚度，实现企业可度量的低成本扩张。

1. 行业数据分析

每个电商平台都有相应的销量分析工具,通过这些工具可以查阅产品数据,通过数据观察、对比和分析,有针对性地解决针对不同客群不同产品的问题,才能更好地理解产品性能、用户行为和市场趋势。以客观数据作为决策的依据,避免主观臆测,才能够及时优化和调整运营策略。

以阿里指数为例,如图4-9,其以阿里电商数据为核心,是专业针对电子商务市场动向研究的数据分析平台,也是一个社会化的大数据共享平台,主要是对电商市场的行业价格、供需关系、采购趋势等数据进行分析,作为市场及行业研究的参考,帮助中小企业、市场研究人员,了解市场行情、查看热门行业、充分掌握市场行情的动态。根据其功能的不同,阿里指数划分为行业大盘、属性细分、采购商素描等六大功能模块。

图4-9 阿里指数平台

阿里巴巴、京东、拼多多、抖音等主流电商平台会定期发布各类目品牌的销售情况、增长情况,这些信息可以成为商家对于行业宏观环境判断决策的参考数据。阿里巴巴建立对用户数据(浏览、收藏、分享、成交、退换、代理、分销)行为进行量化处理的大数据展示平台,其中行业大盘主要包括行业数据概况和相关的热门行业、潜力行业。除此之外,如图4-10所示,以女装为例,精准化的运营还要结合前期选定的细分市场,商家需要结合自身产品的属性和卖点,参考热门类目的属性,关注市场的需求变化,始终以用户需求为导向,才能够打造出更多符合市场潮流的爆款商品。以自身所在的行业为参考,以做好店铺的运营,尤其是销售额、商品优化、流量等方面的优化。

利用数据支持,公司可以进行更精准、可衡量和高投资回报的营销沟通,在充分了解顾客信息的基础上,针对客户喜好,有针对性地进行产品营销,按照精细化定向营销(Precise Marketing)的理念和结构框架,在激烈的市场竞争中取得竞争优势。

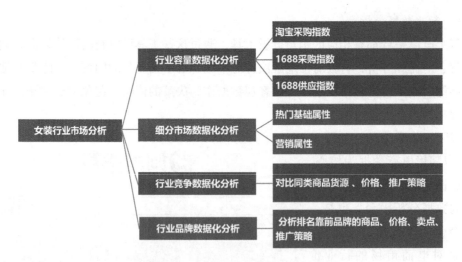

图 4-10 以女装为例的行业数据分析

2. 基于消费者价值的分层运营

FAST 模型是一种以消费者为中心的品牌消费者资产运营模型（图 4-11），它由四个关键指标组成：人群总量（Fertility）、加深率（Advancing）、超级用户数（Superiority）和超级用户活跃度（Thriving）。精准化的运营需要基于不同的指标数据理解品牌客户群体的状态，衡量目标消费者的价值，采取合理的措施进行运营。

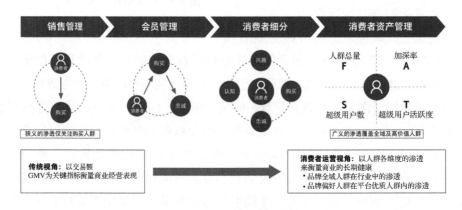

图 4-11 消费者管理模型

（1）人群总量（Fertility）

这个指标代表了品牌曾经触达过的消费者的总量，即整个消费者生命周期 AIPL（Awareness，Interest，Purchase，Loyalty）的大池子，可以帮助品牌了解自身的可运营消费者总量情况。首先，利用 GMV 预测算法，预估品牌消费者总量缺口，然后基于缺口情况优化营销预算投入，站内外多渠道"种草"、拉新，为品牌进行消费者资产扩充；其次，指导品牌进行未来的货品规划和市场拓展，多方位拓展消费者群体。

(2) 加深率（Advancing）

即人群转化力，这个指标衡量的是消费者在 AIPL 各个阶段的转化率，消费者从认知到感兴趣，再到购买，最后成为忠诚用户的流转效率。可以运用多场景提高消费者活跃度，促进人群链路正向流转；多渠道"种草"人群沉淀后，进一步筛选优质人群，通过付费渠道进行广告触达；品牌内沉淀人群细分，对消费者进行分层运营、差异化营销，促进整体消费者的流转与转化。

(3) 超级用户数（Superiority）

也称为高价值人群总量（会员总数），这个指标指的是对品牌而言具有高净值、高价值以及高传播力的消费者数量，如品牌的会员或粉丝。会员/粉丝人群对于品牌而言价值巨大，能够为品牌大促提供惊人的爆发力。企业可通过线上线下联动，联合品牌营销以及借助平台的新零售场景，可以进一步扩大品牌的会员/粉丝量级。例如，通过"天猫 U 先"允许消费者先试用商品再决定是否购买，鼓励理性消费和体验式消费，通过小样直播、特色专场等方式，为品牌提供拉新转化和回购服务。也可以通过"淘宝彩蛋""智能母婴室"等活动为后续的会员/粉丝运营打下基础。

(4) 超级用户活跃度（Thriving）

这个指标关注的是品牌超级用户人群的活跃度，即会员或粉丝的活跃程度。企业可按照前述 RFM 指标来识别不同群体的特征和需求，并针对不同层级的会员提供差异化的权益，如优惠券、积分奖励、专属服务等，以提升他们的忠诚度和满意度。对于不同行为和特征的会员，采取相应的沟通和营销策略，对于活跃度较低或低价值的会员，可以实施一定的激励或惩戒措施，如减少优惠力度或限制某些服务的使用权，以此激发他们的积极性。结合公域平台（如社交媒体、电商平台）和私域流量（如品牌自营社区、会员数据库），实现更全面的会员管理和服务。

这四个指标不仅评估了消费者资产的数量（如人群总量和超级用户数），也包含了消费者资产的质量（如加深率和超级用户活跃度）。相比传统的视角，FAST 模型不仅仅关注一时的总交易额 GMV，还更加关注用户资产的数量和质量，通过观察品牌运营的过程，帮助品牌全面诊断增长现状、审视营销资源投入、测算增长潜力，从而科学规划，助力增长。

FAST 模型为品牌提供了一个全面的用户分析框架，以动态的目光考察用户资产，强调品牌价值健康、持久的维护，而不仅仅关注短期的销售业绩。这对于品牌的长期发展和市场竞争力的提升具有重要意义。

指标	场景总览			
F	盘人计划	站内外内容种草承接	新客策品类场景	公域+私域洞察反哺媒体投放
	市场格局分析	C2M反向定制	人群预测指导备货	地域下沉
A	线下数据上翻	店铺人群联动	人群矩阵细分	阶段人群差异化营销
	高价值人群运营	互补商品转化	搜索人群差异化运营	
S	ipromoter招募+线上内容互动	AI会员招募	联合品牌营销吸粉	新零售会员招募
	媒体节奏×会员联动	天猫U先×二次运营		
T	X-RFM会员分层	店铺千人千权	品牌号千人千权	公私域赋能会员粉丝运营

图 4-12 四个关键指标的运作场景

> 议一议：
> 你有加入购物群吗？加入了多少个？现在还参加群内活动吗？

3. 精准营销的 CRM 体系

在 FAST 用户分层的基础上，精准营销的 CRM 体系强调企业与客户之间的"关系"的管理，而不是客户基础信息的管理。关心客户"关系"存在的生命周期，客户生命周期（Customer Life Cycle）包括客户理解、客户分类、客户定制、客户交流、客户获取、客户保留等几个阶段。管理大师彼得·德鲁克说过企业的最终目的，在于创造客户并留住他们。一个完善的 CRM 体系应该将企业作用于客户的活动贯穿于客户的整个生命周期。

CRM 是面向客户、关心客户，一切以客户为中心来运作的管理体系，它通过一套软件来实现企业的管理思路和管理模式。精准营销的 CRM 体系的核心是客户数据的管理，包括 Internet 和电子商务、多媒体技术、数据仓库和数据挖掘、专家系统和人工智能呼叫中心等。如图 4-13 所示，CRM 体系可以深度开发目标客户，支持公司发展战略，实现会员信息的管理与应用，建立以客户为中心的集中式营销管理平台，实现业务与管理规范化、效益最大化。它的运营有几个主要模块：数据管理，把内部信息与数据接触点管理起来，实现数据的跨区域、跨部门的集中管理与共享应用；流程管理，实现相关业务流程管控和自动处理，固化管理流程；智能管理，实现企业分析智能，据此对外为客户提供有效的客户关怀服务，对内为企业提供有效、准确的分析决策依据。

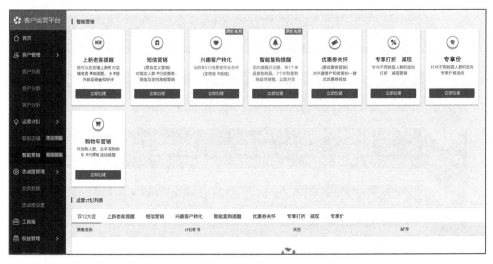

图 4-13 CRM 体系对客户的精准管理

针对分层的客户，尤其是会员或粉丝，精准运营还需要考虑不同的使用场景，确保在用户最需要的时候提供相应的服务或产品。随着公域平台获客成本的升高，私域流量成为企业重要的资产，企业需要通过精细化运营来管理和转化这些流量，实现一对一的精准营销。针对处于不同生命周期的客户（图 4-14、图 4-15），实施差异化的拉新、培养客户的兴趣，促进客户关系绑定、留存沉淀客户，维护忠诚度、促进购买，唤醒休眠客户、延迟会员流失。以美妆产品为例，在客户入会前，通过新人礼、专属客服等入口丰富入会权益，根据客户兴趣导向实现培育分流；实现转化后促成客户进入不同群组，通过会员专享券、会员日、订阅号等促进活动参与；针对美妆消费生态拓展产品推荐组合和权益组合，可以尝试积分互动、专享价等完成粉丝固定、忠诚消费和传播裂变。

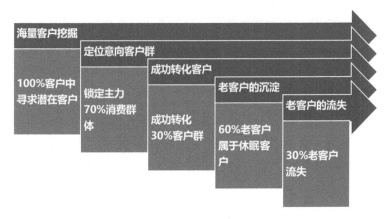

图 4-14 客户生命周期

电商新媒体运营

- 活跃期
  - 间隔时间：客户的购买时间在1个月以内
  - 客户特点：客户对于店铺的忠诚度较高，其成交转换率相对较高，属于店铺的主力消费群体

- 沉默期
  - 间隔时间：客户的购买时间在2~4个月
  - 客户特点：客户的忠诚度逐渐降低，在店铺的消费频率有所下降，与活跃期的客户相比，其成交转化率有所降低

- 休眠期
  - 间隔时间：客户的购买时间在5~10个月
  - 客户特点：在该阶段，客户几乎不在店铺内消费，只有大型的促销活动、店铺内较大的优惠力度，才可能吸引客户进店再次消费。其成交转化率在较长时间段内趋近于0

- 流失期
  - 间隔时间：客户的购买时间在11个月及以上
  - 客户特点：客户已经不再进店消费，即使是有较大的促销活动，也不能刺激到客户的成交欲望

图4-15 电商客户的购买时间间隔表现

练一练：

　　从欧莱雅官方旗舰店、欧珀莱官方旗舰店、SHISEIDO资生堂官方旗舰店三家官方旗舰店中选出你认为粉丝/会员权益设计最打动你的店铺，说出最核心的三个因素。

【案例】

赛客的精准化运营

　　赛客体育是一家专注于足球运动的综合服务商，隶属于赛客科技（北京）有限公司，致力于为不同球队提供定制球衣服务，并涉及体育赛事运营等其他相关服务。公司的前身为CIKERS足球实验室，创立之初是一群热爱足球的志愿者发起的项目，旨在探索和创新校园及民间足球发展模式，之后转型为赛客体育，并逐步发展成为足球服装行业的超性价比定制品牌。

　　赛客的目标市场主要集中在运动团体，包括球队、青训俱乐部以及跑团等，围绕这些核心用户群体，公司主营球衣的定制服务，围绕运动主题、舒适度、透气性、耐磨要求创新科技面料产品，按照用户需求定制各类图案、徽标，完成特定设计，通过智能制造实现快速的定向供应和精准客群服务。除运动服饰之外，赛客还涉足运动装备的生产与销售，通过提供高质量的运动装备，满足运动团体的专业需求。

　　商业环境下的客户忠诚（Customer Loyalty）可被定义为客户行为的持续性。客户忠诚来源于企业满足并超越客户期望（Expectation）的能力，这种能力使客

户对企业产生持续的客户满意。一方面，赛客通过运动赛事领域的专业能力为运动团体提供赛事组织和管理的服务，包括赛事策划、运营、宣传等一系列活动，以帮助运动团体提高赛事的质量和参与度；另一方面，围绕信息技术进行创新改进，为赛事主办方、俱乐部、场馆提供全方位装备定制、社交、数据、互联网和运营服务，理解并有效地捕获了客户期望，驱使其与自己保持长久的合作关系。通过建立线上平台和线下运动社群，为运动爱好者提供交流和互动的机会，从而进一步增强用户的归属感和忠诚度。

赛客的业务模块之间相互支持，赛事管理服务和社群活动能够为运动装备销售带来潜在的客户，而优质的运动装备又能提升赛事和社群活动的专业性和吸引力。通过服务好细分领域所有的运动参与者，让每一个认真参与运动的人都能体验到更纯粹的运动精神。

（案例改编自："@赛客 CIKERS"的个人主页. https://weibo.com/n/%E8%B5%9B%E5%AE%AZCIKERS）

第5章 平台渠道与流量解析

直播电商的兴起为电子商务带来了新的增长点。直播带货通过结合娱乐和购物的方式，极大地激发了市场的活力，拉动了社交、内容、电商等平台的流量势能，促进了传统媒体的转型。传统电商平台纷纷切入新媒体领域，淘宝、京东通过动态的视频形式全面展示商品形象和功能特点，极具互动性和立体感的视频比传统的平面图文更能吸引用户的注意力，增强用户购买意愿。而短视频平台如抖音和快手等，通过多年的积累和发展，已经形成了成熟的运作模式和丰富的内容生态。短视频负责"种草"，即通过内容吸引用户关注和产生购买欲望，而直播则负责"带货"，即通过实时互动推动销售转化。

5.1 电商平台

电商平台是传统电子商务的主要阵地，目前依然占据着网络购物的最大份额，国内电商平台众多，涵盖了从综合电商到垂直电商、从 B2C 到 C2C 等多种形式，近年来这些平台也在尝试结合新媒体吸引更多的年轻消费者。

5.1.1 淘宝/天猫

淘宝网（www.taobao.com）是阿里巴巴集团旗下综合零售商圈，是中国大型在线购物平台之一，由阿里巴巴集团在 2003 年 5 月创立。它提供了一个综合性的电子商务平台，包括商品购买、销售、支付和物流等服务。

根据阿里巴巴集团公布的财报数据，截至 2021 年 3 月 31 日，淘宝网的年活跃消费者数达到了 9.82 亿，每天有超过 6 000 万的固定访客，同时每天的在线商品数已经超过了 8 亿，平均每分钟售出 4.8 万件商品，涵盖了各种商品类别，包括服装、家居、电子产品、美妆、食品、运动用品等。用户可以通过淘宝网搜索并购买感兴趣的商品，也可以在平台上开设自己的店铺。

淘宝网的交易方式主要有 C2C（消费者对消费者）和 B2C（企业对消费者）两种模式。C2C 模式下，个人卖家可以在淘宝上发布商品并进行销售；B2C 模式下，商家可以在淘宝上开设品牌店铺销售商品。

淘宝网致力于提供安全、便捷的购物体验。它采用了多种支付方式，包括支付宝、网银支付等，同时也提供了买家保障和售后服务，以确保用户权益。

除了传统的网页访问，淘宝网还提供了移动端的应用程序，方便用户随时随地进行购物。目前，淘宝网也在拓展国际市场，为全球用户提供购物服务。

2008 年，淘宝 B2C 新平台淘宝商城上线；2012 年 1 月 11 日，淘宝商城正式宣布更名为"天猫"（www.tmall.com）。2012 年 3 月 29 日，天猫发布全新 Logo 形象。

5.1.2 京东商城

京东商城（www.jd.com）是中国大型综合性电子商务平台之一，成立于 2004 年。它提供了一个包括商品购买、销售、支付和物流等服务的在线购物平台。

2014 年 5 月，京东集团在美国纳斯达克证券交易所正式挂牌上市，是中国第一个成功赴美上市的综合型电商平台。2020 年 6 月，京东集团在香港联交所二次上市，募集资金，用于投资以供应链为基础的关键技术创新，以进一步提升用户体验及提高运营效率。

京东商城覆盖了各种商品类别，包括家电、手机、电脑、服装、美妆、食品、图书等。用户可以通过京东商城搜索并购买感兴趣的商品，也可以在平台上开设自己的店铺进行销售。

京东商城的交易方式主要有 B2C（企业对消费者）和 C2C（消费者对消费者）两种模式。在 B2C 模式下，京东商城直接与品牌商家合作销售商品；在 C2C 模式下，个人卖家可以在平台上发布商品并进行销售。

京东商城注重提供优质的购物体验。它推出了多种支付方式，包括京东支付、微信支付、支付宝等，同时也提供了买家保障和售后服务，以确保用户的权益。

京东商城不仅有网页版，还有移动 App，方便用户随时随地进行购物。此外，京东商城在全国范围内建立了庞大的物流配送系统，以满足快速、准时的配送需求。

京东商城也积极拓展国际市场，在全球范围内为用户提供购物服务。它提供了跨境电商平台，为海外品牌商家和中国消费者之间搭建桥梁。

经过 20 年左右的发展，京东零售已完成电脑数码、手机、家电、消费品、服饰、居家、美妆、运动户外、奢品钟表、生鲜、生活服务、工业品等全品类覆盖。目前，京东零售拥有超 1 000 万库存单位量（SKU：Stock Keeping Unit）的自营商品，布局了京东 MALL、京东电器超级体验店、京东电器城市旗舰店、京东五星电器、京东家电专卖店、京东电脑数码专卖店、京东之家、七鲜超市、京东新百货、京东养车、京东国际跨境体验店、京东国际进口综合馆等数以万计的线下门店；同时，布局京东到家、京东生活等同城业务，连接着百万级的连锁超市、菜店、药店、鲜花店、手机服饰宠物等全品类门店，能够为消费者提供小时级乃至分钟级送达的即时零售服务，以及吃喝玩乐用一站式的同城服务。

5.1.3 拼多多

拼多多（www.pinduoduo.com）是中国一家快速成长的电子商务平台，成立于2015年。它以"团购+社交"模式著称，通过团购的方式让用户以更低的价格购买商品，并且通过社交分享来吸引更多的用户参与。

在拼多多上，用户可以浏览和购买各种商品，包括家居用品、服装鞋包、美妆产品、食品、电子产品等。与传统的电商平台相比，拼多多的特点是价格更低，因为它采用了拼团的购物模式，通过多人团购来获得更大的折扣。拼多多的用户可以通过邀请好友来拼团，当拼团达到一定人数后，每个人都可以以更低的价格购买商品。此外，拼多多还提供了一系列的互动游戏和红包活动，增加了用户参与的乐趣。

拼多多的发展非常迅速，目前已经成为中国第二大电商平台，仅次于阿里巴巴旗下的淘宝。它在农村市场和三、四线城市中拥有庞大的用户群体，通过低价、优惠的商品吸引了大量的消费者。

拼多多充分得益于中国农业的发展。拼多多深入最基础产业带以及最基层村庄，始终与中国农民、农业共同成长。"农地云拼+产地直发"的模式，以稳定的需求重塑农产品流通链条，以产地直发取代层层分销的模式，从而为农产品上行搭建起一条高速路。2020年，拼多多成为中国最大的农（副）产品上行平台。

拼多多坚持对农业科技领域长期投入。2021年8月，设立"百亿农研"专项，由董事长兼CEO陈磊担任一号位。该专项不以商业价值和盈利为目的，而是致力于推动农业科技进步，以农业科技工作者和劳动者进一步提升动力和获得感为目标。拼多多直连全国超1 000个农产区，助力农副产品出村进城及农民增产增收；多多买菜创新供应链及"田间直达餐桌"模式，进一步提升农副产品流通效率；以市场化及科技普惠引导农业现代化升级，培养新农人，有效赋能农业。

根据拼多多2020年度财报显示，拼多多全年总收入820.3亿元人民币（约合120亿美元），同比增长97%。年度交易额17 908亿元人民币，同比增长73%。年度活跃买家数7.81亿，同比增长36%。年度订单数71.5亿，同比增长86%。

5.1.4 其他

除了上述主流的电商平台，还有很多各具特色的商品销售平台，如唯品会、蘑菇街、网易严选、必要、苏宁易购等,如表 5-1 所示,其平台受众和产品覆盖比上述三大平台较少,但通过差异化的经营吸引了特定的消费者。而大平台也分化出垂直领域的细分品牌,如阿里旗下的盒马鲜生主营生鲜,京东旗下的一号店主打高端会员等。

表 5-1 电商平台运营特点

平台名称	平台特点	销售品类	新媒体运作
唯品会	品牌尾货折扣特卖	服饰类、美妆类为主	切入社群
苏宁易购	线上线下共融	家电、电子产品为主	视频展示
网易严选	严谨甄选,质优价廉	生活家具类产品	切入社群
必要	大牌供应商直供	服饰美妆生活类	切入社群
当当网	正版图书平价销售	图书类为主	切入社群
蘑菇街	买手搭配	时尚女装	直播
携程网	旅游主题	旅行产品	短视频、社群

这些电商平台各有特色,提供了不同的商品和服务,满足了消费者的多样化需求。平台用户的购物习惯、商品需求以及对服务质量的期望各有差异。对于商家而言,选择电商平台时则需要考虑平台的市场规模、用户群体、入驻成本和运营策略等因素。

5.2 社群平台

社群平台是指提供在线社交和互动功能的网络平台,旨在连接和组织用户,使他们能够分享信息、交流观点、建立关系和参与各种活动。这些平台通常提供用户个人主页、即时聊天、消息发布、评论、点赞、分享等功能,以促进用户之间的沟通和互动。

社群平台的例子包括专业社交网络(如 LinkedIn、BOSS 直聘等)、在线论坛(如百度贴吧等)、即时通信应用程序(如 QQ、微信等)以及虚拟社区(如 QQ 空间等)。这些平台不仅提供了连接个人和群体的渠道,还成为信息获取、内容创作、商业推广和社会互动的重要工具,也成为电商新媒体运用的重要阵地。

5.2.1 专业社交网络

中国的专业社交网络主要指的是 LinkedIn 中国版,它是全球最大的职业社交平台 LinkedIn 在中国的本土化版本。LinkedIn 中国版提供了类似于全球版的功能,包括建立职业个人资料、搜索和连接其他用户、发布和浏览职业信息、参与专业群组等。

此外,还有一些中国本土的专业社交网络平台,如 BOSS 直聘等。这些平台提供了类似于 LinkedIn 的功能,致力于帮助用户建立职业联系、寻找工作机会、分享行业见解等。这些平台通常以职业导向为主，提供了许多与职业发展相关的资源和服务。

需要注意的是，中国政府对于在线社交平台有一定的监管和审查要求，因此在使用中国的社交网络时，用户需要遵守相关法律法规，并注意个人信息保护和网络安全。

5.2.2 在线论坛

在线论坛是指通过互联网提供交流和讨论平台的网站，早期主要以个人博客、BBS等形式出现，现如今也涵盖了微信公众号、小程序等新型社交媒体。这些论坛覆盖了政治、经济、文化、教育、娱乐等各个领域，用户可以在其中自由发表观点、交流意见、分享经验和知识。

在中国，一些较大的在线论坛拥有数百万到数千万的注册用户，每天产生的话题数量和访问量都非常巨大。

晋江文学城：晋江文学城是一个在线文学社区，用户可以在其中阅读和发布小说、散文等文学作品，并进行评论和交流。

百度贴吧：百度贴吧是中国大型的中文社区之一，是一个开放的在线论坛。用户可以在百度贴吧中创建、管理和参与各种主题的讨论吧。百度贴吧涵盖了几乎所有领域的话题，包括电影、音乐、体育、游戏、明星、科技等。用户可以在贴吧中发表帖子、回复其他用户的帖子、分享图片和视频，还可以加入和创建自己感兴趣的讨论吧。百度贴吧有着庞大的用户群体，用户可以通过关注自己感兴趣的讨论吧、加入讨论群和私信交流等方式与其他用户进行互动。贴吧中的内容通常由用户自主创建和维护，并且可以通过点赞、评论和收藏等方式进行评价和推荐。

5.2.3 即时通信应用程序

1. 微信

微信是中国最流行的移动即时通信应用程序，用户可以在其中发送文字、语音、图片和视频信息，还可以进行语音通话和视频通话等功能。除了个人用户，微信还广泛应用于商业和社交领域。

2. QQ

QQ是腾讯公司推出的一款即时通信应用程序，在中国拥有庞大的用户基础。用户可以在其中发送文字、语音、图片和文件等信息，还可以进行视频通话和语音聊天等功能。

3. 钉钉

钉钉是一款企业级即时通信应用程序，旨在帮助企业内部协作和沟通。用户可以在其中创建团队或组织，进行文字、语音和视频通话等功能，还可以分享文档和日程等信息。

4. WeCom

WeCom是腾讯推出的一款企业级即时通信应用程序，与钉钉类似，也旨在帮助企业内部协作和沟通。用户可以在其中创建团队或组织，进行文字、语音和视频通话等功能，还可以分享文档和日程等信息。

这些即时通信应用程序在中国广泛应用于个人和企业之间的沟通和交流，成为人们生活和工作中不可或缺的工具。依据其社交特性，特定的购物行为会形成极大的口传传播网络，容易形成团购群体或粉丝网络。因此，目前大多数商家甚至电商平台更乐意与即时通信应用程序绑定进行营销。当然，商家在使用这些应用程序时需要注意个人信息保护和隐私安全等问题。

> 议一议：
> 你更习惯用QQ还是微信？你在哪个平台上购买过商品？

5.2.4 虚拟社区

虚拟社区是指在网络上建立的虚拟社交空间，用户可以在其中创建个人角色或代表，并与其他用户进行互动、交流和参与各种活动。这些虚拟社区通常是基于特定主题或兴趣的，提供了一个在线的社交平台，让用户能够在虚拟的环境中展开交流和互动。

在中国，知名的虚拟社区包括以下三个。

① 微博：微博是中国最大的社交平台之一，用户可以在其上发布和分享文字、图片、视频等内容，关注其他用户并进行互动。

② 豆瓣：豆瓣是一个综合性的虚拟社区，用户可以在其中分享读书、电影、音乐、活动等方面的内容，与其他用户进行讨论和交流。

③ QQ空间：QQ空间是腾讯旗下的虚拟社区，用户可以在其中建立个人主页、发布动态、上传照片和视频，并与QQ好友进行互动。

这些虚拟社区为用户提供了一个广泛的交流和互动平台，促进了用户之间的社交关系和共同兴趣的分享，也提供了更多商品信息和使用心得的交互。但是，用户在使用虚拟社区时需要遵守相关的法律法规，并注意个人信息保护和网络安全。

5.3 视频自媒体平台

直播和短视频对电子商务产生了显著的影响，它们不仅改变了消费者的购物方式，也促进了电商平台的增长和创新。原来以内容分享、娱乐社交为主的视频自媒体、泛娱乐平台，也成为新型电商的主要阵地，通过内容创作与运营，吸引粉丝、固定用户群体、促进生活和消费交互，很多商家在该类平台上取得了非常不错的销售业绩。

5.3.1 抖音

抖音是于 2016 年 9 月上线的一款音乐创意短视频社交软件,是一个专注年轻人的 15 秒音乐短视频社区,用户可以通过这款软件选择歌曲,拍摄 15 秒的音乐短视频,形成自己的作品并发布。抖音的 slogan(口号)是"专注新生代的音乐短视频社区",可见其目标用户为年轻人,其产品形态是音乐短视频。截至 2024 年 6 月,抖音的月度活跃用户已经超过 15.6 亿。其中,在中国,抖音的日活跃用户已经超过 7 亿,覆盖了绝大部分的移动互联网用户。抖音的用户群体主要以年轻人为主,尤其是"90 后"和"00 后"的年轻人。这也是抖音被品牌和广告主重视的原因之一,因为这个年龄段的用户具有强烈的消费能力和流行趋势影响力。

1. 抖音平台的特点和优势

(1) 平台特点

抖音是今日头条孵化的一款短视频社交 App,虽然是今日头条旗下产品,但在品牌调性上和今日头条不同。今日头条的品牌调性更接近快手,用户基本集中在三、四线城市及广大农村地区,内容比较接地气;而抖音瞄准的大多是一、二线城市的年轻用户,如"95 后"和"00 后"人群,因此内容更加年轻。

在功能方面,抖音与快手非常相似,两款社交短视频产品也经常被进行比较。两者最大的区别还是品牌调性和用户画像,快手更加"真实"和"接地气",而抖音更加"高大上"和酷炫。

(2) 内容特点

抖音最初的定位是"音乐短视频 App",内容主要是音乐类视频,以及其他才艺表演,后来随着用户量的增长,内容也越来越丰富多元。打开抖音 App,可以看到各种"逆天化妆术"、街头跑酷、影视剧片段模仿,以及趣味恶搞等内容,最直观的感受就是有创意、有趣、高颜值和酷炫。

(3) 平台优势

抖音之所以能脱颖而出,主要归功于用抖音拍摄小视频时,用户可以添加很多玩法和特效,可以通过视频拍摄的速度快慢,以及原创特效(如反复、闪一下以及慢镜头等)、滤镜和场景切换等技术,让视频更具创造性,一秒变大片。再加上抖音的配乐,经常是一些电音和舞曲,使大多数作品的节奏感很强、有"魔性",给人一种酷、炫、潮的感觉。用抖音拍摄短视频,制作难度非常低,普通用户也可以做出好玩、酷炫的短视频。

正因为具备以上的特点和优势,对于用户来说,每天无聊时打开抖音 App 就能看到各种好看、好玩、有意思的视频,可以为平凡枯燥的生活增添很多乐趣。同时,当用户有想法和创意时,又可以快速创作出酷炫的作品,秀出自己的高颜值和才艺,满足表现欲和创作欲。另外,抖音的社交属性可以让用户认识很多有趣的朋友,所以说抖音能

"火"也是一种必然。

2. 抖音的定位

抖音 App 之所以能够快速火爆起来，离不开其精准的产品定位，主要包括以下几个方面。

（1）市场定位

深度挖掘和开发本土市场，基于国内年轻人的喜好和口味来打造产品。

（2）平台定位

依赖于今日头条平台强大的大数据技术优势，实现算法推荐，打造基于 AI（Artificial Intelligence，人工智能）记录美好生活的短视频平台。

（3）用户定位

更多的是针对普通的用户群体，社交属性非常强，从而引导用户生成更多的优质 UGC（User Generated Content，用户原创内容）内容。

（4）营销定位

基于"智能＋互动"的营销新玩法。企业运营抖音的目的无非就是做品牌营销，扩大品牌影响力。但这只是个笼统的概括，更深层次的目的是，在短视频领域积累品牌自身的流量池，并尽量与其他平台的流量池互联互通、互相导流。

3. 抖音的热门领域

抖音上的热门领域非常多，包括游戏、旅行、萌宠、萌娃、体育、时尚以及美食等。

4. 抖音的营销趋势

从 2018 年年初开始，抖音就长期占据各大应用商店的下载榜第一名。越来越多的品牌开始入驻抖音，在这个"魔性"的内容社区中，展现了丰富的新潮营销玩法。

抖音的用户不仅包括支付宝、美团外卖等大型机构和企业，还有很多明星，甚至连很多官方机构都开始加入抖音。在市场方面，抖音的软文推广和"带货"能力都很好，每天的直播销售额也是非常巨大的。随着抖音从一、二线城市开始向三、四、五线城市扩展，用户越来越多，市场也越来越大。

5. 抖音的运营机制

虽然抖音与今日头条的定位不同，但今日头条却把自己最擅长的运营机制和智能推荐算法用到了抖音平台上。

（1）用户上传视频

抖音允许用户通过手机拍摄或导入已有视频，并提供了多种滤镜、音效和编辑工具，使用户可以轻松制作出独特有趣的短视频。用户可以选择添加音乐、加速或减速视频、剪辑和添加特效等，使自己的作品更具个性化。

（2）智能推荐算法

抖音依靠强大的智能算法为用户提供个性化的内容推荐。对于新用户，抖音会优先推送播放量及点赞较高的优质短视频，快速地吸引并留住用户。而在后续的使用中，抖音会根据用户的地理定位、年龄及喜好，不断优化自己的算法，从而不断贴近用户的审美和偏好。强大的智能算法会根据用户的兴趣、浏览历史、互动行为等多方面信息进行分析和学习，从而为用户推送他们可能感兴趣的短视频内容。通过不断优化推荐算法，抖音致力于为用户呈现最符合他们口味的短视频。

（3）社交互动

在抖音上，用户可以与其他用户进行互动。他们可以通过点赞、评论、分享和私信等方式与视频创作者进行交流和互动。这种社交互动不仅可以增加用户之间的互动性，也有助于创作者扩大影响力和积累粉丝。

此外，抖音还提供了一些其他功能，例如直播、挑战赛和短视频编辑大赛等，以促进用户之间的互动和提升用户创作积极性。抖音也为内容创作者提供了一些工具和资源，帮助他们更好地展示自己的才华、吸引粉丝并与品牌合作。

5.3.2 快手

快手是中国大型短视频平台之一，于2011年成立。截至2021年6月，快手的日活跃用户超过2.5亿，月活跃用户超过7亿。快手在中国市场的用户规模和影响力都非常大。快手的用户群体主要以年轻人为主，尤其是"90后"和"00后"的年轻人。这些年轻用户对快手上的内容非常感兴趣，并且在平台上积极创作和互动。

快手的内容类型非常丰富，涵盖了各种领域和主题，包括搞笑、美食、时尚、音乐、才艺表演等。用户可以通过手机拍摄或导入视频，并使用快手提供的滤镜、音效和编辑工具来制作个性化的短视频内容。快手也非常注重社交互动，用户可以通过点赞、评论、分享和私信等方式与其他用户进行互动。快手还为内容创作者提供了一些工具和资源，例如虚拟礼物、激励金和广告分成等，帮助他们获得收益并与品牌合作。

在快手上，用户可以用照片和短视频记录自己的生活点滴，也可以通过直播与粉丝实时互动。快手的内容覆盖生活的方方面面，用户遍布全国各地。在这里，人们能找到自己喜欢的内容，找到自己感兴趣的人，看到更真实有趣的世界，也可以让世界发现真实有趣的自己。

> **议一议：**
> 抖音和快手的运营有何差异？其受众有差别吗？

5.3.3 哔哩哔哩（B站）

1. 网站简介

哔哩哔哩（英文名称：bilibili，简称B站）现为中国年轻一代高度聚集的文化社区和视频平台，被粉丝们亲切地称为"B站"。建站的初衷是为用户提供一个稳定的弹幕视频分享网站，其最大的特点是悬浮于视频上方的实时评论功能。

围绕用户、创作者和内容，B站构建了一个源源不断地产生优质内容的生态系统，已经涵盖7 000多个兴趣圈层的多元文化社区，曾获得QuestMobile研究院评选的"Z世代偏爱App"和"Z世代偏爱泛娱乐App"两项榜单的第一名。B站的slogan（标语）为"你感兴趣的视频，都在B站"。

2. 主体内容

B站有动画、音乐、游戏、娱乐、合集、科学技术、新番连载等版块。每个分版块都有索引方便查找，并各自有"本周好评"和最热视频，明细的分页目录简化了人们浏览网站时的操作程序，缩减了用户查找的时间。

3. 网站制度

B站采用会员制，大部分视频会员与游客都可以观看，但部分视频只有会员才可以观看，这些视频常被称为"只有会员才知道的世界"。只有会员可以发送弹幕，表达自己的见解和发布评论。B站使用数据库方式储存弹幕，每个人在发送弹幕时IP与会员ID将会被后台记录，由单条弹幕就可追查出发送该弹幕的会员ID或IP。

在B站首页显眼位置设有"意见建议"与"公告栏"，这有利于解决问题和倾听意见。由于审核快速和把关优秀，善于倾听意见和解决问题，B站受到众多内容创作者（UP主）的青睐。网站会员可以投稿，投稿内容主要以视频为主。投稿后需等待审核，审核通过后才可以被其他会员浏览观看。

4. 视频封禁

发表被禁止的弹幕、留言、图片的视频会员与游客会被封禁ID或IP若干小时至二十年（永久封禁）不等，并在右上角的"本日黑名单"处公示。大多数的封禁是由触发特定正则表达式的程序执行的，所以常有误封的情况，可以在下方的建议和BUG（软件缺陷）汇报处反馈。

常见的触发条件为连续的长串数字，会被认为是QQ群号。弹幕发布过快发布大量重复弹幕刷屏或发布站长不喜欢的关键词也会被封禁。

B站运用了很有趣的网络语言设计宣传口号，不仅简单易记，还很受一些"二次元"的人们的喜爱，抓住了消费者的心理无疑是最大的成功。"基友""笨蛋""你是个好人""干杯"等，这些深入人心的流行语，无疑是最有力的宣传，不用投入前期的宣传成本就可以快速地让消费者记在脑海里，减少宣传成本的同时还提高了网站的热度。

5. 游客权限

2013年5月20日起，游客将无法发送弹幕，但可以通过注册成为注册会员，还可以通过答100道题（需60分以上）或正式会员的邀请码来获得正式会员的权限。

5.3.4 小红书

小红书是一个集社区分享和电商为一体的生活方式平台。用户可以在上面分享购物心得、美妆技巧、旅游攻略等内容，并可以在平台上购买到各种商品，其因独特的社区氛围和内容电商模式，在年轻用户中尤其受欢迎。同时，小红书也吸引了众多知名品牌和网红入驻,他们会在平台上发布最新的产品信息和推广内容,吸引更多用户关注和购买。其受众群体主要是年轻女性,她们注重生活品质,追求时尚潮流,并且乐于分享自己的生活方式。

1. 内容分享

在小红书上,用户可以发布文字、图片、视频等多种形式的笔记,分享自己的购物心得、美妆技巧、旅游攻略等内容。这些笔记可以被其他用户浏览、点赞、评论和分享,形成一个互动交流的社区。

2. 社交功能

用户可以关注自己感兴趣的人或话题,与他们互动交流。小红书的"发现页"会根据用户的兴趣和偏好推荐相关的笔记和商品,让用户发现更多有趣的内容和好物,也实现了用户和用户之间的联结。小红书会定期举办各种线下活动,如美妆课程、旅游体验等,为用户提供更加丰富的生活体验。用户可以通过参加这些活动,结交更多志同道合的朋友,同时也可以在活动中获得更多的灵感和启发。

3. 购物功能

小红书上汇聚了众多知名品牌,用户可以直接在平台上购买各种商品,包括服装、美妆、家居、数码等各个品类。同时,小红书还提供了优惠券、限时折扣等促销活动,让用户享受更多的购物优惠。以体验、分享为内容驱动的特性使得小红书成为一个信息丰富的发现平台。用户能够随时随地浏览和分享,这种"种草"到"拔草"的一站式体验极大地方便了用户。因此,也更容易让客户试购物下单。

小红书作为一个生活方式分享平台,不仅提供了一个内容创作和分享的空间,而且通过电商功能的融合,实现了从内容到消费的闭环,这种模式在当前的互联网电商平台中具有较高的竞争力和用户黏性。

> **议一议:**
> 小红书的用户画像是怎样的?有没有明显的共同属性?

5.4 流量矩阵解析

5.4.1 公域流量

公域流量是指通过一些公共平台或渠道获取的流量,这些平台或渠道并非自己的专有渠道,任何人都可以使用。公共平台或渠道包括但不限于搜索引擎、社交媒体、视频网站、新闻资讯网站、论坛等。相对于付费流量和私域流量，公域流量的获取成本较低，但同时竞争也比较激烈，需要具备一定的营销策略和技能。

1. 公域流量的获取

公域流量获取的方式和方法很多，下面列举几种常见的方式。

① 搜索引擎优化（SEO）：通过对网站的内容和结构进行优化，提高网站在搜索引擎排名中的权重，从而获得更多的自然流量。

② 社交媒体营销：在社交媒体上发布有吸引力的内容，通过社交传播和互动带动流量增长。

③ 内容营销：在各类公共平台上发布优质内容，吸引用户点击和分享，从而扩大品牌曝光度和知名度。

④ 合作推广：与其他品牌、机构或个人合作，在他们的平台上发布广告或宣传内容，扩大自身的曝光度和影响力。

需要注意的是，公域流量具有一定的不稳定性和风险性，需要根据自身情况制定合适的营销策略和计划，同时及时跟进和调整。同时，也要注意遵守法律法规和平台的规则，避免违规行为带来风险和损失。

2. 公域流量的应用

公域流量的应用非常广泛，可以用于个人、企业和组织的营销推广、品牌建设、内容传播等方面。具体的应用场景如下。

① 品牌推广：通过在搜索引擎、社交媒体、视频网站等平台上发布宣传内容和广告，提高品牌的曝光度和知名度。通过吸引更多的用户关注和访问，增加品牌的影响力。

② 内容传播：通过在公共平台上发布优质的内容，吸引用户点击、分享和传播，扩大内容的影响范围。可以是文章、图片、视频等形式的内容，通过吸引用户的注意力，提高内容的传播效果。

③ 产品销售：通过电商平台、社交媒体等渠道发布产品信息和促销活动，吸引用户购买。通过公域流量的引流，提高产品的曝光度和销售量。

④ 用户增长：通过在社交媒体、论坛等平台上与用户互动，提供有价值的信息和服务，吸引用户关注和参与。通过建立良好的用户关系，增加用户的数量和黏性。

⑤ 市场调研：通过在公共平台上进行问卷调查、用户反馈等形式的交互，了解用户需求和市场趋势。通过分析公域流量的数据，进行市场研究和用户行为分析，为产品生产和营销策略提供参考。

需要注意的是，在应用公域流量时，要遵守法律法规和平台的规则，避免违规行为带来的风险。同时，要根据目标受众和实际情况选择合适的公共平台和推广方式，制定有效的营销策略，提高公域流量的转化率和效果。

5.4.2 私域流量

私域流量是指企业或个人通过自己的专有渠道获取的流量,这些渠道通常包括自己的网站、App、微信公众号、小程序等。相对于公域流量和付费流量,私域流量的获取成本较高,但同时也具有稳定性和精准性。

1. 私域流量的获取

私域流量的获取是一个长期而持续的过程,需要通过一系列策略和努力来实现。以下是一些常见的私域流量获取方法。

① 网站建设:建立一个专业的网站,提供有价值的内容和服务,吸引用户访问和留存。优化网站的 SEO(Search Engine Optimization,搜索引擎优化),提高网站在搜索引擎中的排名,增加流量来源。

② 社交媒体运营:创建并运营自己的社交媒体账号,如微信公众号、微博、抖音等,定期发布有趣、实用的内容,与用户互动,吸引用户关注和转发。

③ 邮件营销:通过收集用户的电子邮箱地址,定期发送邮件推送产品信息、优惠活动、最新内容等,保持与用户的联系和互动。

④ 用户注册和会员制度:鼓励用户注册成为会员,提供独家福利和特权,增加用户的黏性和忠诚度。

⑤ 口碑传播和用户推荐:提供优质的产品和服务,通过口碑传播和用户推荐,吸引更多的用户访问和转化。

⑥ 活动和促销:定期举办线上或线下的活动和促销,吸引用户参与和分享,扩大品牌的知名度和影响力。

⑦ 合作与联盟:与相关行业、媒体或其他企业进行合作,共同推广和分享流量,扩大用户群体。

除了上述方法,还可以根据自身的业务特点和目标受众,选择适合的渠道和策略进行私域流量的获取。需要注意的是,私域流量获取的同时也要遵守相关法律法规,注重用户隐私和数据安全。

2. 私域流量的应用

① 品牌建设:通过自己的网站、微信公众号等渠道,提升优质的内容和服务,提升品牌的形象和认知度。通过私域流量的引流,提高品牌的曝光度和关注度。

② 产品销售:通过自己的网站、微信小程序等渠道,直接向用户销售产品。通过建立良好的用户关系和信任度,提高用户的购买意愿和忠诚度。

③ 用户管理:通过自己的 CRM(Custemer Relationship Managcmtnt,客户关系管理系统),管理和维护用户数据库。可以通过用户画像、行为分析等手段,为用户提供更个性化、更精准的服务和推荐。

④ 数据分析：通过私域流量的数据分析，了解用户行为和偏好，为产品和营销策略提供参考。可以通过分析转化率、流失率等指标，优化产品和营销策略。

5.4.3 流量矩阵及其协同效应

1. 流量矩阵的内涵

流量矩阵（flow matrix）就是打造一个引流生态链，让视频、音频、图文、工具、游戏等多元媒介达到最大覆盖面的一种引流模式，是自媒体时代获取流量的最前卫的一种方式。其实简单理解就是流量互通，比如A、B、C三个流量出去后都能达到互通，A的宣传里有B的信息，B的信息里面有C的信息，C的信息里面又有A的信息。流量矩阵中用户流转和流量互通是关键。

2. 流量矩阵的类型

（1）横向流量矩阵

在全媒体平台布局，简单理解就是只要发现有潜力的平台或渠道，就要考虑如何占领该平台或渠道，获取用户流量。具体来说，横向流量矩阵包括在多个平台（如微信公众号、微博、抖音、今日头条等）进行内容的分发，这种操作也可以叫作外矩阵。一般较大企业都会做这样的流量矩阵。此外，横向流量矩阵还可以通过短视频（抖音）平台进行用户流量的获取，通过干货内容与用户互动做个人号运营，再通过微信公众号做内容的沉淀与用户留存，搭建自己的流量池，后续可通过平台、周边、内容等形式变现。

（2）纵向流量矩阵

在某一个特定平台进行纵向布局，是其各个产品线的纵深布局，也可以称为内矩阵。如在微信中，可以开通朋友圈、订阅号和服务号；如运营抖音平台，可以布局视频人设，做矩阵账号（主账号和多个子账号），开直播，投流量广告等。通过纵向矩阵渗透，往往可以在前期积累客户，且这些客户的多点互动黏性更高，在搭建好横向矩阵后进行纵向矩阵拓展深度挖掘，是一种有效手段，多数企业也都会选择横纵结合媒体矩阵布局。

3. 流量矩阵的协同效应

在网络中，不同流量来源和去向之间相互作用产生效应，这种效应可以提高网络的效率和性能，这就是流量矩阵的协同效应。为什么要做流量矩阵？首先是主包流量增长遇到瓶颈，需要拓展其他增长活水；其次，因为细分群体需求差异，需要抢占不同的流量入口；最后，面对其他竞争者的流量争夺，需要完善防守阵营等。

（1）多端流量整合

通过打通多个流量入口，实现多端流量的互补和整合，可以提高整体的流量效率。

（2）发挥搜索流量价值

利用搜索引擎的流量，连接不同的流量场景，为整合营销提供支持，增强流量的商业价值。

（3）拓展全网流量触点

通过与外部平台（如穿山甲）合作，连接并扩展全网的流量触点，实现更广泛的用户覆盖。

（4）智能化营销投放

运用智能化技术进行营销活动投放，提高流量的使用效率和转化效果。

（5）负载均衡路由优化

将流量矩阵作为约束条件，对网络的负载均衡和路由进行优化，实现网络资源的合理分配和利用。

（6）实现流量归因

分析不同渠道的流量贡献度，以及用户如何发现站点的方式，强调用户的获客过程，适用于推广侧重于广告的情况。

流量矩阵发挥协同效应，提高了品牌曝光率，扩大了群体覆盖面，降低获客成本，加强用户黏性。

【案例】

ZAFUL 如何打造自己的私域流量

ZAFUL 作为全球快时尚品牌，已经从"流量收割"进入到精细化"用户运营"模式。在私域流量上形成了自己的一个闭环式的矩阵。虽然这个闭环式的矩阵可能未必是所有的跨境电商企业都能够具备的，但在某些维度却对大家具有一定的参考价值。

首先分析一下 ZAFUL 在私域流量上闭环式的矩阵结构。

第一个模块是品牌官网。国内很多的品牌、制造商也在进行品牌出海的计划，如果是针对这些做直营站或是有自己品牌官网的传统品牌，那他们自己的官方网站就会成为他们私域流量的第一阵地、官方阵地。像 ZAFUL 私域流量的官方阵地，包括 PC 端、App、WAP 端，以及全球 20 多个地区的国家站，这是第一个模块。

第二个模块是客户服务的通道。由于 ZAFUL 是一个自营平台，直接面向海外的 C 端用户，所以 ZAFUL 也会有非常完整的客户服务体系。如邮件、Message 等通道，这构成了 ZAFUL 闭环矩阵中的第二个模块。

第三个模块是社区。ZAFUL 不断孵化和成长起来的一个自有社区叫"Z-Me"，Z-Me 社区上有超过 25 万的活跃用户，56 万条热门帖子，是自生力量极强的 ZAFUL 流量孵化池。ZAFUL 合作的网红不仅在站外渠道，如在他们自己的社交媒体上对 ZAFUL 进行推广和流量的引入，同时也入驻到 Z-Me 社区，把他们的粉丝带入社区，并留存下来，进而转化成 ZAFUL 的粉丝。ZAFUL 和这些网红在 Z-Me 中进行大量的内容制作和分享，包括发布话题、最新潮流款式和时尚趋势，用户在社区里讨论时尚话题、搭配心得、在 ZAFUL 上的购物体验，这些在社区里面的沟通不但非常精准而且效益高。这是 ZAUFL 私域流量的第三个模块。

图 5-1 ZAFUL 的自有社区——Z-Me

在闭环矩阵中还有最后一个模块,那就是 ZAFUL 的外部社交媒体阵地。根据 2019 年的数据,ZAFUL 在 TikTok 拥有 223 万粉丝,在 Facebook 上拥有超过 800 万粉丝,在 Pinterest 和 Twitter 上拥有 10 万粉丝,在 Instagram 上拥有 420 万粉丝。同时,ZAFUL 拥有极为丰富的网红、联盟客等优质流量资源。据悉,ZAFUL 在全球拥有 10 万 + 的网红资源,在网红资源量及结构方面,头部网红占比 20%。网红资源集中于美国、西班牙、意大利,年龄在 18 至 24 岁的居多。

此外,在 2018 年年底,ZAFUL 就启动直播战略布局,在 2019 年第三季度开启了首场直播 ZAFUL live,并交出了漂亮的成绩单,直播的投资回报率远高于传统的广告投放效果,直播期间平台均涌现高于平日 2 倍的流量高峰。

据悉,ZAFUL 的 App 内开辟了直播入口,ZAFUL 的直播实现了三端同步,参考和借鉴了国内直播的优点,在 App 实行推流,更有效地实现流量转化。

这四个模块组合在一起,构成 ZAFUL 私域流量的闭环矩阵。不断地给 ZAFUL 带来新的流量,且这些流量并非是一次性的、短效的流量,而是可以在流量池的闭环中反复流通,尽可能地在这里面互相带来影响。

对于单个用户来说,ZAFUL 的私域流量打造不仅可以提升网站整体的复购率、用户黏性、客单价,同时每个用户本身也可以成为 ZAFUL 口碑宣传的影响者,达成用户裂变的价值。

这个闭环矩阵和 ZAFUL 网红的流量池,相当于是 ZAFUL 引进、留存用户的两个相互结合的工具。其实在 ZAFUL 创建之初,就已经逐步地形成这样的结构,在之后会进一步地清晰,其价值也会越来越凸显。

(资料来源:知乎"环球易购"专栏. https://www.zhihu.com/org/huan-qiu-yi-gou-63,有改动)

练一练：
尝试为一个你感兴趣的品牌打造流量矩阵，谈谈你的设想。

5.4.4 流量沉淀与顾客忠诚

1. 流量沉淀

流量沉淀指通过各种营销渠道获得的流量（访问量或用户访问行为）转化为长期、稳定的用户群体，使这些用户能够有一直使用这个网站或者回访的习惯。而用户沉淀是将潜在顾客转化为实际购买者，并使他们成为品牌的忠实支持者的过程。

2. 沉淀用户的方法

（1）朋友"背书"，借力吸粉

利用社群平台实现口碑传递，发挥 KOL 的作用。比较典型的例子就是拼多多现行的拼团、组团购物。这类社交电商的产品策略是：流量聚集地—吸粉—转移沉淀到自己的社群场景。他们大多是以拼团折扣、拉新奖励分佣、现金奖励等形式，以分享开团页面、参团页面的动作，将用户吸引到自己的社群场景。

（2）搭建企业与用户紧密联系的社区

商家或品牌自己构建用户聚集的社区，最典型的例子是小米。小米的做法简单分为五步：留存用户—激励用户活跃度—"创造"真粉丝—走进用户的需求链—搭建虚拟社区。小米在自己的虚拟社区搭建完成前，做了很多的事。简而言之，就是创造独具特色的"粉丝文化"，线下与线上时常举办类似车友会的活动，以提高用户的参与感与活跃度，获得用户信任，走进用户的需求链，进而契合他们的生活方式，最后将这些粉丝聚集在自己搭建的高黏性的社区中。现在很多企业也都在搭建自己的社区，小米与其他企业最大的不同是，它用"文化"让粉丝聚集在一起，而不是用单纯的"利益"。

（3）用内容吸引粉丝，然后沉淀到自己的社群中

现在所有的自媒体、KOL 或大 V 都是用这种方式实现自己的流量沉淀。通过输出让用户感兴趣的内容，获得关注与点击流量，但存在的痛点是这种流量通常是即时流量，没有输出品牌、价值观，无法与粉丝产生持久的互动。在这个领域做得好的人，会在输出的内容中，加上自己的品牌特色，这种特色不一定多么"高大上"，但一定具有自己的特点，具体可以表现在文案话术、"土味"气息（如快手等短视频），通过输出品牌与价值观，将具有相同价值观的粉丝真正沉淀到社群（主页）中。

无论是哪种做法，将用户沉淀到社群，对企业而言是沉淀流量最简单有效的形式。原因就是，社群能产生很强的互动。社群成员除了购买行为本身，还与品牌有更多的互动关系。因此，品牌应该尽最大的可能把纯粹的消费行为变成强连接的社群成员关系。只有通过这样深度的强互动，品牌才有可能建立自己忠实的消费者群体。也只有这样，

品牌才能真正独立于平台。

3. 顾客忠诚

沉淀流量并提高顾客忠诚度,是企业实现盈利的根本。在完成引流、沉淀的基础上,需要企业通过社交媒体、品牌 App、会员系统等渠道,与消费者建立更直接的联系,提供个性化的优质服务和内容,从而增强用户的黏性和忠诚度。

(1) 提供优质服务

确保产品和服务的质量能够满足甚至超过顾客的期望,这是建立顾客忠诚度的基础。同时,通过优质的客户服务来解决用户的问题和疑虑,可以增加用户的信任感。

(2) 增加用户参与感

鼓励用户参与到品牌活动如产品反馈、社区讨论等中来,可以提高用户的参与感和归属感。用户的积极参与有助于形成良好的口碑,进而吸引更多的新用户。

(3) 实施个性化营销

利用数据分析工具来了解顾客的喜好和行为模式,然后提供定制化的产品推荐和服务,可以有效提升用户体验,增加复购率。

(4) 构建流量闭环

通过线上线下的结合,打造无缝的购物体验,可以增强顾客的品牌认可度和忠诚度。例如,线下活动可以引导顾客关注线上平台,而线上的互动又可以促进线下的消费。

(5) 兑现承诺和分享机制

确保品牌承诺的服务质量和用户体验得到兑现,这样可以加深消费者对品牌的信任。同时,消费者的好评、点赞及分享可以作为裂变引擎,吸引更多的潜在顾客。

(6) 持续的优化和创新

随着市场的变化和消费者需求的升级,品牌需要不断地优化产品和服务,创新营销策略,以适应市场的变化,保持竞争力。

通过积分、优惠券、会员特权等奖励机制,激励顾客进行二次购买和推荐新顾客,这些都是提高顾客忠诚度的有效手段。维护好现有顾客关系,对于已经形成的忠实顾客群体,品牌需要通过定期的沟通和关怀,维护好这些关系,防止顾客流失。通过上述方法,品牌不仅能够有效地将流量转化为实际的销售,还能够建立起顾客的长期忠诚度,为企业的持续发展提供支持。

中 篇
直播电商实务

第6章 直播电商定位

直播电商是主播（网红、达人、明星等）通过互联网平台使用直播技术进行商品展示和试用、咨询答复、导购的一种新型销售方式。直播电商是直播与电商的结合，它具有强有力的经济赋能作用，展现新经济特征。相对于传统电商而言，直播电商允许在线观看者和主播进行实时互动，从而有助于观看者更好地了解商品；它不仅丰富了消费者购物的渠道，同时也提升了消费者的购物体验。从本质来看，直播电商围绕"人、货、场"核心要素重构，优化"成本、效率、体验"系统目标，总体上是在技术赋能和消费升级背景下，融购物需求与情感需求于一体，建构"货到人"沉浸式商业场景，满足消费者购物、娱乐、社交多维一体需求。从行为逻辑上来看，直播电商以触发消费者购买为目标进行场景构建，直接或间接优化了福格行为模型中的能力、动机、触发点三要素的条件，同时缩短消费者决策链路，有效挖掘显性和隐性需求。从产业逻辑上来看，直播电商有效链接供应端与消费者从而缩短供应链路，同时精准匹配供需，助力客对商（C2B）、消费直连制造（C2M）产业链路建构，可有效解决传统电商商家、平台、消费者的诸多痛点。从趋势来看，直播货品无边界化、直播场景向全渠道渗透、头部主播品牌溢出、供应链多元塑造、行业竞争加剧、行业监管加强等趋势明显。随着行业规范化程度的不断提高，直播电商对产业变革、经济赋能以及社会影响效应还将不断增强。

6.1 直播电商的本质——"人、货、场"的精准匹配

零售是指直接将商品或服务销售给个人消费者或最终消费者的商业活动，是商品或服务从流通领域进入消费领域的最后环节。零售的特点在于：直接为消费者服务、每笔交易数量小、交易次数频繁、经营的产品品种多等。零售活动与消费者（人）、交易便利性（场）、交易产品（货）密切相关（图6-1）。在互联网和大数据不断发展的今天，"新零售"的概念中增加了线上线下结合的体验，互联网和大数据的技术运用，优化了

生产流通销售的各个环节，但我们依然可以发现，"人、货、场"的核心要素并没有改变。

直播电商是电商与直播的结合，是电视购物与电子商务在新媒介技术下演变融合的结果。从零售组织形式来看，所有零售模式均是围绕"人（Consumer）、货（Goods）、场（Shop）"核心要素进行组织的过程（图6-2）；从零售系统塑造目标来看，一切模式均离不开"成本（Cost）、效率（Efficiency）、体验（Experience）"的优化追求。由此，零售模式的变革实质上是基于"人、货、场"（CGS）核心要素变革追求"成本、效率、体验"（CEE）优化的结果。带货的本质是"人、货、场"的精准匹配。

图6-1　人、货、场三要素

图6-2　"人、货、场"的匹配转变

6.1.1　"人"是直播电商要素组织的核心

直播电商"以人为中心"的特征十分明显，"人"的要素组织包含主播和消费者两层含义，前者是纽带，后者是导向。从主播来看，主播相当于线下导购的线上化，是链接消费者与货的基础，主播形象化展示和生动化讲解商品，辅之提问互动，营造强陪伴性、强互动性、高客户黏性的链接机制，由此兼具传统电商和电商购物的优点使得链接更有效率。同时明星主播效应、总裁及官员身份效应等不但能为产品质量"背书"，还能起到产品品牌塑造和宣传效应，总体上有效融合消费者的娱乐社交诉求。从消费者来看，直播电商的全方位商品展示辅之即时互动，可有效解决信息不对称问题，直播间选品优化不但降低了消费者的搜索成本，还能持续迭代有效反馈和满足消费诉求，同时沉浸式购物场景的营造可有效满足消费者对购物、社交、娱乐的多维需求。

传统电商的兴起是对线下零售的一次革命，从根本上提升整个零售行业的效率，而直播电商的高交互性，让消费者重拾缺失的购物乐趣。传统电商的优势主要在其成熟的供应链、物流、服务体系等深厚的基础设施及平台体验，而直播电商则在获客成本、客户转化方面表现更加突出，在互补余缺、共享资源的"竞合"关系下，就能够产生

"1+1＞2"的效果，还可以一同创造出新商业模式，开发出新的市场。抓住"人"的要素，就是针对消费者精准服务，深化私域用户运营，进一步增强与用户的沟通链接，建立社群营销服务平台，增强用户黏性，提高复购率。

新媒体电商的时代，消费更加注重个性化、情感化和社交化，"冷冰冰"的标准化的产品逐步被"有温度"的订制化的"非准"产品所替代。零售直播企业核心竞争力是打造极致的用户体验，让消费者为体验买单，绞尽脑汁想获取更多的消费大数据，以便深入窥探消费者的内心，以提供可以让其拍案叫绝、从内心认同点赞并愿意买单的体验。因此，针对直播电商的体系，带动消费者体验的主播是"人"的影响力的集中体现，在新的场域中构建"货到人"渠道，是消费者从被动式购物变为互动式体验，对用户进行全面"种草"和"收割"，提高流程转化率的重要手段。"人"是直播的核心，主播包括普通人、网红、KOL、明星、专家、品牌运营导购等，MCN（指对内容创作者进行集中管理、打造和营销的网络公司）机构在围绕消费者需求和体验开展直播的过程中，要注重主播的选择和培育，消费者在直播间的互动、信赖感、消费力来自对主播的认可。

【案例】

直播带货，知识输出凭才华爆红
——东方甄选董宇辉

直播火了，不少人乘势起飞，抓住机会，找到"事业第二春"。"撞脸兵马俑"的董宇辉就是其中一员。他能让当年一上英语课就犯困的你，如今准时到直播间打卡，一边全神贯注地听课，一边心甘情愿地买单。董宇辉何许人也？他的"破圈之路"或许不可复制，但一定有借鉴之处。董宇辉凭借丰富的知识积累和出众的表达火到"出圈"。

冲动消费不可取。但看到这里，即便你没有进过直播间，不认识董宇辉，也多少能够明白在当下"直播带货"已经"卷"到不行的时候，董宇辉为何能行。想要快速了解一个人，通常是看他身上的标签。董宇辉上一次被众人熟知，是作为新东方英语名师。他出身陕西农村，就读于西安外国语大学，2015年毕业时，曾面对保研和年薪20万的工作，难以抉择。父亲问他："如果你造了一个很好的汽车，或是很贵的手表，然后把它们卖给很富有的人，这对社会五年到十年后的发展有什么价值或贡献？"一语点醒梦中人，董宇辉意识到能够影响、改变和成就人的工作是最有价值的，便决定去做教育。他放弃了3个offer，并从1 000多人的面试中脱颖而出，加入西安新东方。2016年，董宇辉当选（新东方）当时最年轻的英语教研主管。2019年，加入新东方在线教授网课。董宇辉在西安的工作间内，书柜上摆满了书。他总能出口成章，课堂上金句不断，在业内小有名气。董宇辉曾在一场演讲中说："当你背单词时，阿拉斯加的鳕鱼正跃出水面；当你算数学时，南太平洋的海鸥正掠过海岸；当你晚自习时，地球的极圈正五彩斑斓。"有学生评价他总能给人带来希望。

"终于看到高级知识分子闯入直播带货领域了，这才是直播变革的开始。"东方甄选抖音号下的这条评论，收获很多点赞。如今，董宇辉微博账号认证是"东方甄选销售员"。29岁的他转型成为直播电商领域的新晋网红。

"这个牛排的口感，第一个叫作 juicy，多汁的；你的牙齿咬到它时的感觉是 tender，嫩的，我们一般说一个东西嫩，还可以说 delicate……"董宇辉一边卖牛排，一边教英文，从杜甫、苏东坡谈到尼采、黑格尔、苏格拉底、莎士比亚……他用发音标准的英文介绍牛排，也能随口用"美好得就如山泉，就如明月，就如穿过峡谷的风，就如仲夏夜的梦"来形容商品；他介绍铁锅，"是妈妈的手，是父亲忧愁的面容，是老人盼游子回家的心"。他说火腿，"是风的味道，是盐的味道，是大自然的魔法和时光腌制而成"。

董宇辉凭实力火了，凭才华重回聚光灯下。数据显示，东方甄选直播间2022年6月10日晚间直播，峰值人数达到10.8万人，直播商品数共125件，直播销量19.8万件，直播销售总额达到1534.3万元，相较首播成绩翻了近三倍。几天时间内，东方甄选抖音号粉丝数量就飙升至659.4万。"昨晚10.8万人在我的直播间里，听我讲书，几万册图书迅速售空。作为一名曾经的老师和现在的网络销售员，传递知识，让人喜欢阅读，最终热爱生活，这是我的福气、荣幸和使命。"董宇辉2022年6月13日发微博，表示兴奋、激动。他接受媒体采访称，自己当初转型主播也遭遇到很多痛苦，但是随着时间推移，观众逐渐接受和喜欢上了他的主播风格。走红后，生活没有发生什么变化，除了走在马路上会被人要求合影，手机里的消息再也回复不完了。董宇辉提到，目前计划继续深化自己的主播专业能力，未来也可能考虑去山村支教。

（资料来源：杨欢. 能当老师能卖菜，"再就业"他凭才华让百万人买单 [N/OL]. 新民晚报，2022-06-14. https://news.xinmin.cn/2022/06/14/32184685.html，有改动）

6.1.2 "货"是直播电商要素组织的基础

"货"，通常我们理解为直播间售卖的商品，一般分为引流款、利润款、对比款等，以及专属货品的组合。"货"可以称为直播间的中枢，直播带货一般需要依靠货品的突出品质（如品牌保障、价格低廉、产地直销）来吸引流量、促进消费。直播电商在货物的选品和供应链路上较之于传统电商和电视购物具有独特的优势，"货"的关键要素如图6-3所示。

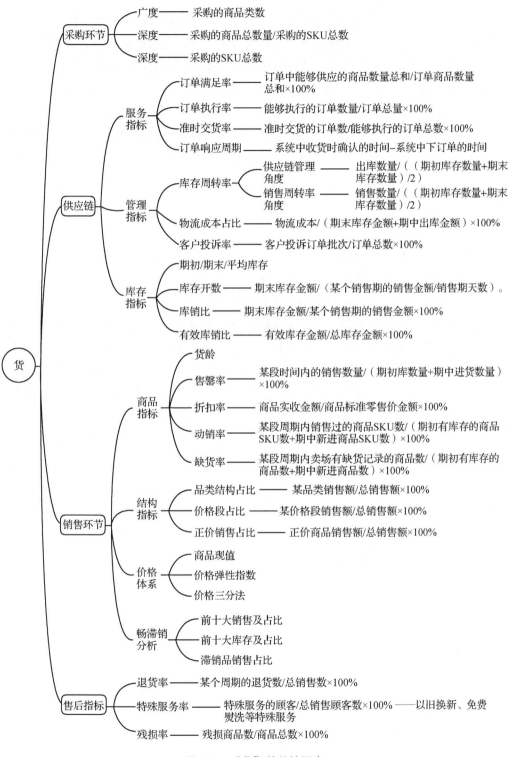

图 6-3 "货"的关键要素

1. 从货物选品来看

一方面，虽然直播电商的货物品类受到一定限制，但随着行业不断进化，其品类扩展的潜力巨大，尤其直播链接电商平台甚至可以实现平台商家和商品的全面直播化，产销高效协同。而消费市场个性化需求的发展催生了商品快速迭代的要求，直播电商的供应链速度明显高于常规零售。另一方面，私域流量和粉丝效应能有效促进订制化选品，非标供给凸显会员服务价值，细分市场的服务导向使得"选品"变成了"创品"。以食品为例，在线下主食、零食分群品类根据不同人群的功能性追求被进一步外延出新的品类，如预制菜、减脂代餐、养生小食等。针对特定粉丝群体、新的生活方式群体、消费偏好人群，通过意见领袖影响、社群传播，围绕品类展开话题，打造了众多直播电商细分类目中的爆品。

2. 从供应链路来看

产地直播、厂商直播等有效打通消费者与供应端链路，不但缩减流通成本，而且助力需求主导供应链，实现供需精准高效匹配，促使供应链和产业链向 C2B、C2M 链路进阶。这一点考验的是电商体系供应链整体的承接能力，货源、库存、物流、售后缺一不可。直播带货一个爆品的成功，对商家来说极具示范效应，这对倒逼其拥有强大的供应链能力起到了很好的助推作用。企业从研发设计（D）开始构思产品，经过制造（M）、供应链（S）、大小商家（Bb），到达消费者（C）手中，这是整个商品的供应链条。按照微笑曲线（图6-4）的提示，价值的高点在于产业链条的两端，附加值左端的 D 创造价值，右端的 S、Bb、C 传递价值，直播电商归属新形态的渠道右端，创利的关键在于提高供应链效率，核心的策略是短路经济模式，以此降低交易成本。为了避免传统的"经验供货"造成的库存积压等问题，提升流通效率、降低库存成本是直播零售的重点。因此，直播爆品的打造，对于生产商而言是出货走量的巨大推动力，对于供应链上产品品牌的塑造和传播，起到了至关重要的作用。

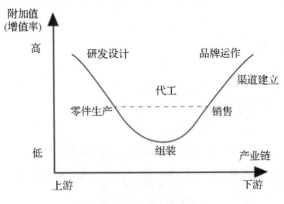

图6-4 产业微笑曲线

6.1.3 "场"是直播电商要素组织的关键

"场"是连接供需双方、买卖双方的场域,实现消费者和生产者的交换。各种零售形式的变革都是为了给用户更新搜寻、挑选、比较的场景,从而满足他们的各种消费需求乃至精神层面的需求。超市的兴起满足了顾客购物便利、随选随买、集中采购的需求;电商的出现节约了消费者信息搜集时间,满足了消费者的足不出户的便捷体验;社交电商的流行满足了消费者购物分享、自我定义、人际交流的需要。直播电商的"场"是直播销售中连接主播、商品、消费者的实时场景和平台,在线上、线下协同、场景化等方面体现出较之于传统电商和电视购物的独特优势。

直播电商是线下场在线上的形象化展示,线下场为线上提供基础场景要素,而线上场直播展示则能够弥补线下场的时间和空间限制,为线下场起到导流和拓展作用,如实体店铺直播有效协同线上、线下元素,产地直播则赋予产地零售场的作用。此外,直播电商拓展了"新零售"线上、线下协同的逻辑,助力"新零售"的发展,进而赋能本地生活服务。从场景化来看,直播电商兼具电视购物和实体零售场景的双重优势,使得虚拟与实体有效结合,将情感元素有效融入购物场,使其成为消费者能够感知到温度的场。从"信息在线"到"生活上线",市场环境发生巨变,营销进入激变期;在流量为王的时代,效果广告的投放超过品牌广告的投放。各种新营销也不断涌现:内容营销、社群营销、娱乐营销、直播营销、短视频营销、大数据营销、微营销、淘营销、轻营销,市场营销在电商直播平台的场域下有了更精准的要求。

总体来看,"人、货、场"三要素是不可分割的组成部分,直播电商以消费者为中心、以主播为纽带、以货为基础,构建起精准挖掘消费诉求的"货到人"场景,驱动高效精准供需匹配链路的形成(图 6-5)。

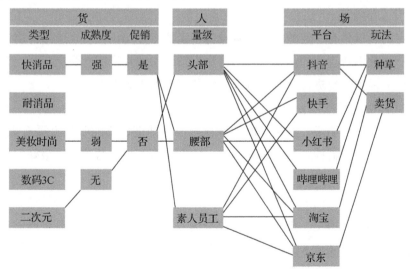

图 6-5 人、货、场的匹配

> 议一议：
>
> 当下顾客的消费行为发生了哪些变化？电商直播的"人、货、场"匹配相较传统营销有何差别？

6.2 直播电商的定位

如果把直播定位为一种现场销售方式，那我们如何选择主播？

如果把直播定位为一款产品推销，那我们如何去提炼要素推荐？

如果把直播定位为一种推广渠道，那我们如何去深化扩容？

6.2.1 主播定位

一场成功的直播实际上是一项系统工程。直播电商的实时性、真实性和直观性的特点，决定了我们在直播过程中需要快速且精准地向用户传递信息并进行实时互动。其中，主播是直播电商中的"品—消"接口，线上、线下人机互联的窗口，在直播营销中除了直接承担讲解、解说、展示、比较等现场销售的任务，还兼具传统营销中的品牌推广、产品广告、推销、客服、客户维护、POP等功能。这就决定了电商直播中主播的重要作用，主播需要充分理解企业的商业逻辑与商业行为，基于专业化知识，针对消费者痛点与痒点进行引导，并借助真实评价、反馈与互动交流提供购买建议，从而促成消费转化。

1. 主播的分类选择

（1）专家学者型

在特定的领域具有一定的权威，有较为丰富的专业知识，可以进行持续的行业信息输出，能够强化消费者认知。如罗翔的普法直播，粉丝量稳定，受众广泛。目前很多介入电商直播的博主，也进行了职业认证，定位于专家学者的人设。

（2）文体明星类

文艺明星、体育明星、演员、歌手等社会面认知度较高的明星直播有天然的流量，能够吸引固有的粉丝群体，结合演播剧集、体育赛事等事件营销，有很好的传播效果。

（3）网红达人型

网红一般给外界鲜明的印象和独特的人格魅力，通常专注于某一领域，呈现其吸引人群的特质。如旅行博主、美妆博主、健身达人、育儿达人等。也有早期的自媒体营销号的转型，通过原有领域KOL传递周边产品、相关产品的信息，如常青藤爸爸的教育产品直播、科普教育公众号等。

(4)业内人员类

各个行业的直接从业人员进行企业产品的宣传和销售直播。有不少企业老总直接直播卖货,依靠自身知名度、熟悉产品、掌握权限,消费者对企业负责人的信任度更高,如格力的董明珠自带流量,有企业家的光环加持;俞敏洪创立东方甄选品牌。在文化艺术品、服装服饰类产品直播中,由企业设计师作为主播,面向的受众主要是追求品质的用户或者忠诚顾客。

(5)品牌代理类

专业的 MCN 机构(图 6-6)组织职业主播为各类品牌提供直播代理运营服务,主播基本属于专业从事直播业务的工作人员,根据产品类别差异,有不同的风格匹配,大部分都是从素人开始培养的。如鲲驰的品牌代运营、无忧传媒的娱乐直播等。

图 6-6 部分 MCN 机构

2. 主播的能力要求

电商直播的主播可以有不同的风格,但必须具备电商营销的基本素养和能力,适应商业发展要求。

① 流量的承接能力直接决定了直播的受众数量和持久表现,这是主播专业能力的呈现,能够明晰品牌定位及其粉丝群体定位,将账号已有粉丝流量转化为消费用户。

② 卖点提炼的能力,能够在全面了解产品信息的基础上,挖掘卖点、设计推荐要素并能概括输出,激发客户的内在需求,细化购买动机。

③ 形象管理的能力,能够按照品牌输出的要求,打造一致良好的个人形象,形成一定的风格,展现个人魅力和产品魅力。

④ 表达感染的能力,有较好的语言表达能力、肢体表现、情绪表达能力,能够调动现场气氛,感染观众,与顾客进行适度的互动。

⑤ 直播控场能力,能够整体把握一场直播的节奏,话题展开程度得当,话术运用合理,能够与他人进行良好的合作,具备突发情况的应变能力。

⑥ 心理抗压能力，能够坚持长时间的直播，具备足够的耐心和恒心，意志力强，适应非常规的作息排班，保持镜头前的情绪，顺利完成直播。

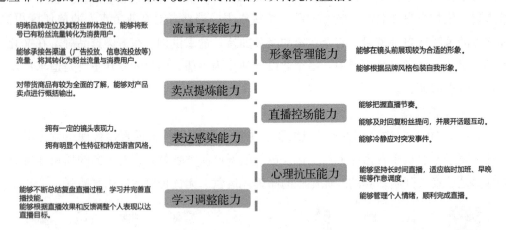

图 6-7　主播的能力要求

3. 主播的人设打造

主播的人设，即消费者对主播的整体印象，打造鲜明的主播人设有利于快速建立品牌认知、塑造品牌形象，在提升个人影响力的同时为产品销售带来流量。良好的人设定位具备三大作用。

① 提高个人品牌的知名度和认知度。

② 节约品牌推广的时间成本和经济成本。

③ 吸引特定人群并保持顾客的忠诚度，实现高效率的转化。

具体的设定要围绕品牌、产品、顾客进行，选择最适合的所推荐商品的消费者群体，并完成消费者画像。在这个过程中，企业需要解决相关问题，即：哪些人是我们的直播对象，哪些人参与购买，他们需要买什么，为什么买，如何购买，何时购买等问题。这有助于了解消费者的行为特点，帮助主播完成人设打造（图6-8），设定2~3个人设标签，做出更有效的直播行为。"直播+电商"时代，先社交再卖货，主播符合目标人群画像，用户对主播产生强烈的记忆点，意味着和用户更有共鸣。

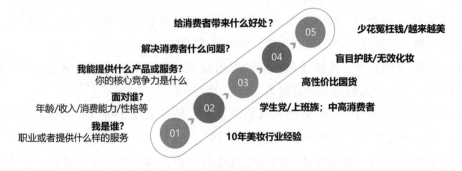

图 6-8　美妆国货产品主播的人设打造

4. 主播的匹配

涉及具体品牌系列产品的直播（图6-9），可以选择不同的主播或合理的搭配来达到最大的品牌效应，可以从以下三个方面来衡量主播与产品、品牌方需求之间的匹配度。

① 品牌符合度，包括客户画像与主播人设的一致性、主播形象与产品形象的相容度、主播专业度和品牌商业价值匹配性。

② 带货能力，重点考察粉丝数量、活跃度、直播数据、点击率、销量等。

③ 整体性价比，主要考虑直播的实际转化率、投入产出比、垂直影响力等。

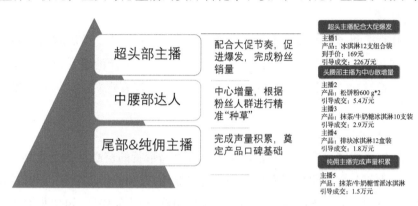

图6-9 某零食品牌直播的主播匹配案例

> **议一议：**
> 主播有何不同？你会选择哪个主播的推荐产品？为什么？

6.2.2 货品定位

内容为王的时代，电商直播要关注的就是推荐货品的本身，货品的定位、展示、策划、活动、价格决定了购买流通的闭环，最终实现销售循环：拉新、活跃、留存、转化、传播。

1. 直播货品的结构类型

和传统营销的产品线设置一样，直播间也应围绕产品结构做好策划，通过不同的产品组合设计，吸引顾客、留住顾客，实现顾客分群和客单增长。无论是全品类直播间还是垂类直播间，按照商品在直播间发挥的作用，一般会分为三类：引流款、利润款和形象对比款，其中福利引流款常用来增加直播人气和销量数据；利润款是直播销售为企业盈利的主力阵地；对比款更多地用来作为品牌形象的展示。

（1）引流款

顾名思义，引流款的作用是为直播间引流，也常被称为"福利款"或者"宠粉款"。常见于直播开始前20分钟的热场活动，以及配合直播期间的信息流（feed流）投放。一般来说，从消费者的角度，这些商品都具有超高性价比，并常常是成本价或低于成本价销售；通过低价高质以回馈客户的方式来增加直播人气。

（2）利润款

利润款，即直播"日常款"，一般是品质较高，或者产品卖点上有自己的独特之处，能够突出品牌形象或者本身属于口碑较好、众人追捧的产品，并且用户对这类商品的价格敏感度不高；这些商品作为直播间主打款，一般讲解频次或讲解时长较高，也是企业通过直播获利的主要工具。

（3）对比款

用来提升直播间形象的高价产品（"形象款""高标款""镇店款"），或是衬托其他产品的"炮灰款""对比款"。前者，通过形象烘托，提升消费者对于直播系列产品品质感受，后者对标"爆款""利润款"的性价比，通过直观对比，调整直播观众的购买节奏。

2. 不同定位的商品配比

直播间的销售成绩和选品策略密切相关，而直播带货的核心目标是盈利。在传统的带货直播中，大部分直播间主要通过价格优势刺激用户进行冲动消费，但长此以往会降低商家的获利空间。而用不同定位商品进行配比组合（图6-10），可以更好地利用价格差异调动观众情绪，提高直播间人气。为了整场直播的盈利，需要适当增加高利润商品的配比。

货品结构调整优化的八大要素

(1) 市调同类目竞争对手
(2) 分析市调结果：价格带、商品数、结构层次等
(3) 对比现有结构：找出差距和问题
(4) 设定分类指标
(5) 及时引进新品、调整旧品
(6) 按照新结构调整陈列
(7) 举一反三调整其他品类商品和陈列
(8) 对比调整前后评估新的商品结构

图6-10 货品结构调整优化的八大要素

根据数据统计，大多直播间通常都会设置2~5个引流款用来调动直播间气氛，但不同类型直播间的引流款价格也不同。比如明星或头部主播常用1元或9.9元的秒杀单品进行暖场，垂类直播间则常用主营周边的低价单品引导用户关注直播间。利润款则是一场直播的主角，是主要的销售对象，在直播间氛围良好的时候切入，趁热打铁，更容易成交转化。其直播占比应在七成左右，应该分品分类、循序渐进地进行介绍并制造话题关联度，吸引消费者注意力，提升介入程度。这类产品也要预留一定的折扣空间

(5%~20%),以顺应推广时平台推出的折扣活动,方便赶上直播平台的流量高峰。而对比款的产品选择不宜过多,尽量控制在 10% 以内,树立标杆、见缝插针,在利润款系列产品转承时插入介绍或者挂屏展示,起到烘托、陪衬、对比的作用,也让跟随主播持续关注的客户有休整和递进购买的时间,整体比例分配如图 6-11 所示。

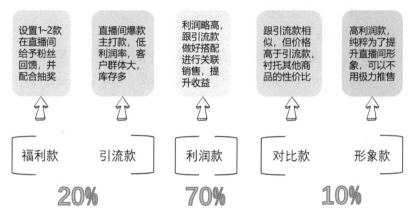

图 6-11　不同类型直播货品的配比

3. 直播选品的定位表达

一款好的产品是能够满足用户需求的,同时又能够为企业带来一定利润价值或者品牌价值。选品决定了产品直播的内容,也决定了吸引的客户群体和层次。

(1)跟进消费趋势

每一类产品在消费浪潮中都会迭代更新,需要把握流行趋势,可以通过数据分析(阿里指数、抖音后台等)选取平台热销的类似产品,通过后台的关键词分析筛选出客户热搜词汇,查找行业热销商品的属性。表 6-1 以女装中的打底裤这个品类为例,根据搜索量和销售量,归纳出消费者青睐的产品属性,作为直播商品选择的依据。

表 6-1　女装打底裤商品属性热搜调查示例

款型	功能特点	长度	厚度	面料	风格	价格区间/元
铅笔裤	修身	九分	普通	全棉	日系	49~79
靴裤	显瘦	八分	超薄	德绒	韩版	9.9~29.9
安全裤	透气	七分	加厚	莫代尔	休闲	169~199
小脚裤	提臀	五分	加绒	美雅碧	欧美	99~128
压力裤	保暖	三分	抓绒	热特姆	简约	
瑜伽裤	防走光	踩脚		冰丝	空姐	
鲨鱼裤	高弹	连袜		天丝	运动	
	裸感			桑蚕丝	加拿大	
	高腰					

(2) 挖掘自身优势

确认直播商品后，分析竞品、热销品、爆品的商品属性和口碑卖点，筛选匹配自身商品的有利特点，针对细分人群的功能诉求进行差异化营销。消费者对防晒霜的功效要求以提亮肤色、保湿、补水为主，但近年来年控油和舒缓肌肤成为新的消费者诉求增长点，需要在产品直播中注重输出相关概念。

(3) 创造直播讨论话题

在明确了产品定位的基础上，要善于架起与消费者直接对话的桥梁，增进消费者在直播间的参与度，从而提高介入程度，形成购买。针对选品，确认定位关键词、讨论主题词，联想工作、生活、社交场景，引申话题，拓展产品使用空间，增强用户与产品的关联度。

6.2.3 客群定位

直播的客群定位，对应着传统营销中的细分市场定位，即 STP 策略：市场细分（Market Segmenting）、目标市场（Market Targeting）、市场定位（Market Positioning）。通过市场调研，依据消费者的需要和欲望、购买行为和购买习惯等方面的差异，把某一产品的市场整体划分为若干消费者群，选择目标市场，明确企业应为哪一类顾客服务，满足他们的哪一种需求，进而针对潜在顾客的心理进行营销设计，创立产品、品牌或企业在目标顾客心目中的某种形象或某种个性特征，保留深刻的印象和独特的位置，从而取得竞争优势。

直播电商的消费者，必然都有一定的共性，这时商家需要结合大数据来分析定位。可以把带有相同标签的消费者集中在同一个社群，然后针对性地进行产品促销，为产品塑造强有力的、与众不同的鲜明个性，并将其形象生动地传递给顾客，求得顾客认同。一项产品是多个因素的综合反映，包括性能、构造、成分、包装、形状、质量等，直播需要根据客群的特点，强化或放大某些产品因素，从而形成与众不同的独特形象，迎合特定群体的需要，使本直播间与其他企业严格区分开来，使顾客明显感觉和认识到这种差别，从而在顾客心目中占据特殊的位置。

1. 客群分类

深入调研消费者，分析消费者的基本参数，如性别、年龄、职业、收入水平、地理位置等，完成消费细分，目的就在于挑选合适的直播对象，以使直播有的放矢。

传统的市场细分可以根据地理因素、人口统计特征、心理因素、行为因素来进行，随着互联网消费人群主体的改变和我国国民人均可支配收入的进一步提升，越来越多的中国家庭热衷于消费，中等收入阶层人群逐步壮大，高购买力人群及潮流人群对消费产生双向驱动，带动消费升级变革。在直播领域，基于线上消费特点，影响客户分群的主要因素可以从社会属性、生活习惯和消费行为三个方面分类（图 6-12），并进一步构建用户画像。

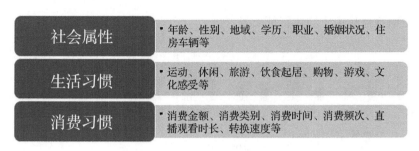

图 6-12 客群分类属性

目前在直播零售领域，根据先行消费数据和分类指标，各个平台把直播受众划分为通行的八个大类（阿里巴巴在 2019 年提出），即小镇青年、小镇中老年、"Z 世代"、精致妈妈、资深中产、"都市银发"、都市蓝领、新锐白领，如图 6-13 所示，其消费具有明显的标签特征。

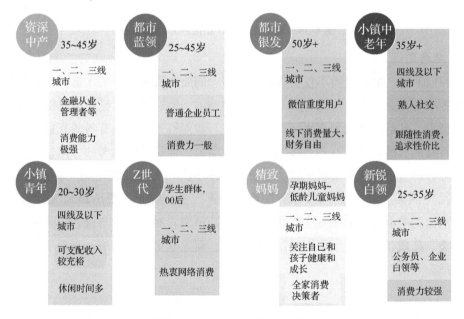

图 6-13 八类直播受众用户画像

2. 客群选择

在客群分类的基础上，选择最合适的所推荐商品的消费者群体，并进一步细化用户画像。可以借助信息系统、数据平台进行数据收集、处理、分析，针对消费者的特征和需求痛点，有效构建直播的看点、直播商品的卖点，提高直播的商业价值。

如图 6-14 所示，以鲲驰集团代运营的 P 产品为例，核心高价值人群为新锐白领与精致妈妈，但这两个群体的拉新增速放缓，需要关注新增消费群。新会员呈年轻化，结合地域表现，以广东地区和江浙沪地区为显著增量带，该区域的小镇青年群体可以设为重点培养的客群。但要将潜在消费者转为高价值人群需要进一步营销承接，直播的筹划定位可以更精确地从这个群体特征出发。

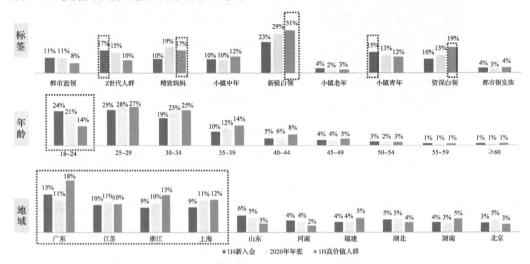

图 6-14　鲲驰集团 P 产品用户分群表现

3. 市场定位

就目前而言，电商直播不仅头部效应强烈，同质化现象也非常严重，多数直播间的定位都围绕着专业性、性价比、货品丰富等关键词，但这些显然已经很难使其在竞争者中脱颖而出，甚至应该成为直播间的标配属性。如何打造有趣、有料的直播内容，建立直播间特有的直播调性，打造直播间的核心竞争力，才是需要思考的方向，这就需要围绕着目标客群进行精准的市场定位。消费者正逐步从"买便宜的"到"买优质的"、从买"商品"到买"服务"、从"私有"到"共享"进行转变（图 6-15），这场消费升级背后呈现出的是消费需求细分多元化的特征，而消费者对于品质与服务的关注提升，还带来品类、品质和体验三大层面的结构性变化，而这正是当下品牌和直播平台面临的机遇与挑战。

图 6-15　购物诉求的变化

例如，某品牌奶粉的直播海报和关键标语突出了安全、营养、信任的主题，这是根据新手妈妈群体的主要消费需求量身定做的。经历了三鹿奶粉掺假和进口奶差别供应、断链问题，目标客群的核心诉求被描述成了产品卖点，定位精准，吸引消费。

直播电商企业拥有了清晰的市场定位和商业逻辑后，还需要对其形象及特征进行持续塑造，培养与确认消费者的心理认知，持续强化消费者的认可、支持和偏爱。尤其需要考虑直播主题词、关键词与目标客群的深度匹配。

> **练一练：**
> 尝试为以下商品设定市场方向和客群，确定关键词标语。
> 洗发水、口红、手机、方便面、盲盒。

6.2.4 场景定位

2021年8月，淘宝将口号变为"太好逛了吧"，引起诸多热议。它开启了线上购物平台的场景化转型，从消费者只在有东西想买的时候才会打开淘宝，变成有内容可以逛，逛着逛着便产生消费的逛买空间。直播带货的场景感更强，需要为消费者打造购买、社交、决策的消费娱乐空间。直播的场景从理论上来说比较灵活，可以选择门店、办公室、工厂、风景区，甚至街角路边等。对于头部主播，直播场地的选择无足轻重，因为本身的带货能力就足够强，不必担心场地的变换给消费者带来不适。对于非头部主播而言，以产品和内容作为输出主项的直播，场地选择就很重要，架设专业设备的固定直播间会显得更为专业，消费者的信赖度也会提高；但涉及一些农产品或者海鲜等，主播到原产地做直播，效果又会显著提升。通过直播形式向顾客展示商品，场景的设计、装饰和产品的展示空间要布局合理，让顾客在直播间能更直观地了解需求的商品。表6-2为直播场景与传统场的对比分析。

表6-2 直播场景与传统场景对比

分类	线下门店	线上网店	直播电商
模式描述	传统的销售模式	线下门店的线上映射	线下销售的线上映射
	有推销员	无推销员	有推销员
	有地缘限制	基本无地缘限制	基本无地缘限制
逛店方式	线下实体店逛	线上网店逛	线上直播间逛
	有店员接待	无店员接待	有主播互动
用户选择商品方式	主动寻找+被动推荐	主动寻找	被动推荐
人员推销方式	推销员一对一推销	无	主播一对多推销
店铺服务用户量	根据店铺空间大小	海量用户	海量用户
	往返时间成本		
用户离店压力	推销员挽留	无	无
用户比价方式	推销员介绍+线下门店比价（成本高）	主流平台比价（成本低）	主播介绍+主流平台比价（成本低）

1. 供应源头场景

在供应链源头的产地、工厂直播，追溯产品源，能够让客户直接体验生产制造过程，身临其境从而获得直接体验感，更容易建立对产品的信任感。近年来，在淘宝和抖音美食直播领域，出海捕捞、深山采蜜、水果蔬菜现摘现卖、养殖基地在线挑选等方式受到消费者青睐，成为热门的直播场景设定。

以农产品产地直播为例，主播或者农户直接在田头地间、仓库、制作现场向客户介绍产品，展示种植、采摘、制作、分拣、打包、装车等系列工作，真实场景提高客户介入程度和熟悉感，更容易打动消费者购买。通常主播能应客户要求进行各种专业展示和背景展现，对直播观众提出的"收到货后如何保存""什么时候生产的""保质期多久""运输方式和保证"等问题能够进行现场解答和展示，实时互动，所见即所得，避免了夸大宣传、假冒仿品等直播痛点。

2. 品牌场景

以确定的品牌作为直播主题，围绕系列产品进行专题推送，是现在知名品牌主流采用的直播方式。品牌建设是一个漫长的过程，这个阶段的商家广告投入，企业文化塑造，品牌竞争力分析，都将对品牌的成长起到关键作用。传统营销中的媒体广告、品牌专卖店、会员制、专柜销售、专场推荐会、定点POP（在销售点设置促销展示）等都是维护品牌独立性和培养忠诚型客户的重要法宝。在直播领域，以品牌为中心打造直播间，通过统一的形象输出、稳定的客户沟通、合理的价格供给，吸引细分的客户群体，维护品牌形象、保持品牌的市场地位和品牌价值，在培养客户忠诚度的同时提升购买持续力和影响力。

在操作的时候，围绕品牌的核心，通过直播间设计、主播的着装、讲述的品牌故事、文化标识（LOGO）、产品系列呈现，传递企业文化和品牌文化，建立与消费者的价值联系，通过直播销售产品变现。通常，品牌直播间除了链接产品，还会有公众号、官方微博、线上旗舰店、视频阵地等外溢链接，品牌直播更多的是固化品牌"人设"、扩大品牌影响力，促进线上的多渠道转化。

3. 店铺场景

店铺直播的核心是店铺本身，直播能在较短的时间内给店铺带来流量，从而实现销售。与品牌场景的特定销售不同，店铺的产品销售通常是以大类区分，如服装、零食、手办等，通常具有一定的特质以吸引一类粉丝，店铺也被冠以标签方便消费者识别（图6-16），如销售平价基础款女装的店铺，以较低的产品价格吸引下沉市场客户；有手工制作特长的饰品店铺，主打下单定制；零食类店铺，以丰富的品类吸引"吃货"群体等。

目前，在淘宝、天猫、京东、小红书、抖音、快手上都可以开设以个人或企业注册的店铺，直播方式灵活，店铺老板、客服、模特等都可以进行直播，强调店铺特色而非产品本身品牌，通过店铺IP驱动购买，达成交易。店铺场景对于运营能力有较高的要求，转化率取决于整体的运营效果。

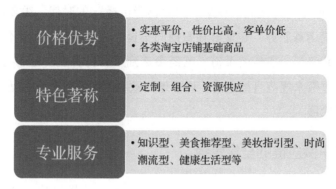

图 6-16 店铺标签

4. 体验式场景

随着线上、线下的进一步融合,直播活动的场景得到了进一步的升级,为了实现购买有效转化,用户的体验被放在了首位。体验式的场景设定不局限于直播间或者产地、店铺,公园、景区、超市、工作室乃至聚会、酒会、秀场,凡是能带来更好的消费体验感的活动或场景,都能成为直播场景。这涉及整场主题直播的规划,设置团组产品,符合体验场景消费。

如一个公园节户外的主题直播,场景搭建为户外草坪,推荐产品以饮料酒水、水果小食、野餐工具、鲜花装饰、户外设施等作为团组,主播不做限定,活动参与人都可以面向镜头,在活动中分享使用心得,其服饰、语言融入直播场景中,让消费者代入环境,刺激消费。

类似的直播策划还有很多选择,在直播的过程中除了展示目标产品,还要注意互动界面的友好,实时交流对于直播气氛的影响相当重要。营造氛围感,实现共情是实现转化的关键。

6.3 直播电商带货的运作趋势

自从 2016 年 3 月蘑菇街率先上线视频直播的功能以来,直播电商飞速发展。经历了 2016 年的萌芽期、2017 年的探索期、2018 年的拓展期、2019 年的爆发期,自 2020 年开始,直播电商开始步入规范化运营期。随着直播电商渗透率的提升,一些头部主播直播间同时在线观看者甚至可高达上亿人。据报道,2021 年的"双 11",某头部主播的销售总额超过 100 亿元,其中单品最高销售额为 1.67 亿元。艾瑞咨询的报告表明,2020 年,中国直播电商的市场规模已经达到 1.2 万亿元,相较 2019 年增长了 197%,预计未来几年还将保持 58.3% 的增幅稳定增长;2021 年,我国直播电商行业的 GMV

（总成交金额）突破 2.3 万亿元。在这个"万物皆可播"的时代，很多传统电商无法想象的服务（如火箭运载服务）也能够在直播间销售。直播电商为传统供应商、生产商、品牌商、零售商开辟了一条新的渠道，已经渗透到了各行各业。随着直播电商的发展，政府出台了多项政策来规范直播电商，许多地方政府也牵头打造直播基地，以促进直播电商在本地区的发展。

6.3.1 基于供应链的全域营销

2011 年，贝恩全球创新和零售业务负责人达雷尔·里格比（Darrell Rigby），在《哈佛商业评论》发表了 The Future of Shopping 一文，指出"随着形势的演变，数字化零售正在迅速地脱胎换骨，我们有必要赋予它一个新名称'omni-channel retailing'（全渠道零售）"。这意味着零售商将能通过多种渠道与顾客互动，包括网站、实体店、服务终端、直邮和目录、呼叫中心、社交媒体、移动设备、上门服务等。2016 年，阿里巴巴为了解决商品供应链依靠人力来做联动和决策这一痛点，率先提出了全域营销的概念，并为整个零售品牌端到端的转型提供了思路，以"数据驱动、以消费者为中心"为方法论，将全域营销带入大众的视野。

1. 供应链的快速反应

在数字经济背景下，随着产业链上下游利益相关者之间合作的日益密切，企业竞争优势不仅是自身核心资源优势的竞争，也是企业商业生态圈、供应链路上的竞争。直播供应链上各主体的生存成长不仅需要自身的价值贡献，同样需要其他主体的价值贡献，彼此之间互利互惠，最终实现共赢。

不同的直播商业模式涉及不同的利益相关者，这些身处不同供应链结构的利益相关者衍生出了新的供应链关系。一方面，主播的存在是直播电商区别于传统电商的最大特色，在不同的直播模式下，主播所承担的角色与其他供应链成员（品牌商、MCN 机构以及直播平台）之间的博弈与合作关系都有所差异，由此衍生出了由主播连接的新供应链结构。例如，主播与品牌商在达人直播模式下，直播效果严重依赖于达人或网红主播的流量基础，达人主播尤其是头部主播往往拥有较强的供应链议价能力。不同于传统零售商，主播没有库存风险，所有库存风险均由品牌商承担；达人主播与多个品牌商合作，由此提供各种功能、款式产品的品牌商组成了一个区别于传统供应链的"竞争性聚集"的大型供应链网络。而在店铺直播模式下，主播充当品牌商的销售员，直播销售仅是品牌商增加的一个新的销售渠道，MCN 机构通常为主播提供网红孵化、内容输出、推广营销、供应链或品牌管理等服务，并对主播履行收益分成承诺，MCN 机构充当中介服务商提供货源。另一方面，主播与直播平台之间的关系属于服务提供者与网络用户之间的商业合作关系,随着直播经济的不断发展,政府也开始通过不同途径参与直播电商活动,包括对直播电商行业实施监管、与平台合作为产品提供质量担保、利用电商直播展开精准扶贫等。政府与平台之间的合作与博弈会影响供应链的各个环节。但无论何种直播模式,都在一定程度上缩短了供应链条,直播方式的快速互动要求供应链上整体快速地响应。消费者对于爆品的青睐源于供货渠道变短带来的价格优势(图6-17),但同样也会对供应组织形成不小的压力。

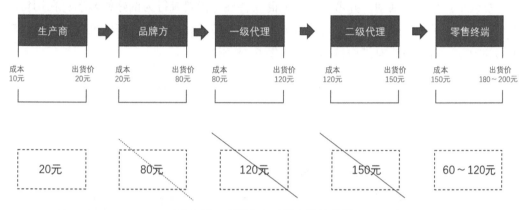

图6-17 直播电商对供应链的革新

2. 数据支撑的精准营销

当下,由于人们的生活几乎都寄生在互联网和手机等信息媒体上,决定购买时不必看到实物,付款时不必现场支付现金,付款后也不必立即自提货物,因此谁拥有与顾客交流的信息接触点,谁就可以向顾客卖东西,零售简单化和社会化了,进入了一个新的"全民经商"时代,准确地说是"全民零售"的时代。而所有购买、消费、娱乐的背后都是个人数据的支撑,消费者浏览习惯、关键字搜索记录、点击记录、视频观看记录、购买记录、评论点赞转载、链接分享、直播打赏、时间跨度、终端设备信息都会融汇到数据池中,电子商务在可视化数据的基础上运营,与消费者产生了更深度的链接。直播电商由于其实时互动功能,带来更为海量的数据信息,

因此,在完成了基础的电商供应链框架搭建后,直播需要实现从数据洞察、跨端消费者运营、线上线下渠道三个方面的功能升级,"全域"的优势才能得到更好的展现。直播生态圈的供应链上串联了更多的消费场景、客户端、渠道,连接了支付平台、品牌官网、App、线下商超、品牌线下门店等多个端口,打通并连接品牌自有平台和外部渠道,将多方的信息整合在数据端,形成了维度丰满的360°用户画像,能够帮助企业、品牌更加精准地把控消费者的需求和痛点,提升投放、运营工作的精准度,实现更加高效的运营和转化。

随着技术手段不断完善,直播运营愈加精细化,当前直播电商相关数据可以被划分为三个维度的数据指标:① 引流维度:实时流量、自然流量、付费流量等;② 互动维

度：观看人次/人数、评论互动率、转粉率、用户平均停留时长等；③ 销售维度：客单价、GMV、自然流量转化率、商品点击率、商品转化率等。从数据运营角度来看，不同的直播阶段有其特定的数据指标，这些数据指标可用于指导直播电商各主体优化直播效果的方向和策略。例如，在引流维度，通过对相关数据进行统计分析，主播可以决定是否、何时从平台购买付费流量以及购买多少付费流量等，而平台可以优化付费流量的价格策略；在互动维度，通过广泛的调查和充分的数据分析，可以探究主播如何制作并发布短视频来宣传直播活动，并考察直播电商新特性对消费者行为偏好的影响；在销售维度，通过对相关数据进行分析，可以探究主播与品牌商如何采取营销措施以提升商品转化率等问题。直播电商对供应链的革新如图 6-18 所示。

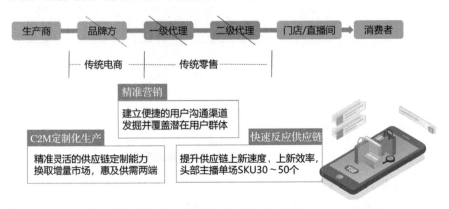

图 6-18　直播电商对供应链的革新

【案例】

上海家化"直播+"线上线下融合模式

上海家化利用内外部利益相关者构建"直播 +"线上线下融合全渠道模式。在传统的线下门店 + 线上商城或店铺基础上，上海家化新增了以直播数字技术应用为基础，采取外部头部主播合作、内部主播培养，构建直播平台和线下门店数字化改造等创新措施，全面构建"直播 +"线上线下融合全渠道模式。早期，上海家化与外部 MCN 机构等企业进行合作，通过支付高额营销费用换取平台入驻费用以及头部主播的流量推广，提高产品曝光度。随后，上海家化将直播营销的费用投入从与外部企业合作转向利用内部已有资源优势建设自有直播矩阵，从内外部共同构建"直播 +"线上线下融合全渠道模式：内部培养自有直播主播人才，将一部分店员转变成为导购主播；搭建自有直播平台，利用电商平台的旗舰店铺进行店铺自播，自有平台与电商平台同步发展；借助与阿里巴巴合作建成的大数据日化产品研发实验室的数据收集挖掘消费者偏好，根据消费者喜爱度来定产，调整直播产品结构；上海家化已有的成熟供应链体系能够满足自有直播矩阵建设要求。总体上，上海家化采用"直播 + 平台""直播 + 电商""直播 + 明星"

"直播＋主播"等多种"直播＋"线上模式的构建，如与哔哩哔哩平台合作推广旗下茶颜品牌产品，开启平台合作新模式；邀请明星宣传推广旗下品牌佰草集，与聚美直播平台合作，实现"边看边买"的全新销售模式；采用"直播＋企业展示"形式，进行线上直播品牌云盛典；同时，对线下门店进行数字化改造，在线下门店的基础上，内部构建自有直播矩阵，创立"超头部主播＋中腰部 KOL＋店铺自播"模式，提供多元化服务。

随着对直播营销方式的重视，上海家化逐步将直播营销的模式从与外部合作为主发展成为企业自身为主导、外部头部主播辅助的模式。上海家化与 MCN 企业、电商平台、自媒体社交平台、阿里巴巴企业、政府和消费者共同形成一个完整的多层次直播商业生态系统。围绕"直播＋"新业态，上海家化逐渐形成了以直播销售核心层为主，拓展自有直播资源的线上销售层加传统线下门店和体验式门店相结合的"直播＋"线上线下融合全渠道模式的多层次商业生态圈。

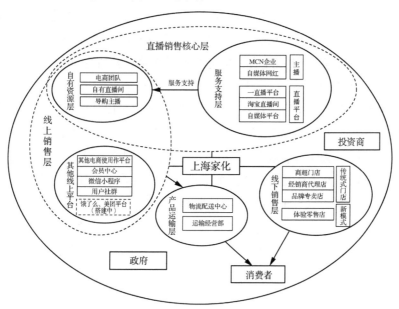

（资料来源：刘秀玲，甘子颖. 数字经济下"直播＋"线上线下融合全渠道模式对企业商业生态圈的影响［J］. 时代经贸，2013，20（2）：111-114，有改动）

6.3.2 基于社群的变现能力

顾客购物过程，本质上是顾客搜集、分析、比较、接受和反馈信息的过程，电商直播中，主播以视听结合的方式向消费者展示产品从而促进交易，他们作为网红或关键意见领袖，往往极大程度地影响消费者的购买决策。直播电商可以被看作是在网红营销的基础上引入供应链，伴随社交媒体的发展而诞生的一种在线营销方式，利用关键影响者的影响力对产品或服务进行推广，从而促成购买和分享。直播电商模式的本质是借助社交打通商业变现之路。

1. 粉丝经济性

通过对淘宝、京东、抖音等直播用户的调查发现，直播主要依靠可视性、语音和购物引导等对消费者的购买意向产生影响，尤其是服装和美妆产品，主播对产品的试用行为和社会化互动程度能够减少消费者对产品信息的不确定性，从而增强其购买意愿。在"谁拥有了市场需求，谁就能掌握更强的供应链议价能力"的买方市场里，忠诚的粉丝是网红和达人的命脉。网红和达人的成长之路离不开全方位的吸粉和固粉。一方面，通过制作并发布个性鲜明的短视频，网红和达人有望成功吸引一批持续关注其视频内容的跟随者，促进跟随者们从公域流量向私域流量转化；另一方面，在直播间里主播往往通过送福袋、低价销售（销售价格有时甚至低于成本价）等方式让直播间的"亲人们"享受福利，从而将直播用户转化为持续不断的购买力。主播与消费者在直播间的互动能有效增强他们的交互与共情，通过共情可以使消费者更加信赖并追随主播。数量巨大的粉丝能为网红和达人创造巨大的长期商业价值，拥有大量粉丝的主播在直播电商供应链中也会拥有更强的议价能力，从而有利于吸引更多的粉丝，直播间里围观消费者的购买转化率是传统电商市场的10倍左右，特定场景下互动甚至高达30%。

2. 社交购物属性

直播间里除了主播与在线观看者的互动，观看者也可以在留言区进行交流互动。优质内容（短视频）给观众带来良好的娱乐体验，已经购买产品的消费者还可以在留言区对产品进行评价，这样观看者们就形成了一个社交网络。这种社交网络具有群体效应，即消费者的购买行为极易受到直播间其他消费者的影响。比如，很多主播擅长采用快速"秒货"的销售方式，利用客户抢购的行为来刺激其他消费者。因此相较于传统电商，直播电商更容易催生冲动性购买行为，当然这也导致退货率的飙升。但退换货的行为某种程度上也加强了商家与用户之间的交互链接深度。各大直播间的社交链路如图6-19所示。

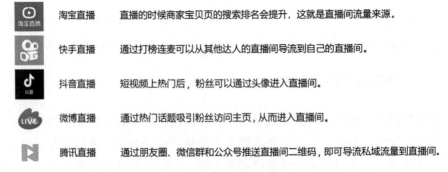

图6-19　直播间的社交链路

3. 社群分享特性

"互联网+"时代催生了一大批"电子商务组群",消费者的生活依赖于社交网站、网店、手机、电视、报刊等媒体和网络硬件设备,采用文章、访谈、聊天、直播、微信、Email、博客等形式,向依赖这些媒体的顾客零售产品和服务,自然会取得不错的业绩。在买方市场的环境下,直播电商成为信息分享、泛娱乐的交互媒介,基于社交的商业占有着"信任"的先天优势,把自己的使用体验分享给自己的亲人朋友,无论是基于何种情感,起初的意愿无论是什么,都更容易选择尝试购买。在小红书、哔哩哔哩、微博等内容导向、话题导向的平台构建消费场景或品牌青睐,树立口碑,通过粉丝社群激活引流到自营电商平台,实现垂直客户群构建和长期销售(图6-20)。

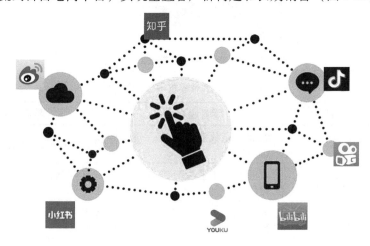

图 6-20 社群分享机制

因此,直播电商必须迎合顾客全域购物的挑战,一方面全面切入用户的依托网络的社交生活圈,另一方面增加有形店铺的现场体验和线上的联动,复制社群链路,同频共事,实现商业模式变现。

6.3.3 智能化发展带来的影响

传统营销主要通过广告主的信息输出,利用传统媒体广告引起注意和兴趣,营销策划围绕促进消费者行为的推广活动进行设计。在互联网时代的线上购买,消费者会主动收集有关该商品的信息,在购买后根据自己的使用感受等发表意见,该消费者发表的信息又成为下一个消费者的信息来源。消费者的注意力成为稀缺资源。推送或推荐主宰一切,消费者购买路径变短,充满了随机性,售后开始变长,互动、反馈、分享都是决定营销成败的关键。如何提高搜索与分享(Search & Share)成为营销成败的关键。因此,如表6-3所示,Web 3.0时代的电商零售的技术要求有了颠覆性的变化。

图 6-21 智能技术发展带来的消费变化

表 6-3 技术对零售渠道的影响

生产力	技术时期	零售媒介	零售渠道
手工生产力	铜器时代	农业和畜牧业大分工；一般价值形态	没有零售商，有经常性的交换
	铁器时代（前半期）	农业和手工业大分工；货币价值形态	没有零售商，有为交换进行的生产
	铁器时代（后半期）	商人从农业和手工业中分离；商人媒介	零售商出现，集市贸易、行商和小店铺渠道
机器生产力	蒸汽时代	零售企业出现	百货商店产生、邮购目录、直达信函、上门推销
	电气时代	零售公司出现	连锁商店、电报销售、电话销售
信息生产力	非互联时代	大型商业公司	自动售货机零售
	Web 1.0 时代	电子商务公司	网上商店零售
	Web 2.0 时代	社交网站公司	社交网站零售
	Web 3.0 时代	大数据采集、分析、应用公司；云计算	目录营销、信函营销、报刊营销、电话营销、电视营销、电台营销、自动售货机、网上商店、手机营销、Email 营销、短信营销、QQ 营销、微博营销、微信营销、社交网站等，以及各种各样的实体店铺并存

  直播电商运营成功与否的关键在于零售流量的把握，流量模型在近 10 年间完成了三阶迭代。如图 6-22 所示，漏斗模型的重心在于引流和转化，典型的运营工具是客户关系管理（CRM），企业只对客户进行管理而不培育，适合在流量便宜的时候拼命买流量，卖货赚钱。这种方式的缺点也很明显，随着流量越来越贵，营销成本也会伴随着流量价格的上涨而升高，不利于长期的发展。随着流量价格的逐步上涨，很多企业开始转

变运营思路，通过引导社交媒体平台上的粉丝主动分享裂变，从而带来免费的流量，把首要工作目标从"引流转化"变成了"分享裂变"，也就是拼多多常用的沙漏模型，在这个时期社会化客户关系管理（SCRM）开始流行起来。

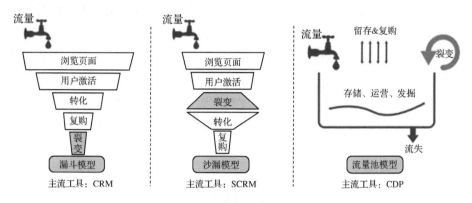

图6-22 流量模型的变化

但随着流量红利殆尽，新的用户难以获得，大家从谈论"如何去找一个新的流量洼地"，转变为"如何有效转化流量""如何持续转化流量"。于是，流量池模型诞生，它需要对流量进行大量的存储、运营、发掘，再获得更多的流量。这个模型对于数据基础、客户响应能力和效果追踪能力的要求极高，显然 CRM 和 SCRM 无法满足企业需求，客户数据平台（CDP）逐渐进入大家视野。CDP 是可以帮助市场营销、运营人员管理客户数据的平台工具，它汇集了所有客户数据并将数据存储在统一的、可多部门访问的数据平台中，让企业各个部门都可以轻松使用。以上海源犀信息科技有限公司（LinkFlow）的 CDP 产品为例，它既能将数据收进来（Link）：连接企业所有客户触点及运营工具，采集客户数据，打破数据壁垒，也可以将数据流出去（Flow）对接企业内外部的各种数据源，包括广告投放、CRM、客服系统、网站、微信等。通过归一整合所有客户数据，将用户在各个渠道的行为轨迹归一化形成完整客户画像，捕捉不同类型的客户，提前预设针对性的运营策略。

一方面，CDP 的核心价值是通过数据驱动业务，通过已对接的营销渠道，根据不同标签组制定不同类型的客户旅程，自动化触达客户，构建独特的交互体验，并通过营销反馈数据及时调优。同时，CDP 对匿名客户也拥有强大的运营能力。举个例子，CDP 可以通过埋点的方式抓取从付费链接进入到官网的客户特征，例如国际移动设备识别码（IMEI 号）、储存在用户本地终端上的数据（Cookies）等。之后，企业可以通过在广告投放后台上传 ID 特征库，由投放平台进行匹配，找到 ID 特征匹配的人，通过其个性化标签，实现广告的精准展现。在数字营销的时代，一切营销效果都可以通过 CDP 实现监测和调整，实现运营方法数字化、运营目标可量化、运营效果可评估、运营策略可优化，从用户端到品牌端实现全域的消费者运营。

另一方面，从当下消费者的购物习惯不难看出，线上、线下混合销售渠道是当下及未来的零售趋势。全渠道购物者已经崛起，他们同时利用包括商店、产品名录、呼叫中心、网站和移动终端在内的所有渠道，随时随地浏览、购买、接收产品，期待着能够贯穿所有的零售渠道和接触点的一屏式、一店式的购物体验。对于商品的价值的判定，也不再是简单的使用价值，从人的需求出发，会赋予商品更多社会价值、精神文化价值等。基于对人的需求的精准分析，电商直播将达到品—消共创的全方位的零售时代。为了避免传统的"经验供货"造成的库存积压等问题，提升流通效率、降低库存成本是直播零售的重点。结合移动互联网、移动支付、大数据、云计算、物联网等多种技术，提升用户购买决策、仓储配送等环节的效率优化，打造智慧供应链优化直播生态圈（图6-23）。

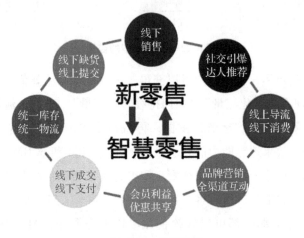

图 6-23　智慧零售

议一议：

　　在技术加持下，直播电商会有怎样更进一步的发展？从供应链角度看，直播会有何变化？从"00后"的社群模式出发，直播又会有怎样的变化？

第7章 直播筹划

直播行业的发展历程已超过十年，在移动互联网刚刚兴起的时候，如YY、虎牙、斗鱼、熊猫以及映客的秀场直播和游戏直播也火过一段时间。而直播带货是商界相对主流的做法，其灵感其实源于电视购物，由淘宝直播发扬光大，之后也成为短视频平台的主要变现玩法。借助移动互联网的尾部红利以及网速升级的红利，直播行业的发展速度也是超过了以往任何一种内容形式。过去几年时间，直播电商的GMV以每年数倍的方式增长，相关企业和从业人员的数量也是爆发式增长。2024年7月，抖音的日活已经达到了5亿，快手的日活达到3.95亿，小红书和B站的月活均达到3亿，视频号也是在高速发展。2019年，整体GMV增速达到226.2%；2020年，整体GMV增速也达到了121.5%；2021年出现了比较大幅度的下滑，只有37%；2022年和2023年，整体GMV增速分别为53%和35.2%。即便如此，和整体的互联网行业增长大盘相比，这个增速仍然是相当之快。整体地，国内的网民数量有10亿人左右，这也就意味着几乎每个网民每天都会打开短视频软件，会观看直播。也就是说，短视频和直播成为用户内容消费的主要场景，甚至可以说成为用户生活中的一部分。这也就意味着，直播电商仍然处于高速发展的中后期，即便结束了高速增长，这个行业也能够稳步发展相当长一段时间。因此，在大环境下的直播电商行业仍在不断创新和进步，直播过程中的流程和注意点也在不断完善。

成功举办一场直播活动，必须要有一系列合理的计划及准备工作。首先要明确直播的目标和目的，是推广产品、提升品牌知名度，还是与观众互动等。确立明确的目标有助于指导后续的工作安排，在这个基础上开展一系列的筹划和执行。

7.1 直播准备

7.1.1 直播间环境打造

对一场直播而言，好的场景能够加长用户的停留时间，更有效地触动用户转化率。因此，合理搭建直播间，保证直播的影像、声音、画面效果呈现是进行直播的首要条件。直播带货按照货品的差异可以在户外或室内进行，基于原产地或实景的户外直播，如户外旅游、生鲜水产、野外科普等，主要保证真实度和网络支持。而室内直播环境应该更具专业性、有序性，保证安静，空间面积需要确保能合理陈列直播间的产品，可以是演播厅、办公室、家里或者店铺的隔间等。专业直播间搭建的四大因素包括背景、设备、灯光、陈列。

1. 直播间背景

直播间背景可以考虑浅色系列，但应避免使用白色光板背景，最好契合自己的直播风格，与直播产品相符合。直播间使用灯光补光时，纯白色的背景容易反光，灯光直射在墙面很有可能会折射在观众眼睛里，这可能导致观众视觉疲劳。抖音的直播间多以灰色系为主，灰色系比较简约，同时灰色是一个中立色，它可以和任何色彩搭配。此外，灰色是摄像头最适合的背景色，不会过度曝光，视觉舒适，有利于突出服装、妆容或者产品的颜色。以简洁、大方、明亮为基础打造背景，能够更好地突出主播和产品。也可以在直播间背墙上设置多卷色彩或图景幕布进行不同主题的匹配。

如果直播间是品牌或产品专卖直播，最好的背景就是系列产品的陈列。采用实物背景，消费者的临场感更好，例如直播间售卖皮包、鞋子等，直播间背景可以是鞋柜、包柜，柜上直接陈列相关产品（图7-1）；服饰类直播间可以摆放衣架或者衣柜，但要注意衣服摆放整齐。如果要突出产品品牌概念、设计，也可以选择使用绿幕做虚拟背景的调节，可以按照品牌官宣、广告、大图、明星代言作为全部或局部的背景图设置（图7-2）。

图7-1　实物背景

图 7-2　虚拟背景

2．直播设备与道具

（1）直播的基本设备

刚开始接触直播时，除了保障网络通畅，选择好直播平台软件，设备不用太过复杂，一部用于直播的手机（像素尚可，保持电量充足）、一个手机支架（保证手机画面稳定、不抖动）就可以完成初步的任务。但如果考虑直播效果，突出品牌形象，要做专业设备的更新，主要包括拍摄和收音两类必备设备（如表 7-1）。

摄像头是直播间最基本的设备之一，可以使用普通的网络摄像头或专业的高清摄像机。一般推荐使用 1080 P 高清摄像头，能够保证图像清晰度和色彩还原度。条件不允许的时候可以使用性能良好的手机。选择摄像头时需要注意画质、对焦、视角等性能指标，并根据直播间的布局和设计来确定安装的位置。

麦克风用于捕捉主播的声音和环境声音，影响直播的声音质量。主播可以选择桌面话筒、立式话筒、无线话筒等不同类型的麦克风，以及消噪、增益等加强声音效果的功能。

表 7-1　直播设备

	设备	要求
基本设备	摄像头（带支架）	分辨率高（至少 1080 P） 帧率高（至少 30 fps） 自动对焦功能 白平衡和曝光控制 宽视角
	麦克风	可靠的声音捕捉质量 高噪音抑制能力 语音增强功能 支持降噪和回声消除

续表

设备		要求
保障设施	直播软件	稳定性好，画面流畅，不易出现卡顿现象 功能全面，支持多种特效和滤镜 配置简单，易于使用 集成社交媒体分享功能
	网络带宽	上行带宽至少 10 Mbps，建议 20 Mbps 及以上 稳定的网络环境，无丢包和延迟 使用有线网络连接，避免使用 Wi-Fi

（2）直播道具

除了必需的直播设备，为了保证直播效果，根据具体情况和需求可以补充、添加各类助播道具，建议在选择设备前进行充分的市场调查，并从多个方面综合考虑设备的质量、性能和价格等因素。

常用道具：KT 板、窗帘、货架，配备多台手机、提词器、直播展示屏幕等。

主题道具：衣架、站台、零食直播间的碗、锅等，跟直播间的产品相匹配。

氛围道具：小黑板、秒表、彩灯、手办等特色道具，营造直播氛围。

3. 直播间灯光

直播间灯光非常重要，合适的灯光效果能让主播的气色看起来更好，直播间的整个光线效果也更舒适，让观众进入直播间的第一眼就觉得舒服。同时也可以更清楚地展示产品。顶灯可以把直播间整个场景照亮，左右灯光负责增加人物和产品的立体感。灯光整体要求光亮均匀、柔和、色温可调（建议使用 5500 K），例如，圆形灯更柔和，光线更散，不会出现直播强光问题；要注意低发热量，避免过热影响其他设备。

一套完整的基础灯光设备，一般是由环境灯、主灯、补光灯和辅助背景灯组成。尽量不要只用一个大灯，否则会导致光线不均匀、不好看。光线要尽量柔和，射灯不能作为主要光源，会刺眼。用顺光，光要往主播身上打，摄像头往主播身上拍，这样才能达到足够的清晰度。顶灯尽量选偏柔和的灯，条形、长方形的灯。当空间较小时，可以使用一个吸顶灯。直播间尽量不要吊顶，灯的高度要高，越高越好。也可以用轨道灯，轨道灯泡选择龙泡灯，要球泡灯。尽量不要用射灯，射灯光线太强，打出来很难看。如果有射灯，尽量打在背景上，不要对准主播。补光灯价格便宜，缺点是补光范围小，伤眼，对戴眼镜的主播不太友好，所以只适合食品、美妆、饰品等小物件的近景直播，也可仅作为服装类目的面光灯使用。

图7-3 直播间的灯光

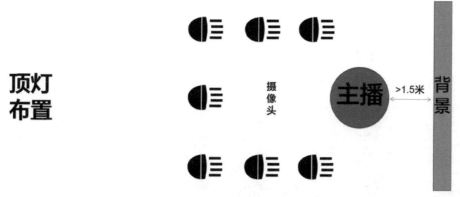

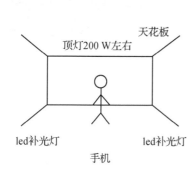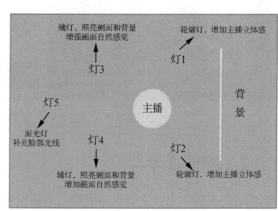

图7-4 直播间灯光

4. 直播陈列

在直播间展示的商品应该是核心产品和热门商品。因此,需要精选商品突出品牌特点,并确保它们有足够的库存以满足购买者的需求。在直播间中清晰地展示每个产品的详细信息,包括价格、性能、功能、规格、优惠等。产品的摆放应便于主播演示产品的特点和使用方法,增强观众对产品的信心,从而刺激他们的购买欲望。

① 按照产品类型分类陈列：将同类别的商品放在一起，比如说所有的服装放在一起展示，所有的鞋子放在一起展示等。这样可以帮助购物者更方便地浏览和选购。

② 采用流线型陈列：在展柜或货架上按照一定的规律陈列商品，可以带来更好的视觉效果。例如，可以采用金字塔式，让最高价值的商品放置在最中心的位置，然后按照价格逐渐向外展开陈列。

③ 利用标签突出商品信息：为每个商品配备清晰明了的标签，包括品牌、型号、价格、大小等信息。标签应该能够引起顾客的兴趣并吸引他们进一步了解产品。

④ 创建体验区：在直播间内设置一个试穿试用区域，让消费者可以亲自试穿或试用商品，以便更好地理解它们的性能和质量。

⑤ 突出促销信息：在展示商品时，突出促销信息，如折扣、礼品、优惠券等，这会吸引更多的观众关注和购买。

如果之前没搭建过直播间，就要学会模仿对标直播间，最好是和卖的产品类似的直播间，刚开始可以不求层次感有多好，重要的是简单大方，如果对标的是特殊场景，那么也尽可能地用特殊场景来播，比如仓库直播、基地直播、户外直播等。

图 7-5 "艺术鸭"品牌直播间陈列

7.1.2 直播团队分工

随着电商直播整个行业的快速发展，直播需要建立立体化的运营体系，构建高效能的直播团队。一个完整的团队是支撑直播良好、持续、成功运作的关键，需要具备良好的选品能力、招商能力、供应链管理能力、客服能力以及场控能力。

> **议一议：**
> 如何打造一个成功的直播团队？

电商直播团队的职责和分工可以根据具体情况而有所不同，但通常包括五个方面的职能模块和工作方向，如表 7-2 所示。

表7-2 电商直播团队的职能

序号	职能方向	岗位设定	具体要求
1	整体策划	运营经理、策划经理、编导	负责确定直播活动的目标、主题、时间、地点等要素,制定整体策略,策划节目内容和互动环节。并根据市场和消费者需求进行调研,不断优化策略。
2	直播主持	主播、助播、场控	负责主持整个直播节目,包括介绍商品特点、演示使用方法、回答观众提问等。需要具备流利的口才、良好的形象和亲和力,能够引导观众参与,增加销售额。
3	摄像剪辑	摄影师、摄录师、剪辑师、美工	负责现场拍摄、后期剪辑等技术工作。在拍摄方面,需要掌握摄像机的使用方法和角度调整,保证直播画面清晰、稳定;在剪辑方面,需要熟练使用剪辑软件,将拍摄素材进行剪辑、处理和合成。
4	推广运营	运营、文案、客服	负责通过社交媒体等途径对直播活动进行宣传推广,吸引更多观众参与。可以通过微博、微信公众号等渠道发布预告、直播链接、节目片段等,同时也需要与KOL合作,扩大直播受众范围。
5	数据统计分析	数据分析师	负责收集、分析和评估直播活动的数据效果,例如观看人数、转化率、销售额等。根据数据结果进行调整和优化,制定更加精准的营销策略。

在具体的操作中,根据实际的业务需要和直播特点,岗位可兼任,也可相互补充协作,常见的设置和岗位细化职责如下。

1. 运营经理

① 培养、挖掘、招募具有潜力的主播,做好直播间的内容策划、粉丝互动维护和内容运营的各工作。

② 协助主播完成入驻平台,跟进主播日常的作息和问题并提供解决方案。

③ 负责从线上、线下各种渠道进行主播全方位的定位和发展,并进行系统性的培训。

④ 协助主播做好开播前、中、后的准备和各种方案。

⑤ 为主播策划全方位的包装活动,为主播提供直播和短视频等传播性内容制作和发布的帮助。

2. 场控/中控

① 直播间配合主播操作上、下链接。

② 日常直播数据统计。

③ 实时关注直播行业动向,及时、准确地研究、监控、分析、汇报各项数据,并提出相应对策。

④ 直播中控需要在直播间负责直播前所有设备的调试以及整个直播的后台操作，包括商品的整理。

⑤ 负责直播产品的把控和直播现场的场控，做好开播前的准备工作，直播预告的提前发布。

⑥ 完成直播的场控工作，控制直播间节奏，协助主播完成直播，能与主播进行配合，了解直播间规则。

⑦ 根据后台数据协助主播控制直播节奏，提醒主播直播间情况。

⑧ 根据安排负责直播现场支持和运营工作，协助主播提升直播间的活跃和氛围。

⑨ 负责整理直播产品表格以及样品管理。

3．编导

① 制定各类直播活动的整体规划，包括主题策划、流程执行，以及直播内容的方案编写，有扎实的文案写作基础，撰写直播脚本。

② 统筹执行，协调安排直播流程，跟进直播方案完成进度，确保直播活动顺利开展。

③ 对直播数据进行分析并优化直播内容架构，提高直播质量。

④ 围绕核心数据进行内容设计，定期对活动运营数据进行总结，并通过活动运营策略进行粉丝活跃与引流。

4．文案

① 直播文案、产品广告文案等文案的策划和编辑，并进行跟进、总结与分析。

② 提炼有效的产品卖点，创作能产生共鸣的文案作品。

③ 文字能力强，熟悉最新网络流行语，能够精准组织语言。

④ 与时俱进，紧跟行业动态、热点事件，并能顺势策划。

5．美工

① 负责直播间设计工作（直播封面图、预告图、背景图、直播间物料图、产品详情页等图文需求）。

② 利用专业软件及 PS 进行流程化图片后期处理，包括抠图、排版、调色。

③ 理解直播间的实际造型需求，并根据图片描绘完成直播间建模的工作。

6．主播

① 通过直播推广销售商品，提升产品销量。

② 挖掘产品的卖点、亮点，策划直播的脚本和直播活动方案。

③ 在线直播与粉丝进行互动，吸引更多粉丝。

④ 直播期间保持激情的状态，并引导销售和增加粉丝的黏度和数量。

⑤ 直播期间思路清晰，快速反应并解答粉丝的疑问，引导购买。

7. 副播

① 准备样品，与主播核对产品卖点；准备直播过款的商品，做好商品排序和布置；准备促单时候需要的道具，比如比价表、计算器、尺码表、秒表等；提前核对库存、物流、发货等。

② 制作并投放预告短片。成熟的预告短片投放次数为，提前2天开始投放2条，前1天投放1条，当天投放1条，并制作1~3条直播切片短片投放。

③ 控制屏幕。控制节奏、不良信息；屏蔽假、演、戏精等词汇；直播中和主播多进行沟通；公屏可多用文字与粉丝互动，带节奏。

④ 烘托气氛，气氛互动问答；配合秒杀、限购等活动；准备直播道具，配合主播直播，增加产品附加值；通过即兴发挥，调动粉丝情绪，增加粉丝活跃，保证直播间的热度。

⑤ 应对现场情况。及时汇报销量情况，配合更改库存及价格。联系商家、售后；主播中途不在，要充当主播；处理黑粉及不良言论；做好视频及直播的投放准备。

⑥ 配合主播，与主播互动，加大趣味性，加强产品看点；提示主播，放大产品特点；营造货品紧缺、市场好评氛围。

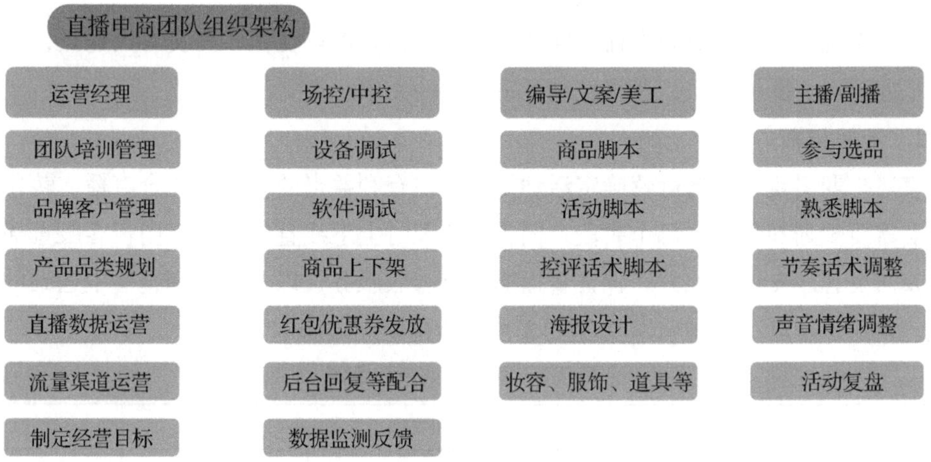

图7-6 直播电商团队组织架构

电商直播团队需要协同合作，各司其职，共同努力实现直播活动的成功。因此，每个成员都需要具备较高的团队合作意识和沟通能力。

7.1.3 直播排期

排期表主要是对当月或者当周的直播进行排期梳理，方便做活动提前筹备规划，可以从以下方面去梳理。

1. 排期工作任务

直播排期主要包括以下几个步骤。

① 确定直播主题和目标：明确这次直播的主题和宣传重点，以及预期达到的效果和目标。

② 策划直播内容：根据主题和目标确定直播内容，包括讲解的内容、互动环节等。

③ 确定时间和平台：考虑观众的时间和在线习惯，确定最佳的直播时间，同时选择合适的直播平台。

④ 预备技术设备和人员：确保技术设备齐备，包括摄像机、麦克风、灯光等，并为每个岗位指定相应的人员。

⑤ 制订详细的直播工作计划：包括活动流程、任务分配、岗位说明等。

⑥ 推广和宣传：在直播前进行推广和宣传，包括制作海报、发布预告片、邀请嘉宾等。

⑦ 进行直播：按照制定的工作计划进行直播，在直播过程中注意调整和处理可能出现的问题。

⑧ 后期编辑和总结：对直播过程进行后期剪辑和处理，制作精美的视频稿件，并进行总结和反思，为下一次直播做好准备。

总的来说，一场有效的直播需要统筹考虑，结合市场变化、消费者兴趣点，提前策划、把握节点、倒推时间，严格控制各项活动的完成时点。

2. 活动排期

直播排期需要与活动运营确定活动排期，在有利益点的情况下配合直播，转化效果更好。需要规划到每天的每个时段，同步运营及时上下线直播入口；同步客服直播中的玩法及需要客服支持的地方，保证直播期间有客服服务，以及时处理直播中遇到的突发情况。表 7-3 是以"女神节"为例的 3 月直播排期规划所示。

表 7-3　直播排期规划示例

3 月项目直播排期表																														
平台重要活动	女神节																				春上新									
场次	1	2	3	4	5	6	7	8	9	10	11	12	13	14	15	16	17	18	19	20	21	22	23	24	25	26	27	28	29	30
	三	四	五	六	日	一	二	三	四	五	六	日	一	二	三	四	五	六	日	一	二	三	四	五	六	日	一	二	三	四
上午	10–13	10–13				9–12	9–12	9–12				9–12				9–12				9–12				9–12				9–12		
	A	A				A	A	A				A				A				A				B				B		
	B	B																												

续表

平台重要活动	女神节									春上新				
中午	13-16	13-16	13-16		13-16	13-16	13-16		13-16		13-16	13-16		13-16	13-16
	A	A	A		A	A	A		A		A	A		B	B
	B	B													
下午		16-19			16-19	16-19	16-19				16-19	16-19	16-19	16-19		16-19	16-19	16-19		16-19	16-19
		A			A	A	A				B	B	B	B		B	B	B			
		B			B	B	B				A	A	A	A	A		A	A	A	A	
直播大纲	重点推女表，女主播主讲。准备两套风格不同的服饰进行穿搭展示，BA-BY-G搭配超A风格，SHEEN搭配都市OL风；每场直播必须介绍联名款限量礼盒的卖点和赠品。每天抽取一名幸运女粉丝得口红架一个。				没有重要活动，保持每天一场直播即可。					本月重点新款上市，由男主播主推新款，服饰风格偏街头运动风，可以佩戴一些金属质感的首饰。通过直播下单新品的用户可以截图找客服领取E卡（每天限量前10名用户），可以盘点店内所有黑金元素的G-SHOCK和BABY-G。					

一般比较大型、满减力度大的电商促销活动是年货节、"618"、"双11"、"双12"，在其他节日电商平台也会有相应的优惠活动。电商平台基本上每个月都会开展一些购物节，也会有小幅度的优惠。表7-4是电商行业（以淘宝为例）的大部分活动时间排期。

表7-4 淘宝的活动时间排期

月份	1月	2月	3月	4月	5月	6月	7月	8月	9月	10月	11月	12月
推广节点	年货盛宴	元宵	妇女节	清明节	母亲节	年中大促	七夕	抖音奇妙好物节	开学季	国庆中秋	年终大促	圣诞节、元旦
产品热点	年货礼包	情人节	女神节	踏青出游季	感恩母亲	6.18购物狂欢	情人节	奇妙好物	开学礼包	宠粉节	11.11购物狂欢	12.12狂欢年

7.1.4 选品准备

1. 货品结构的设置

如第6章所述，电商直播的关键在于消费者对于直播商品以及主播和平台的信赖与喜好，因此需要研究在不同场域下人、货匹配的相适性（如表7-5），做好选品定位，为拓展销售做好基础准备。

表 7-5 不同平台属性的货品结构

平台	淘宝	抖音	快手	京东	小红书	微博
平台属性	电商	社交+内容	社交+内容	电商	"种草"基地	社交+内容
流量来源	公域流量，内容矩阵&庞大用户基础	偏公域，直播流量少	偏私域，"老铁文化"达人品牌崛起，扶持产业带直播	公域流量，庞大用户基础	公域和私域并存	偏公域，直播流量少
带货KOL属性	头部主播高度集中	头部主播相对集中	头部主播相对分散	缺乏代表人物	缺乏代表人物	头部主播相对集中
带货商品属性	淘系全品类，价格200~500元，退货率高	美妆+服装百货，价格0~200元，有品牌调性	百元内低价商品为主，食品、日用品、服装鞋帽、美妆，高性价比、白牌居多	京东电商全品类，依靠孵化超级红人+推荐，优质产品，退货率高	美妆为主，品牌货，有调性	服装、日用品、鞋帽服饰等非标品类为主
带货模式	商家自播+达人导购	短视频上热门+直播带货"种草"转化	达人直播、打榜、连麦等	商家自播+达人导购	"种草"内容为主，直播+笔记共同发力	话题热搜+直播+名人"背书"
分润模式	以坑位费+佣金为主，佣金一般在10%~20%，坑位费根据红人等级有所不同					

2. 直播货品的组合方式

一场直播短则两三个小时，长则七八个小时，如果我们只是一件一件地介绍产品，粉丝很容易产生听觉疲劳，或者产生选择障碍，激不起购物欲望。所以需要根据实时在线人数、粉丝增长率、点击转化率及粉丝互动频率，动态调整各款的所占时间比例。首先，需要合理分配引流款、利润款、对比款等不同作用商品的数量组合（详见第6章货品定位，如图7-7所示）；其次，考虑商品展示陈列的次序和方式，确认上架顺序（图7-8）；再次，根据货品组合设置不同的直播卡点，如秒杀、抽奖，调动观众积极性和参与度（图7-9）；最后，准备好每款商品的卖点和陈述论据。

图 7-7 直播货品组合比例

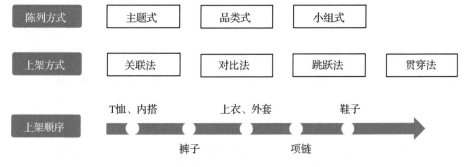

图7-8 货品陈列方式与上架方式和顺序

图7-9 直播活动卡点组合

在直播的过程中，货品循序依次过款，要适当突出产品卖点（图7-10），加重观众的画面感，需要合理的上架组合和活动穿插（图7-11）。货品具体的上架方式可以参考关联法、对比法、跳跃法。

产品卖点	卖点论据	应用价值
醇正营养	每100mL牛奶含3.6g优质蛋白 120mg原生高钙	满足日常营养补充 口感醇正
限定产地	专属牧场	
精选牧草	优质牧草品种，全天候自由滋养	
良种乳牛	限定专属牧场 汇集良种乳牛	
科学管理	智慧牛奶车间，指纹认证管理	

图7-10 产品卖点归纳示例

案例：直播安排		
时间安排	直播内容	主播安排
16：00—16：10	热场互动	
16：10—16：40	第一组主打款3款	
16：40—16：50	第一组宠粉款1款	
16：50—17：00	门店活动介绍	
17：00—17：30	第二组主打3款	
17：30—17：40	第二组宠粉1款	
17：40—18：30	第一组+第二组（快速过款）	

图7-11 直播上货组合案例

（1）关联法

关联法一定要注意"货"的上架顺序，通过上述主题式、品类式或是小组式的陈列方式的铺垫，引发粉丝的联想，刺激粉丝进行关联消费。

（2）对比法

对比法适用于为产品的上架建立焦点，通过自身服饰的变化或是主播妆容的变化，来导入消费目标。

(3) 跳跃法

这个玩法适用于打造热门款。通过"炮灰"款和热门款形成鲜明的差异，用"炮灰"款作为伏笔来引出热门款。这个方法又称"杀敌一千，自损八百"法。

3. 选品注意事项

(1) 直播带货选品与账号定位属性相关联

视频内容要与账号定位垂直，系统才会根据直播的垂直内容贴上精准标签，将视频推荐给更精准的粉丝。直播带货选品也一样，直播的账号如果主攻美妆，直播带货选品尽量选择美妆相关产品。一方面对产品的熟悉度高，另一方面也符合粉丝对账号的预期，更有助于提升产品转化。

(2) 亲自试用产品

自己试用过产品，才能知道它到底是不是一款好产品，是不是适合粉丝消费群体需求，也可以更好地把特性、使用方法在直播时给粉丝讲解和推荐。例如，主播卖一款洗面奶，得事先知道这款产品适合油皮还是干皮，自己是什么肤质，使用后的感觉，粉丝对洗面奶的需求等。这些都需要亲测过后才能得出结论，才能在直播间根据实际使用感受，向观众、粉丝推荐直播的产品，产品才会更有说服力。

(3) 按粉丝需求选品

账号上的粉丝一定是因为主播的特定属性能满足他们的需求才关注主播，所以主播选择直播带货产品时一定要了解直播账号上粉丝用户属性和需求。例如粉丝的年龄层次、男女比例、对产品的需求等。要了解自己的账号，分析粉丝画像，可以借助数据分析工具。例如飞瓜数据、卡思数据、新抖、抖大大等。以飞瓜数据为例，在飞瓜数据播主详情的"粉丝数据分析"中，我们可以了解到播主的粉丝性别、年龄、地域及星座分布情况，通过对账号的粉丝画像解读，从而明确自己账号的目标用户画像。根据这些信息，及时补充产品品类，满足粉丝需求。

(4) 选择高热度直播带货产品

与发视频蹭热点的逻辑一样，直播带货产品的选择也可以蹭热点。例如端午节要吃粽子，中秋节要吃月饼，夏天的小风扇，冬天的暖手宝，又或者是当下某个时间网红、明星带火的某款产品，都是可以蹭热度的。不管人们是不是需要这件东西，在当下那个时间，人们对它们保持了高度关注，就算不买，他们也可能会在直播间热烈讨论相关话题，提升直播间热度。还可以根据短视频数据分析工具上的抖音热门产品排行榜以及抖音人气好物榜来确定直播带货的产品。

(5) 选择高性价比直播带货产品

不管是哪个平台，高性价比低客单价的产品都会在带货中更占优势。一方面最大限度地保证了粉丝的权益，另一方面也让粉丝对主播产生了极高的信任，回头率高。在选品的时候，客单价最好不要高于 100 元，100 元是用户对一个价格区间的心理底线，而且根据实操，抖音上 60% 的爆款产品价格区间都在 10～50 元。例如洗碗纸巾、钢化膜这些抖音爆款产品，领券之后的价格都是低于 50 元的。

（6）选复购率高的直播带货产品

直播带货，粉丝群体相对稳定，不容易快速增加新客户。所以，产品的购买频次一来影响收益，二来影响粉丝的活跃度，处理不当还会掉粉，选一些快消品，复购率高的产品，会有更好的效果。

我们在选择商品之后，一定要自己先去尝试。只有自己真正地使用过，才知道产品到底是什么样的，也才更加地清楚怎么和粉丝进行介绍，所传递的内容也才会有信服力，才有更高的成交率。很多人在直播间购买商品，最关注的问题之一就是售后，正是因为顾虑付钱之后，没人对自己拿到的商品负责、没有售后等，才不敢下单。作为主播来说就要解决这个问题，要选择质量好的产品，以及好的品牌方。

7.2 直播脚本的设计

直播脚本的设计核心是让观众明白三点：我在看什么？我能得到什么？有哪些福利和产品？

7.2.1 脚本设计原则

直播要有高效的转化，主播的销售主持需要合理设计脚本，无论是逻辑、情节、氛围，都要能够获得消费者较长时间的注意力。

1. 整体规划

① 时间规划：根据直播的计划以及场次做规划。可以以一天、一个星期、一个月为单位设计直播脚本，这样的节奏对工作

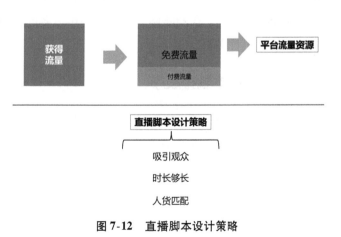

图 7-12 直播脚本设计策略

能做出比较好的时间切割，减少运营策划的工作量，提高直播的工作衔接，同时也方便进行阶段性总结。

② 产品规划：可以按照直播的品类来设计脚本，化妆品、美食等结合时间节点来

完成。

2. 明确目标

在编写直播脚本前，要明确直播的目标和主题。了解直播的目标受众，包括他们的年龄、性别、兴趣爱好等，以便更好地吸引他们的注意力，提高直播的观看率和互动率。例如回馈粉丝、新品上市或大型促销活动等。通过明确目标，确保脚本的策划和执行都与目标保持一致。

3. 合理安排活动

通用的活动可以每周或长期重复结合，每天的活动可以一致也可以差异化，还可以设置给新进入直播间的消费者的专属活动；但活动安排需要明确，直播脚本需要具体到分钟，对每个环节的时长进行合理安排。确保整个直播过程节奏紧凑，不出现过长或过短的情况，以便达到最佳的直播效果。例如，一场下午14点到17点的直播，你想做2个小活动，需要明确15点做什么，16点做什么，这样主播开播就可以引导观众，从而提高观众停留时长。

4. 设定亮点

为了吸引观众并加深与节目的联系，需要在直播脚本中建立与观众互动的环节。可以设计问答、抽奖等活动，让观众积极参与并与主播进行互动。根据节目的性质和主题，在直播脚本中设置多个亮点，使直播过程高潮迭起。这些亮点可以是产品介绍、口播和展示等，以吸引观众的注意力并提高直播的观赏性。

5. 设置帮助文档

直播脚本的结构要清晰明了，可以按照时间顺序或者主题进行划分，让观众能够清楚地了解直播的内容和流程。其中，主播的脚本应详细说明每件商品的讲解时间、互动时间、活动时间，说明产品相关知识信息及使用方法、注意事项等。中控的脚本需详细说明切片时间节点、活动时间，直播过程中设备的相关问题，中控台管理的问题，配合主播应对的注意事项。

7.2.2 脚本编排顺序

直播脚本的编排顺序需要根据直播的目标和内容来规划，并且要确保逻辑清晰、流程顺畅。整个直播流程要涵盖产品品牌介绍、产品卖点介绍、利益点强调、促销活动、催单话术等五个部分的内容。直播脚本的编排顺序应该是按照开场、正式售卖（包括产品介绍、互动、推销）和结尾总结的顺序进行，在实际直播过程中，可以根据实际情况进行调整和优化。

1. 开场环节

直播刚刚开始，最重要的目标就是暖场，提升直播间的人气。暖场的时长可以控制在5~15分钟，这个阶段就需要主播跟粉丝打招呼、问候，抽奖发福利，跟粉丝友好互动，提前告知直播间产品有哪些亮点。暖场，也是考验主播能力的一大标准。很多直播团队不重视暖场,这种观念是错误的。一般暖场做得好,拥有了初始流量,才能为后续的直播卖有潜力的爆品、高客单价的商品做铺垫。

在暖场期要准备好暖场话术、开场抽奖玩法、直播间整个卖品的大概介绍、本场直播间的大奖福利介绍等。

2. 正式售卖环节

正式售卖的环节可以分为售卖初期、售卖高潮期、售卖结尾期,每个部分的时长可以根据自己直播间情况做分配。在售卖初期,重点还是慢慢抬高直播间的卖货氛围,让用户参与直播间的互动。所以在这个阶段,很多直播间会抛出低价引流款,让粉丝将弹幕发起来,在直播间里面形成百人抢购的氛围。这样做,让刚进直播间的人一下子就能感受到直播间火热的氛围,人人都有从众心态和看热闹的心态,让新用户先停留,就能创造爆单机会。

当进入售卖高潮期时,直播间的卖货氛围和人气就都起来了。直播间的售卖高潮期堪比卖货的黄金时段,一定要抓住时机。首先,一般建议选择卖高性价比、价格非常具有优势的产品。其次,注意高客单价和低客单价的产品相结合。如果主播所卖的商品价格有绝对优势,不少主播会直接将其他平台的商品价格截图打印下来,在直播间展示,打消消费者对价格的顾虑。对于很多价格敏感型的用户来说,这一招非常有用。同时,在售卖高潮期要注意售卖的产品要高低价格相结合,满足不同消费能力的用户需求,留住观众。在创造出高额的销售额时,也不要忘记放出大奖,刺激粉丝继续下单,拉高整个直播间的声势,让更多的人进入直播间,冲一波流量和销量。

一场直播下来,流量有高有低很正常。当卖货到了后期,直播间的流量开始下降,就进入了售卖结尾期。在售卖结尾期时,用户开始感觉有点疲乏,就可以用秒杀、免单吸引用户的注意力,拉高用户的下单率。同时,这个阶段还可以做潜力爆款的返场。

3. 结束环节

到了直播即将结束的时候,开始准备收尾工作,一般时长是 15 分钟。这个阶段可以再送出一点小礼品,回馈已经下单的粉丝。还可以为下一场直播做简单的预告,并且针对粉丝呼声很高的产品,告知粉丝下次能否安排返场。

另外,不要忘记最后引导粉丝关注主播直播间,强调每日直播时间,引导粉丝准时进入直播间。最后再次感谢粉丝的支持,跟粉丝告别下播。

【案例】

脚本示例:某品牌羽绒服直播推荐

一、开场

主播:大家好,欢迎来到今天的直播间!我是你们的主播××,在这个寒冷的冬天,我为大家准备了一系列既保暖又时尚的羽绒服,希望大家能在这里找到心仪的款式。

二、产品介绍

（衣架展示）主播：首先，让我们来介绍这款××品牌的羽绒服。这款羽绒服采用了流行的设计元素，高品质的鹅绒填充，不仅保暖效果极佳，而且轻盈柔软，穿在身上就像披着一层柔软的云朵。它的设计也非常时尚，独特的××剪裁能够凸显身材线条，让保暖和时尚两不误。

（试穿展示）主播：大家可以看到，这款羽绒服的面料非常柔软，而且具有很好的光泽感。剪裁也非常得体，能够很好地贴合身体线条。此外，这款羽绒服的细节处理也非常到位，拉链、袖口等处都进行了特别的设计，以确保温暖和舒适。此外，这款羽绒服还配备了多个实用口袋，方便你携带一些小物品。

（系列展示）主播：这款羽绒服还有多种颜色可选，无论是配牛仔裤还是裙子，都能穿出时尚的感觉，总有一款色调能满足你的个性化需求。

三、直播互动

主播：现在，我们来进行一个小互动。我会随机抽取一位观众，让他/她说说对哪款羽绒服感兴趣，为什么？同时，我们也会为这位观众准备一份精美的礼品。请大家积极参与互动哦！

（等待观众回答）

主播：恭喜×××观众获得本次互动奖品——××羽绒服一件！请私信我们，我们将尽快为您寄送奖品。同时，也感谢其他观众的积极参与！

四、直播优惠

主播：现在，我要给大家带来一个特别的优惠——购买任意两款羽绒服，即可享受第三款羽绒服8折优惠！这可是限时优惠哦，快来抢购吧！此外，我们还为直播间的观众准备了限量的××元优惠券，只要关注我们的直播间并转发，即可获得领取优惠券的资格。请在领取后尽快使用哦！

五、结束语

主播：今天的直播就到这里了，感谢大家的观看和支持！如果您对今天的羽绒服有任何问题或建议，请随时联系我们。我们下期再见！同时，也请大家继续关注我们的直播间，我们将为您带来更多优质的商品和优惠活动！

7.2.3 主播销售话术

1. 直播话术内容

主播销售话术是指在直播中推销产品或服务时，主播使用的一种有说服力的语言和表达方式。常见的话术围绕产品特点、情感联系、限时优惠等几个方面展开。

（1）产品介绍的沟通方向

在介绍产品时，主播可以突出产品的特点，强调产品的独特性和优势。例如："这款产品采用了最新的技术，具有独特的功能和特点，是市场上不可多得的精品。"为了增强观众对产品的信任感，主播可以通过演示、试用等方式展示产品的效果。例如："大家可以看到，这款产品的效果非常显著，使用后能够立即感受到皮肤更加光滑细腻。"为了增强观众对产品的信任感，主播可以介绍自己的使用经验或引用其他用户的评价。例如："我自己也使用过这款产品，效果真的非常好！很多用户也都给出了极高的评价。"

开场话术
- "欢迎刚来的宝宝，点击关注主播，等一下关注达到100个人以后我就发红包"或者"右下角点赞到1万的时候我就发红包"。
- "欢迎×××（ID名）来到直播间！"
- "宝宝们，8点半我们有发红包活动，9点半我们有个10元秒杀活动哦！"

互动话术
- "大家扣1，让我看到你们的热情，热情越高，我给的秒杀价越低！"
- "想看×号的刷1，想看××的刷2。""换左手这一套衣服的刷1，换右手这一套的刷2。"
- "××主播粉丝在不在？在的评论区刷××主播名字！"

成交话术
- "这款产品之前我们在××已经卖了10万套！"
- "我自己就在用，已经用了10瓶了，出差也天天带着！真的特别好用！"
- "××旗舰店的价格是79.9元一瓶，我们今天晚上，买2瓶直接减80，相当于第1瓶79，第2瓶不要钱，再给你多减2块，我再送你们雪花喷雾，这1瓶也要卖79块9毛钱！"

催单话术
- "不用想，直接拍，只有我们这里有这样的价格，往后只会越来越贵。"
- "今天的优惠数量有限，只有100个，这款衣服这个颜色就只有最后××件了，卖完就没有了！"
- "还有最后三分钟，没有买到的宝宝赶紧下单、赶紧下单，时间到了我们就下架了。"

下播话术
- "感谢××位在线粉丝陪到我下播，更感谢从开播一直陪我到下播的粉丝×××、×××（榜单上的，点名就行），陪伴是最长情的告白，你们的爱意我记在心里了。"
- "今天的直播接近尾声了，明天晚上××点—××点同样时间开播。""明天会提早一点播，××点就开了，大家可以点一下关注哦，各位奔走相告吧！""明天休息一天！后天正常开播！"
- "我马上就要下播了，希望大家睡个好觉、做个好梦，明天新的一天好好工作，我们下次见。"

图7-13　话术集锦

(2) 建立情感联系

直播不是一个人的独唱，主播需要与观众建立基本沟通情景。在直播开始阶段，直播间人数较少时，主播可以与观众进行互动，聊聊大家都在哪，都在做什么或者是进行一些小型的抽奖活动，提前预热直播间氛围，调动观众观看情绪。在推销过程中，主播可以通过与观众建立情感联系来增加购买意愿。例如："这款产品不仅是一种实用的工具，更是一种情感的寄托。相信很多妈妈们都会为了孩子的健康而毫不犹豫地购买。"在直播过程中也要关注直播评论区的观众是否有疑问，或者对高频次出现的问题进行详细地解答，帮助观众解决疑惑，同时也会让观众觉得自己被重视从而留在了直播间。主播讲话的语调决定了这场直播的整体氛围基调，生硬没有起伏地介绍产品、回答客户问题，只会让这个直播间流量逐步归零。主播可以像讲故事一样用富有感情的音调进行产品宣传，不要只限于直播文案的内容，可以适时地加入一些与主播自己切身相关的真实事迹进行表述，让正常直播更具有真实性，渲染能力更强，观众接受能力也会增加。

(3) 限时优惠

在直播中，主播可以通过限时优惠、限量供应、特价促销等方式来吸引观众购买。例如："今天在直播间购买这款产品，可以享受限时8折优惠，机会难得，赶快下单吧！""亲爱的朋友们，我们的优惠价格仅限100件，现在下单的朋友还可以享受到×××（优惠内容）。如果你还在犹豫，不妨先下单试试，相信这款产品一定不会让你失望。赶快行动吧，错过这次机会就可惜了！"

2. 直播基本话术要点

① 直播间有观众进来的时候，要给予一定的欢迎，让观众有被重视的感觉，从而愿意在该直播间停留一段时间，为主播自己争取推荐时间。

② 直播间是需要关注度的，主播适当地通过福利吸引观众关注直播间或者微信公众号，为商家提高存量。

③ 追单的时候，话术引导很重要，很多观众都会犹豫是否购买，这时主播需要用一些限定词进行催促，提高顾客的下单速度，完成直播计划。

主播要想提高销售时的语言能力，就需要不断地说、不断地模仿、不断地创新。

3. 主播的肢体语言

除了直接的语音，主播的情绪和动作应密切地配合，才能达到很好的视觉上的效果。有时主播的一个动作就能胜过主播语言方面的表达，产生无声胜有声的效果，因此主播要运用好肢体语言方面的技巧，让直播内容更加生动活泼，更加有观赏性。具体的仪态要求如表7-6所示。

表 7-6 主播仪态五化要求

合理化	与人设或直播内容契合,不要做与直播内容或货品无关的操作,容易带偏观众。
适当化	长时间直播,要适当地改变自己的形象,不要一成不变,要有新鲜度和创新点。
高档化	禁止如运动衣、睡衣、羽绒服等服装上镜。(如果是带货商品则可穿。)
细致化	注意主播的眉形、背景的漏边、视频的美化程度、灯光螺光或者黑边等。
完美化	追求极致。不管是话术、形态、状态、语气等都要做到最好,将最好的一面带到屏幕前。

4. 直播间不能说的违禁词语

直播销售具有传播特点,用词用语要注意规范,违禁词语主要有 9 类。

① 严禁使用极限用语(如表 7-7 所示)。

表 7-7 极限用语明细

1	严禁使用国家级、世界级、最高级、第一、唯一、首个、首选、顶级、国家级产品、填补国内空白、独家、首家、最新、最先进、第一品牌、金牌、名牌、优秀、顶级、独家、全网销量第一、全球首发、全国首家、全网首发、世界领先、顶级工艺、王牌、销量冠军、第一(NO.1 或 Top1)、极致、永久、王牌、掌门人、领袖品牌、独一无二、绝无仅有、史无前例、万能等。
2	严禁使用最高、最低、最具、最便宜、最新、最先进、最大程度、最新技术、最先进科学、最佳、最大、最好、最大、最新科学、最新技术、最先进加工工艺、最时尚、最受欢迎、最先等含义相同或近似的绝对化用语。
3	严禁使用绝对值、大牌、精确、超赚、领导品牌、领先上市、巨星、著名、奢侈、世界全国×大品牌之一等无法考证的词语。
4	严禁使用 100%、国际品质、高档、正品、国家级、世界级、最高级、最佳等虚假或无法判断真伪的夸张性表述词语。
5	严禁使用时限用语,限时须有具体时限,所有团购须标明具体活动日期,严禁使用随时结束、仅此一次、随时涨价、马上降价、最后一波等无法确定时限的词语。

② 严禁使用不文明用语,如辱骂、人身攻击或带有不文明色彩的词语。

③ 严禁使用权威性词语如表 7-8 所示。

表 7-8 权威性用语明细

1	严禁使用国家×××领导人推荐、国家××机关推荐、国家××机关专供等借国家、国家机关工作人员名称进行宣传的用语。
2	严禁使用质量免检、无须国家质量检测、免抽检等宣称质量无需检测的用语。
3	严禁使用人民币图样(央行批准的除外)。
4	严禁使用老字号、中国驰名商标、特供、专供等词语(特别允许的专供除外)。

④ 严禁使用疑似欺骗消费者的词语,例如"恭喜获奖""全民免单""点击有惊喜""点击获取""点击试穿""领取奖品""非转基因更安全"等文案元素。

⑤ 严禁使用激发消费者抢购心理词语，如"秒杀""抢爆""再不抢就没了""不会再便宜了""错过就没机会了""万人疯抢""抢疯了"等词语。

⑥ 严禁使用疑似医疗用语（普通商品，不含特殊用途化妆品、保健食品、医疗器械）如表7-9所示。

表7-9 疑似医疗用语明细

1	全面调整人体内分泌平衡；增强或提高免疫力；助眠；失眠；滋阴补阳；壮阳；消炎；可促进新陈代谢；减少红血丝；产生优化细胞结构；修复受损肌肤；治愈（治愈系除外）。
2	抗炎；活血；解毒；抗敏；脱敏；减肥；清热解毒；清热祛湿；治疗；除菌；杀菌；抗菌；灭菌；防菌；消毒；排毒；镇定；镇静；理气；行气；活血；生肌肉；补血；安神；养脑；益气；通脉。
3	胃胀蠕动；利尿；驱寒解毒；调节内分泌；延缓更年期；补肾；祛风；生发。
4	防癌；抗癌。
5	祛疤；降血压；防治高血压；治疗。
6	改善内分泌；平衡荷尔蒙；防止卵巢及子宫的功能紊乱；去除体内毒素；吸附铅汞。
7	除湿；润燥；治疗腋臭；治疗体臭；治疗阴臭。
8	美容治疗；消除斑点；斑立净；无斑；治疗斑秃；逐层减退多种色斑；妊娠纹。
9	毛发新生；毛发再生；生黑发；止脱；生发止脱；脂溢性脱发；病变性脱发；毛囊激活。
10	酒糟鼻；伤口愈合；清除毒素。
11	缓解痉挛抽搐；减轻或缓解疾病症状；处方；药方；经××例临床观察具有明显效果。
12	丘疹；脓疱；手癣；甲癣；体癣；头癣；股癣；脚癣；脚气；鹅掌癣；花斑癣；牛皮癣；传染性湿疹。
13	伤风感冒；经痛；肌痛；头痛；腹痛；便秘；哮喘；支气管炎；消化不良。
14	刀伤；烧伤；烫伤；疮痈；毛囊炎；皮肤感染；皮肤面部痉挛等疾病名称或症状。
15	细菌、真菌、念珠菌、糠秕孢子菌、厌氧菌、芽孢菌、痤疮、毛囊寄生虫等微生物名称。
16	雌性激素；雄性激素；荷尔蒙；抗生素；激素。
17	药物；中草药；中枢神经。
18	细胞再生；细胞增殖和分化；免疫力；患处；疤痕；关节痛；冻疮；冻伤。
19	皮肤细胞间的氧气交换；红肿；淋巴液；毛细血管；淋巴毒等。

⑦ 严禁使用封建迷信用语，如算命、算卦、保佑、带来好运气、增强第六感、增加事业运、招财进宝、健康富贵、提升运气、有助事业、护身、平衡正负能量、消除精神压力、调和气压、逢凶化吉、时来运转、万事亨通、旺人、旺财、助吉避凶、转富招

福等。

⑧ 严禁使用民族、性别歧视类用语，如血统、大男人、小女人、男尊女卑、重男轻女等。

⑨ 严禁使用虚假宣传用语如表7-10所示。

表7-10 虚假宣传语明细

1	特效；高效；全效；强效；速效；速白；一洗白；××天见效；××周期见效。
2	超强；激活；全方位；全面；安全；无毒；溶脂、吸脂、燃烧脂肪；瘦身；瘦脸；瘦腿。
3	减肥；延年益寿；提高（保护）记忆力；提高肌肤抗刺激；消除；清除；化解死细胞；去（祛）除皱纹；平皱；修复断裂弹性（力）纤维；止脱。
4	采用新型着色机理永不褪色；迅速修复受紫外线伤害的肌肤；更新肌肤；破坏黑色素细胞；阻断（阻碍）黑色素的形成；丰乳、丰胸、使乳房丰满、预防乳房松弛下垂（美乳、健美类化妆品除外）；改善（促进）睡眠；舒眠等。

5. 其他需规避的行为

除了使用违禁词之外，以下行为也会导致账号被封禁。

① 违规广告：包括但不仅限于出售假冒伪劣和违禁商品，使用一些违反广告法的行为宣传推销，以任何形式引导用户私下交易等。

② 衣着不当：包括但不仅限于裸露上身、穿着露乳沟的上装、大面积裸露文身等。

③ 侵权行为：包括但不仅限于盗用、复制、直播没有转播权的活动现场，录屏直播没有版权的视听内容等。

④ 违背公序良俗：包括但不仅限于色情低俗、血腥暴力、诋毁国家等违反法律法规和有关政策的内容。

⑤ 售卖禁售商品：包括但不仅限于防身小刀、激光笔等管制刀具；烟花、爆竹、鞭炮等易燃易爆物品；含有情色、暴力、低俗内容的商品等。

⑥ 对未成年人有害的行为：包括但不仅限于未成年人进行单独直播、诱导未成年人进行消费或者充值等。

⑦ 其他不合适直播的行为：直播车祸、矿难等事故场景，精神疾病患者等无完全民事行为能力的人单独直播等。

> **练一练：**
>
> 尝试为以下产品撰写直播脚本：
> (1) 某品牌防晒霜。
> (2) 某品牌冲锋衣。
> (3) 某品牌牛肉干。

7.3 直播流程注意事项

7.3.1 需求沟通

1. 选择合适的话题

做好直播前的准备，可以将合适的话题罗列出来，做好话题的备选，在即将无话可说或者气氛尴尬的时候进行话题转移，确保直播间的用户的活跃度。

2. 切忌交浅言深

不要在直播间内传递负能量，或者分享过于沉重的经历，如生病、死亡。毕竟大家都是怀着愉悦的心情来购物的。评论区出现政治立场、健康、宗教、过于私密的个人信息等，同样不适合在直播间内讨论。如果直播间内有人提起了这些话题，主播要转移话题。

3. 明确沟通的重要性，正确对待沟通

首先要充分认识到沟通的重要性，深刻体会沟通对直播活动的作用，不应该只注重个人关系的维护，要在粉丝圈中形成一个整体，使主播在使用沟通解决问题时不会手足无措。

4. 沟通必须目的明确、思路清晰

有效的沟通应该是有的放矢的，沟通应先征求对方的意见，使沟通的双方都清楚需要沟通的内容。在沟通的过程中尽量保持思路清晰，不向对方提供模棱两可的信息，并恰当地运用谈话方式和说话语气，力求措辞清晰、明确，还要注意感情上的微小差别。

5. 相互尊重、赢得信任

沟通的效果不仅取决于沟通的内容，还受沟通双方的人际关系影响。尊重粉丝的主播能够得到粉丝的信任，能够让粉丝说出自己的想法，一旦主播得不到粉丝的信任，那么双方的沟通就会大打折扣。

6. 关于语速

语速是一个比较难把控的因素，因为每个人的生活习惯都不尽相同，对于语言的要求也就会产生差异。语速过慢会让用户失去耐心，你话还没说完，用户已经理解你的意思了；语速过快又会让用户感到聒噪、听不清楚。主播的语速控制极为重要，要让观众听清楚产品的介绍，也不会显得很杂乱无章。

7.3.2 脚本预演

1. 商品的出场顺序

在直播过程中，低价位的商品通常先出场，先增强用户的购买欲望，然后就可以上架更多其他种类的商品。但在实际直播中，过多的商品如果没有事先排好出场顺序的话，可能就会导致顺序出错，进而对后续商品的出场造成不好的影响。

2. 商品的介绍试用

在直播中，主播对商品的介绍通常是基于试用，这是为了让用户看到实际使用效果之后，促进用户的购买冲动。不过需要注意的是，有些商品如衣服试用时要看上身效果，如化妆品就需要看使用技巧、上脸效果等。

3. 直播的优惠政策

主播要先搞清楚优惠政策，不要在直播间中犯这种"介绍是已经优惠到100元就可以买到，结果消费者付款时发现是150元才能买到"的错误，这样很容易让消费者心理产生落差感并降低对该购物直播间的信任，而且这种事也容易被消费者认为是虚假宣传。因此，为了避免出现这种错误，在直播开始之前，先搞明白优惠政策，确定好优惠价格。

总而言之，在电商直播开始之前，直播团队在直播彩排中要注重关注这三点，避免因为不必要的错误而影响了最后的销量。

7.3.3 前期宣传

1. 直播文案预热

好的文案能够起到画龙点睛的效果，勾起粉丝的好奇心，吸引粉丝驻足观看。在个人账号主页展示直播预告，包括直播时间和直播内容，让粉丝养成定时定点观看直播的习惯。

2. 视频预热

视频预告是直播前预热工作最重要的环节，预告什么时候开直播，把信息传递出去，吸引更多的粉丝观看。视频中可以展示直播时间、直播内容和直播福利，视频的结尾处还可以设置悬念，吸引用户来直播间一探究竟。

3. 站外预热

开播前我们可以在粉丝群里通知直播消息，如果是铁杆粉丝，可以单独私聊通知，可以在票圈等地方进行直播，将私域流量引入到直播间。

4. 付费预热

除了自然导流到直播间，还可以付费推广，为直播间导流，如果你的短视频作品当中有人气比较高的作品，可以通过付费推广进一步获取更多曝光。推广生效的时间段进行直播，这样用户在看你的视频时，可以通过点击你的头像进入直播间。还可以直播时购买直播推广为直播间加热引流。

5. 同城定位

开启同城定位，能够吸引更多同城的用户进入到你的直播间，如果你有线下实体店，同时内容又与你的店铺行业相符，还会给你的线下店铺带来意想不到的客流量。

7.3.4 直播场控

1. 场控目的

直播间场控的主要工作就是活跃直播间气氛和粉丝互动，同时在整个过程中弱化自己，突出粉丝。

2. 场控任务

直播间场控对于主播来讲是非常重要的，主要任务是协助主播把控直播间氛围、引导粉丝互动、处理突发状况等，对主播直播节奏有直接影响，一般由主播的对接运营或大粉丝来担任。

3. 场控职能

（1）调节直播间气氛

主播直播间氛围的好坏直接影响粉丝的观看情绪，也会影响主播的带货效果。优质的直播间粉丝互动气氛浓厚，在直播间停留时间长，留存率高，同时直播间的人气也会越来越高。

场控在主播直播期间的主要工作就是调节直播间气氛，调动粉丝积极性，配合主播节奏，切记所有的话题最后一定要正向引导，防止舆论失控，导致翻车事故。

（2）给予粉丝陪伴

在主播直播过程中，需要在气氛调节中突出粉丝存在，陪伴粉丝互动。对于高质量的优质粉丝团，需要做到进场欢迎，离场欢送，提醒主播，及时互动，并且适时地给粉丝送一些热场礼物。

切记场控在直播过程中一定不要风头盖过粉丝，不要让粉丝互动话题落地，也不要抢话题，要衬托粉丝，弱化自己的存在感，包括弱化自己在直播间的存在以及榜单的存在感，不要发生激化粉丝矛盾等不符合场控目标的事。

（3）维持直播间秩序

由于直播间言论自由，粉丝可以任意发言，所以常常会遇到在高人气直播间打商业广告、挖人、带节奏等影响直播间氛围的事情发生。

及时清理乱打广告，辱骂粉丝、主播的黑粉非常重要，当然也会遇到一些商业合作或优质粉丝需要主播下直播后沟通的情况，场控要及时地关注记录，防止丢失联系方式，以便于主播后续快速高效地进行回复。

（4）直播复盘

场控在主播直播过程中的协助与记录有利于后续直播复盘的信息，对直播中存在的问题及时改进，优化直播流程，丰富直播内容。

（5）注意事项

场控在直播间工作的时候也是以粉丝的身份在管理，所以有时会出现迷失方向的现象，会忘记自己的场控身份，失去管理意识，造成严重后果。对此要记住以下几点。

① 切忌盲目带队，盲目跟风，忘记辅助管理身份，盖过粉丝风头。

② 对主播负责，场控在直播间就是主播代表，场控的不当言论会直接造成主播的人气损失，给主播造成巨大的负面影响。

③ 场控需要对公司负责，不成熟的方案会带来巨大损失，要在合理的预算范围内给主播做到最大的宣传。

> **议一议：**
> 直播带货还有哪些注意事项？

第8章 直播营销策略

直播在过去几年中一直呈现出强劲的发展态势,现已成为电商营销的主要阵地,通过电商直播进行购买在国内已经成为一种主流的购物方式,并在全球范围内逐渐流行起来。在未来仍将保持增长,其发展态势呈现出明显趋势。

① 观众规模扩大:随着互联网和移动设备的普及,越来越多的人开始观看直播。直播平台吸引了大量的用户,涵盖了各个年龄段和兴趣领域的观众。观众规模的扩大为直播提供了更广阔的市场和商业机会。

② 社交媒体整合:社交媒体平台(国内如微信、小红书,国外如 Facebook、Instagram 等)纷纷加入直播功能,使得用户可以在自己的社交网络上进行直播。这种整合为直播提供了更多的曝光和分享机会,增加了直播的可见度和受众。

③ 冲动性消费:消费者可以通过直播观看产品展示、互动购物和即时下单,增加了购买的冲动和信任感。

④ 创作者和个人直播:越来越多的个人和创作者开始利用直播平台展示自己的才艺和技能,包括音乐家、舞蹈家、美食博主、游戏主播等。个人直播为创作者提供了直接与观众互动和建立粉丝群体的机会,同时也为他们创造了收入来源。

⑤ 跨界合作和 IP 授权:直播平台与其他行业进行跨界合作,如体育赛事、音乐演出等活动。

8.1 产品策略

8.1.1 直播选品的原则

直播销售的产品是消费者观看直播进行购买最本质的诉求,线上直播与线下商超销售最大的区别在于观众只能通过屏幕隔空感知产品特点,无法接触实物。因此,选品时,要把产品的品相放在第一位,选择外观、质地、使用方法以及使用效果具有冲击力的产品。这种冲击力可以最大限度激发消费者的购买欲望。要把控好产品的实际效果，超出观众预期，性价比高。同时，好的品质能带来好的售后服务，避免售后问题。如果可以选择产品品牌，应优先选择知名产品。知名产品的质量有保障，能提高直播间转化率。除此之外，产品适用的用户群体、与直播间的匹配度、供应链情况都是需要考虑的要素。

（1）选择专业知识范围内且亲自尝试过的产品

在直播选品的时候要选择自己专业知识范围内的产品，如果不在自己专业范围之内，要在直播前1~2周内深度了解产品、熟悉产品，挖掘产品的特点和卖点。

（2）选择低价、高频的刚需产品

目前直播的受众还是集中在下沉市场，考虑直播账号的风险控制，选品大多以女性的彩妆护肤品、生活用品、食用快消品、服饰为主，这类产品平均客单价一般在200元以内。积累了经验以后，再考虑开辟个性化道路，打造特色产品，提高单价。

（3）选择展示性强的产品

在选品的时候，我们应该重点判断目标产品是否适合以视频的形式展现出来，可视化场景素材越多，越有助于商品的推广。比如说像粉底液这样的产品，一上妆就很容易通过视频将它的使用效果展示出来；证明垃圾桶更结实，可以站立在垃圾桶上；证明清洁剂的去污能力强，可以现场做去污演示；想卖炒锅就可以在摄像头面前炒菜，证明它为不粘锅；想证明沙发垫耐磨，可以用现场的铁丝球高强度刮磨。相较于传统电商平台的图文展示，直播互动，演示方式更能体现产品亮点。

（4）选择能引起共情的产品

直播带货能引起共情的方式分为产品共情和身份共情。吃播为什么能火？就是因为典型的产品共情，主播在屏幕前吃得津津有味，所食的产品能让观众产生同理心，看起来好，我也想吃想买。尤其是甜与辣最能够激发观众食欲，像自热锅、鸭脖、螺蛳粉、麻辣香肠、巧克力、奶茶这类商品销量一直较高，罗永浩初次抖音直播的时候卖的是奈雪的茶，一共卖出10万件商品，总销售额达到了900多万元。而身份共情指的就是产品的使用体验能引起消费者共鸣，譬如母婴类产品，宝妈主推的产品更能获得消费者的信任。

（5）根据市场热度选品

电商产品的生命周期越来越短，直播需要关注市场中消费者需求和流行趋势的变化，了解目前市场上最受欢迎的商品类型、品牌和功能，以此来选择和推广相应的产品，具体可以通过市场调研、参加展会、查阅相关行业报告等方式获取信息。

选品要注重在市场上寻找新兴品牌和创意产品，这些品牌和产品往往具有独特的卖点和市场需求，可以提供更高的利润空间。同时，也要关注一些创新性产品，这些产品可能会引领新的市场趋势。此外，季节性和节日因素对市场热度的变化也有着重要影响，要考虑不同时节消费者关注的重点，例如，在夏季，人们更关注防晒用品、清凉饮品等商品；而在节日期间，人们更关注礼品、装饰品等商品。

> **议一议：**
> 现阶段，你会选择什么样的产品进行直播？为什么？

8.1.2 产品组合策略

产品组合策略是商家为面向市场，对所生产经营的多种产品进行最佳组合的谋略。产品组合的广度、深度及关联性处于最佳结构，可以提高产品销售的竞争能力，取得良好的经济效益。

1. 产品组合方向

在直播中，常见的产品组合通常从两个方向考虑：产品的关联性和主题的组合性。

（1）关联产品的直播组合

基于用户需求和购买习惯，将具有关联性的产品组合在一起，能够形成购买溢出，批量购买。例如，化妆品可以与护肤品组合在一起，或者将同一品牌的不同产品组合在一起。有时候，不同品牌产品跨界组合也能获得良好的反馈，例如，将多个品牌的手机、平板电脑等电子产品组合在一起，或者将不同品牌的服装、鞋子等搭配在一起。也可以考虑消费者特性来扩展产品之间的关联性，如针对年轻群体需求，可以将零食、饮料和文化用品等不同类别的产品进行组合、打包售卖。产品组合示例如下：

口红和底妆：这是美妆类产品中最受欢迎的组合。在直播中，主播可以推荐适合不同场合和肤色的口红，并搭配相应的底妆产品，以增加整体妆容的亮点和持久度。

眼影和睫毛膏：眼妆一直是美妆领域的热门话题，直播中推荐的眼影和睫毛膏也备受关注。主播可以介绍不同颜色和质地的眼影和睫毛膏，并示范如何搭配使用，以打造出不同的妆容效果。

服装搭配：在服装类直播中，主播可以将不同的服装搭配在一起，以展示出最佳的穿着效果。例如，可以将一件修身的牛仔裤搭配一件宽松的白色T恤，以展示出时尚休闲的风格。

数码产品组合：在数码类直播中，主播可以将不同的数码产品组合在一起，以展示其功能和优势。例如，可以将一部智能手机和一台平板电脑组合在一起，以展示其协同工作的效果。

美食搭配：在美食类直播中，主播可以将不同的美食搭配在一起，以展示出最佳的口感和营养效果。例如，可以将一杯咖啡搭配一块蛋糕，以展示出浓郁的口感和香气。

（2）围绕主题的产品组合

主题组合是指将与某一主题相关的产品组合在一起，以满足消费者在特定场合或特定主题下的需求。这种组合方式通常适用于特定的节日、活动或特定场合。例如，结婚主题组合，将婚礼服装、婚纱摄影、摆件、床品、首饰甚至酒席团餐活动等与婚庆相关的产品组合在一起；还可以设定对象主题，将动漫周边产品、明星周边产品和游戏周边产品等主题商品组合在一起。这种组合方式可以让消费者在购买时更有针对性，同时也能增加产品的文化内涵。在选择主题的时候要从目标受众出发，考虑产品搭配的相关性和特定的文化内涵。

在直播时，为进一步丰富产品组合可以重点考虑以下三个方面：① 扩大产品组合的广度，利用商家现有产品增加不同品种类型产品的搭配。② 发展产品组合的深度，以满足市场对同类产品的不同要求，提高市场占有率。③ 强化产品的关联性，从商家降低成本、提高质量的需求出发，尽量缩小产品组合的广度和深度，集中搭配少数产品。

2．产品组合策略

产品组合的具体策略要根据直播类型来考量，目前常见的直播商家有三种类型。

（1）达人型商家

较少拥有自己的货品生产能力，主要依赖精选联盟、星图等方式和其他商家合作直播带货。

（2）品牌型商家

一般有设计+生产商品的能力，或拥有某一品牌，主要直播自主生产或自有品牌产品。

（3）供应链型商家

通常依靠与不同渠道合作，获取品牌电商授权，再集合多个授权品牌产品进行直播带货。

商家类型的不同，其在直播时货品组合的数量、种类也存在明显差异。在货品组合前，还需考虑不同品类产品的体验感、客单价、毛利率和退货率，对直播活动的效益形成基本的预期（表8-1）。

表8-1 不同品类商品的组合特性

	服饰鞋包	美妆护肤	生鲜食品	家电数码	图书音像	汽车	家居家装	本地生活
体验感	高	高	中	较高	较低	较低	较高	低
毛利率	50%+	50%+	15%+	20%+	20%+	15%+	30%+	10%+
客单价	较低	较低	低	较高	较低	高	高	中
退货率	高	较低	较低	较高	较高	较低	较低	中

常见的组合策略在具体操作过程中，根据从少到多、从简到繁大致可以分为五类。

① 单一款式组合，即全部为同一品类产品，比如全部为美妆或食品（表8-2）。

表8-2 单一款式产品组合策略

SKU 数量	常见情况为1~5款，主推其中1~2款产品，比如2款口红，或1款零食
商家类型	品牌型商家；供应链型商家
优势	组货成本低、操作简单，门槛低
劣势	受众过于单一，转化成本较高，通常对广告流量依赖度高

② 垂直品类组合，即同一品类产品或相关产品，比如全部为美妆或食品（表8-3）。

表8-3 垂直品类组合策略

SKU 数量	SKU 数量一般较多，一般在 30 款以上，且定期更新
商家类型	达人型商家；品牌型商家；供应链型商家
优势	货品品类集中有利于吸引同一类人群从而提高转化率，直播爆发潜力大
劣势	货品品类垂直，粉丝也趋于垂直，不利于拓展直播品类

【案例】

某女装品牌商家，在 2021 年 10—11 月通过组合搭配自有品牌产品，直播 42 场，带货金额超过 4 000 万元。商家每场直播的组货产品可以大致分为利润款、引流款、尝试款、秒杀款、福利款、搭配款等，并按一定比例进行组合，产品上架顺序按引流款—秒杀款—利润款—搭配款—福利款—尝试款—引流款依次循环；上架产品的价位一般按照低—中—高—中—低—中—高循环。

③ 多品类组合，通常包含了 5 个及以上的品类产品，其中食品、美妆、家居、珠宝、服饰最为常见（表8-4）。

表8-4 多品类组合策略

SKU 数量	常见为 30—80 款产品
商家类型	明星/达人型商家；供应链型商家
优势	品类多样，受众范围广，引流简单，直播间停留时间长
劣势	直播时容易被粉丝多样化需求带偏节奏，影响直播效果，对主播和场控能力要求较高

【案例】

某明星商家在 2021 年 10—11 月直播 3 场，直播带货 GMV 超过 2 亿元，共带货 348 款产品，场均 SKU 数量 116 款，产品类型超过 10 个大品类，其中 SKU 数量占比较大的有：珠宝文玩、食品饮料、服饰内衣、母婴、美妆、家居日用、家用电器、个人护理、生鲜。在价位上，主要以百元类产品数量居多，占比 34%，其次为千元以上产品（全部为 GMV 产品），占比 19%，100—400 元类的爆款产品合计占比 29%，价位具有层次性，结合多品类的组合，既有利于 GMV 爆发，又能达成单量爆发。

④ 品牌专场组合，即货品由同一品牌或衍生品牌产品组成，这类直播通常以品牌商为主导，比如全部为"中国黄金"产品或"三只松鼠"产品（表8-5）。

表 8-5 品牌专场组合策略

SKU 数量	SKU/数量在 20—50 款之间
商家类型	达人型商家；品牌型商家
优势	吸收忠诚型客户，与品牌官方合作提供了正品"背书"，同时作为专场合作可以拿到更大优惠，利于直播间转化
劣势	单一品牌组合难度较大，品牌专场直播数据一般都不及日常直播

【案例】

某达人与中国黄金珠宝品牌合作直播带货，基于该达人粉丝低线城市/下沉比例较高，故团队选择了低客单价的首饰类产品进行直播，以 101—200 元之间的足金吊坠为主，打造直播间爆款，同时搭配 201—1 000 元客单价的产品来满足少量粉丝的购物需求，再用少量几款 100 元内的吊坠产品作为宠粉款，最终该场直播 GMV 超过 110 万元。

⑤ 平台专场组合，与多品类组合类似，区别在于货品来源不同，平台专场组货的产品，一般由某大型平台商家/大型供应链商家单独提供（表 8-6）。

表 8-6 平台专场组合策略

SKU 数量	常见为 30—80 款产品
商家类型	明星/达人型商家；供应链型商家
优势	大型平台和其背后的供应链带来的货品资源更加优质，往往能提供较高的优惠力度，加之平台的正品"背书"，能大大提高观众的购买意愿
劣势	平台组合成本较高，直播优惠力度有限，容易被竞争对手定向打压

【案例】

某购物平台在"双 11"当天，自主组货并邀请明星合作在抖音直播带货，整体 GMV 超过 1.6 亿元，上架产品 72 款，数量上以食品饮料、美妆、家用电器、酒类、珠宝文玩、手机居多，价位主要集中在百元内小物件（引流款），201—400 元的中客单价产品（利润款）和 1 001—5 000 元的高客单价产品（GMV 款）。直播产出主要以手机数码＋珠宝文玩 2 个高客单品价类带动 GMV（高度依赖），食品饮料＋美妆等低客单价产品带动成单量。

直播选品的组合是一个复杂的过程，需要结合自身的定位考虑多方面的因素。组合的基础是要有好的商品，根据粉丝画像并结合近期成交过的用户标签需求点进行选品也很重要。打造长久信任的基础，可以提升用户的信任度和复购率，最终目的都是打造一个高成交额的直播间。

> **练一练：**
> 假设你是以下某个品牌产品的直播团队，请尝试进行一次时长 3—4 小时直播的产品组货安排。
> （1）雪中飞。
> （2）三只松鼠。
> （3）雅诗兰黛。

8.1.3 爆品打造

爆品是指自然时间段内（一般以一周或一个月为计）销量特别大，人气特别高，甚至部分时间段供不应求的商品。直播营销的传播特点决定了网络购物爆品增生的可能性。

1. 直播爆品具备的要素

直播电商爆品需要具备高需求度、高传播性以及高转化率的特点。这三者相互影响，共同决定了产品的市场表现。首先，高需求度是指产品能够满足大众的需求，通常是针对目标客户特定需求的解决方案。其次，高传播性表示产品具有广泛的传播影响力，可以迅速在社交媒体上获得热度。最后，高转化率意味着观众对产品有强烈的购买欲望，并能够快速完成下单付款的动作。具体的要素可以考虑五个方面。

（1）高使用率的消耗品

产品的使用周期较短决定了这个产品的需求量很大，会有较高的购买量。例如：牙膏、牙刷、洗发水、纸巾、洗衣液等日化家用产品较之其他品类产品更容易走单走量。年轻消费群体中风靡的茶饮、咖啡、零食也容易成为畅销产品。

（2）客单价适中

适中的价格保证了供应链上的利润。低价商品适合用来引流，但并不适合做爆品，因为低价商品所带来的利润太低，不能将利益最大化，而高价商品虽然能带来较高的利润，但随着价格的提高，它的销量也注定不会太高，所以也不适合做爆品。而客单价适中的商品在保证有一定利润的前提下，也能够有较大的销量。成为爆品后更能进一步提高销量，适中的价格也让爆品商品不会像高价商品那样让消费者在下单前再三犹豫。

（3）性价比高

对于消费者而言，愿意购买本质上是获得较高的性价比。性价比高也就意味着产品的核心竞争力高，那么就更能在和同类商品的竞争中胜出。产品性价比如果比较低的话，覆盖人数肯定就会比较少，自然就很难成为真正的爆款。

（4）解决消费者痛点和需求

消费者产生消费行为的本质即是消费者产生了需求后，通过消费行为来满足自身的需求。而爆品的选择就是要剖析目标消费者的需求，然后根据需求进行筛选，来最大限度地满足消费者需求。爆品的选择要跟随市场的方向，要根据当下消费者的兴趣点来选择。如秋冬季降温时节主推羽绒服，更好地贴合消费者需求。

（5）成熟产品，即被大众认可、确认需求的产品

爆品需要的是成熟的，已经被大多数消费者认可的产品，不需要重新培养消费者习惯的商品，可以最大限度避免出现因消费者不熟悉产品而导致的售后问题，也不用担心产品作为爆品上市之后，发生销量惨淡的情况。

2．科学选择爆品

直播电商爆品的打造是一项系统性的工作，需从商品、渠道、市场、品牌等多个角度进行考虑和策划。

（1）精准定位

首先需要明确产品的定位和目标受众，了解用户需求和痛点，从而制定相应的营销策略和推广手段。通过后台的关键词分析筛选出客户热搜词汇，充分了解账号粉丝的属性，以提供他们最需要的商品。例如，通过登录抖音的官方后台，研究粉丝画像，如地域、年龄、性别、设备和兴趣分布等数据，以便"投其所好"。除此之外，要想打造爆品，选择应季商品也是关键，这能迅速击中用户的需求点，缩短他们的决策周期。

（2）保证产品的供应质量

产品质量是打造爆品的基础，只有高质量的产品才能获得用户的信任和口碑，从而促进产品的销售和推广。把握产品的品牌、品质、品相，备好货源，做好供应保障。必要的时候探店、工厂探访、产品试用、性能比较测试应作为常规的管理操作。

（3）差异化策略

产品作为打造爆品的备选对象后，要进行多平台的比较，并针对不同人群做好预调研，选取平台热销的类似产品，做差异化，不打价格战。可以提取差异化的标签、快时尚要素来帮助消费者甄别产品的功效，如定义"烤箱"与"空气炸锅"的功能特点；开发差异化的需求，如区别"榨汁机"和"水果杯"在应用场景上的差异。

3．打造爆品运作

明确打造爆品的对象后，要为其量身定做一整套的营销方案，包括定价、卖点提炼、提高转化、设计爆款周期等。

（1）爆品的定价策略

价格是打造爆品的重要因素之一，要根据目标受众的购买能力和需求，制定合理的价格策略，同时要注意保持价格优势和性价比。如图8-1所示为爆品定价策略，如果产品本身有良好的品牌"背书"，品牌忠实客户稳定、口碑良好，一般维持声望价格即可，如美妆领域的"海蓝之谜""雅诗兰黛"，维护其渠道基本售价就可以。而大多数产品可以利用尾数定价策略，如9.9元、149.9元来保持自身的价格水平，降低消费者

的价格空间认知。习惯定价更多的诉求在于培养消费者使用习惯，所以采用批量折扣的方式降低客单价，吸引消费者购买，如"清风"纸巾 3 层 24 包的件货，推出"买 2 件减 20 元，买 4 件减 40 元的活动"，用基础优惠换取消费习惯。与习惯定价相反，对于客单价比较高的产品，可以采用小计量定价引导使用的方法降低客户的试错成本，推出"试用装""节日装""替换装"来获取新客户的尝试。还可以使用如"16.88 元""888 元"这类容易夺人眼球的吉利数字，在直播中讨个口彩。另外，如果店铺或品牌的口碑良好，采用招牌定价来进行低客单价的一些福利走量也可以获得良好的效果。

图 8-1　爆品定价策略

（2）卖点提炼

通过挖掘客户深层次的需求匹配产品的特色优势，提取出最具有吸引力和竞争力的卖点，形成有趣的文案或者精干适用的短语，将其转化为能够吸引潜在客户的语言，从而结合产品或服务的独特性和品牌形象来进行有效的宣传，激发消费者的购买欲望（图 8-2）。如某品牌牛奶的"醇正营养，限定产地"、某品牌酸奶的"纯净配方、无添加剂"、某品牌蒸锅的"久蒸不变形，大胆蒸，放心吃"等文案，其共同的特点是卖点清晰，易于传播。

图 8-2　食品的卖点提炼

① 卖点分析。提炼卖点，首先要找出产品或服务的特点或优势，需要针对产品进行分析。具体的分析流程如图 8-3 所示。

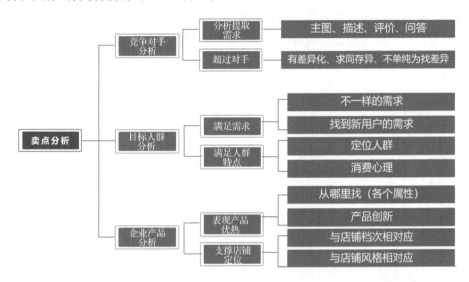

图 8-3　卖点分析流程

② 找出核心卖点。产品的特性明显，优势较多，可以形成不同的卖点，在不同渠道营销时主打的方向有差异。但直播需要匹配主要受众客户，找准核心卖点，才能促进成交。核心卖点要考虑三个要素，即消费者真正的痛点、内在的价值需求和根本的利益获得。如某品牌的气泡水，主打"0 糖 0 脂 0 卡"，切中了爱喝饮料又怕长胖的年轻群体的休闲饮食痛点。而产品能够提供的价值也是直播需要重点考虑的一个点，除了产品本身，挖掘产品的社交价值、提供情绪价值也很重要。最根本的当然还是产品带给消费者的利益，即实实在在的好处，如某品牌牙膏的"不怕口腔问题"、某品牌新一代家庭中央空调的"用电省一半"等。

（3）营销推广

除明确卖点外，营销推广也是打造爆品的必要手段，可以通过多种渠道进行宣传和推广，如社交媒体、广告投放、KOL 合作等。在推广过程中要注意目标受众的需求和兴趣点，以及使用合适的营销手段和语言风格。

直播销售的主播团队要注重爆品的产品信息收集，除了产品核心卖点之外，包括品牌背景、产品使用方法、使用效果与感受、使用场景、直播间专属价格等，都需要在开播前准备和了解。同时在讲解商品的时候，一定要亲自试用、试吃、试穿，也就是体验式展示产品，有条件的可以打造应用场景。另外还可以传播与产品相关的专业知识，形成自己的产品理解特色，吸引粉丝、留住粉丝，实现转化。

爆品一般会有量化周期，引爆之后会有持续的效应，这个持续时间可长可短，通常会经历孕育—成长—成熟—衰退的过程，存在运作的空间（图 8-4）。有的直播营销要把握好受众兴趣点的变化，努力延长爆品的效应周期。一方面，要不断推出新的产品和服务，满足用户不断变化的需求和口味，从而保持爆品的持续领先地位。另一方面，要维护好售后服务的品质，重视售后的传播效应，良好的售后服务可以增强用户的购买体验和提升信任度，同时也可以提高用户的口碑和忠诚度（图8-5）。

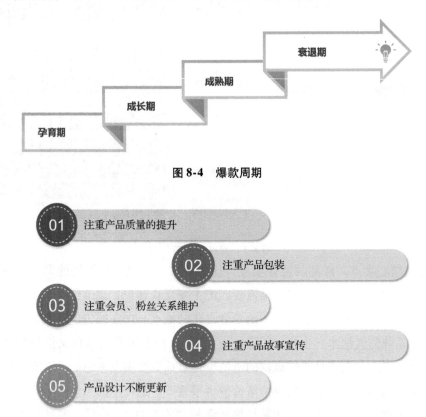

图 8-4　爆款周期

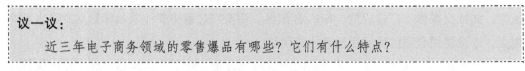

图 8-5　延长效应周期的关键

总之，打造爆品需要精准定位、高质量的产品、合理的价格策略、有效的营销推广、良好的售后服务以及持续创新等多个方面的配合和支持。

> 议一议：
> 近三年电子商务领域的零售爆品有哪些？它们有什么特点？

【案例】

"三顿半"爆品打造实验

三顿半于2015年注册成立，2018年登陆天猫，而后其品牌就一直保持着强劲增长态势，2019年登顶天猫"双十一"咖啡类目榜首，2021年6月完成融资，估值45亿元。

如何让消费者随时随地喝上好喝的高品质咖啡，是三顿半面临的问题，作为一个新品牌，如果没有解决实质的咖啡消费痛点，甚至是创造新的需求的魄力，那就与其他品牌一样，最终只能淹没在市场中。不同于市场上的速溶咖啡、现磨咖啡、即饮咖啡，三顿半尝试创新，改进制作工艺，摒弃传统速溶咖啡的高温高压制作方法，将精品咖啡中的低温萃取方式迁移过来，使得其产品可以在不同温度中做到"无需搅拌，三秒速溶"。

一、产品层面

1. 三顿半将便捷性做到极致的一大创新点在于超级速溶技术——低温慢速萃取技术。在不同的液体中，不同的温度条件下，无需搅拌，三秒即溶。这就与传统的速溶咖啡，需要花一定的时间搅拌，形成巨大的差异。另外，相较于日常生活中咖啡热水冲泡、高温煮沸的工艺，低温慢速萃取技术，可以最大程度保留咖啡的原始风味，让三顿半的咖啡喝起来完全不逊色现磨咖啡，解决了便捷和口味的痛点，一举两得。

2. 在产品包装上，三顿半借鉴当时十分火热的茶叶品牌——小罐茶一罐一泡的创新包装风格，推出小罐咖产品，无论是在家、办公室、上班途中、出差旅游，都可以让消费者实现随时随地喝上好喝的高品质咖啡的愿望。

3. 三顿半在产品的开发上的要素重组和异位创新：精品＋速溶＋胶囊＋防弹，即精品咖啡般的口感，低温冷萃保留咖啡的风味，创新开发精致主义的咖啡新喝法。速溶咖啡般即食，创新低温冷萃技术，无需搅拌，在牛奶、水等液体三秒超即溶，改变精品咖啡费时费力的体验。胶囊咖啡般小巧，三顿半咖啡采用高颜值小罐 mini 装，使用编号提升精致感，注重年轻消费者的体验感。防弹咖啡般功效，0 添加、0 蔗糖、0 脂肪原料配方，注重健康和轻养生的饮食新风潮。

二、营销层面

1. 选择更有潜力的 KOC。不同于其他品牌喜欢找一些头部 KOL 来进行产品营销，三顿半则是选择了更有潜力的 KOC，也就是意见消费者。出身于用户中的 KOC 虽然整体的影响力没有办法和顶级的 KOL 做比较，但是 KOC 在他们各自的圈子里却有着极大的影响力，而且生产出来 UGC 内容（用户原创内容）更贴近消费者。对于新创消费品牌三顿半来讲，KOC 是天然的种子用户与口碑传播者的最优选择。在 2015 年时，三顿半就已经从下厨房 App 收获到了第一批种子用户。下厨房 App 的美食爱好者也远比普通用户拥有更为挑剔的味蕾。于是三顿半给部分用户寄送产品进行样本测试，这些"挑剔"用户所给的反馈，使得三顿半的早期产品得以不断优化、改善、打磨，甚至引起了下厨房 App 官方团队的注意，给予流量扶持。

2. 三顿半"返航"计划。为了解决了空罐回收问题，三顿半开启返航计划，每年开展两次，消费者可通过小程序预约，在指定开放日，将喝完的空罐就近送至返航点完成回收，这些返航点均是三顿半合作的咖啡馆、书店、共享空间和公益机构等，分布在

17个城市29个场所，可以兑换咖啡或者利用空罐做成的周边。这样一来既制造了营销话题，又赢得了公益环保的口碑，让消费者的好感度大增。而能够回收空罐的前提是，在最初设计产品的时候，三顿半就选择了100%可回收的环保材料，并且回收材料可以再次利用，但为了保证安全卫生，不会再次用于与食品相关的包装材料。

3. 与生活方式品牌做联名活动。三顿半在联名品牌的选择上，一直热衷于与生活方式品牌间做联名活动开发设计。其联名品牌比较多元，有咖啡行业的、也有茶饮牛奶的、还有文艺青年、知名导演，甚至是流量平台。坚持联名的形式不只是简单地推出新产品，摆上货架就开卖，而是通过共同做线下的集市活动、一起推出形象宣传片等方式，形成长链传播。

（资料来源：① 塔望咨询.「消费战略」解读100个食品品牌 | 速溶咖啡精品化，"三顿半"承接强势需求！2023年10月7日；② 品牌周刊.只用5年成为天猫咖啡第一，新国货品牌"三顿半"的黑马策略！2021年11月23日。有改动）

8.2 IP打造

IP的英文全称是Intellectual Property，即知识产权，在互联网时代，它可以指一个符号、一种价值观、一个具有共同特征的群体、一部自带流量的内容。在电商直播领域被理解得更为通俗，它代表的是主播的独特形象和品牌，是主播给观众呈现的个性、说话方式、穿搭风格等特征的总和。IP的概念在直播电商中非常重要，明星、网红、KOL、KOC、创作者等借助形象包装、艺术展现、宣传视频打造IP特性，推荐卖货并实现"品效合一"。IP的打造直接关乎"吸粉"引流、转化变现效果，是直播电商运营中非常重要的一环。

8.2.1 个人IP打造

1. 个人IP的内涵

个人IP，本质上是个人品牌，是一个人的价值被内容化、标签化，进行宣传展示后所形成的特定认知或印象。对于其拥有者来说，个人IP是一种能够更容易与周围的人产生链接、建立信任、带来溢价、产生增值的无形资产。从某种意义上说，个人IP也代表某一个人在他所属的专业领域具有强大的影响力和超级流量属性。比如看到马云，我们就能联想到阿里巴巴，从消费者的视角考虑的就是淘宝天猫平台；而乔布斯，作为苹果教父，代表了手机运用创新创意的方向。

个人 IP 的内涵（图 8-6）延伸开来，包括一个人的思想、价值观、经验、才能和影响力等方面。它是一种独特的资源，可以帮助个人在职业生涯中获得更多的机会和成功。它需要长期的积累和经营，需要对自己的品牌进行深入的分析和规划，并通过多种渠道进行宣传和推广。

2. 打造个人 IP 的意义

通过打造个人 IP，可以建立专业形象，可以更好地展示自己的专业知识和技能，提

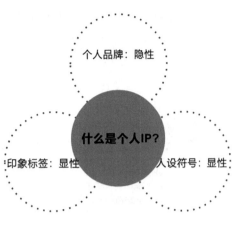

图 8-6　个人 IP 的内涵

高自己在所从事领域的知名度和影响力，赢得更多的信任和认可，可以帮助获得"低成本的私域流量"，从而获得更多的商业机会和资源。通过长年累月的内容运营，可以建立起强大的信任感，这种基于个人的信任感是其他营销手段无法比拟的，它是解决未来获客和成交的有效方式。

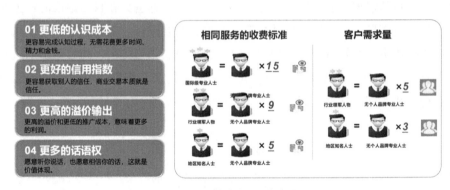

图 8-7　打造个人 IP 的意义

3. 打造 IP 内容

在打造个人 IP 的过程中，需要对自己的品牌进行定位和规划，明确自己的优势和特点，确认营销的内容，并通过多种渠道进行宣传和推广，通过社交媒体、微博、微信公众号、视频平台等多种方式实现。同时，需要保持与目标受众的互动和沟通，建立良好的关系和信任。

（1）建立人设标签

个人 IP 要有明确的人设标签，这是大众识别的基础要素，要考虑好自己的运作领域和属性特点。如李子柒的标签"古风第一人""用心做美食"，通过古装造型、古法工序、古朴工具建立起"乡村古风生活""传统美食""传统文化"的个人 IP 形象，展现了她的才华、努力、朴素、亲民、自信、耐心、细心等个人特质。再比如Papi酱，以"独立女性"的形象进入大众视野，以幽默犀利的语言风格强调女性的

独立自主和自我价值，话题内容贴近生活，吸引了大量女性粉丝。在具体的运用选择时，可以从兴趣、身份定位、业务领域角度来设置标签，如图8-8所示。按照目前网络流量的特点，一般自带包袱、角度特别的IP属性更为突出，更容易形成网络传播的"梗"。

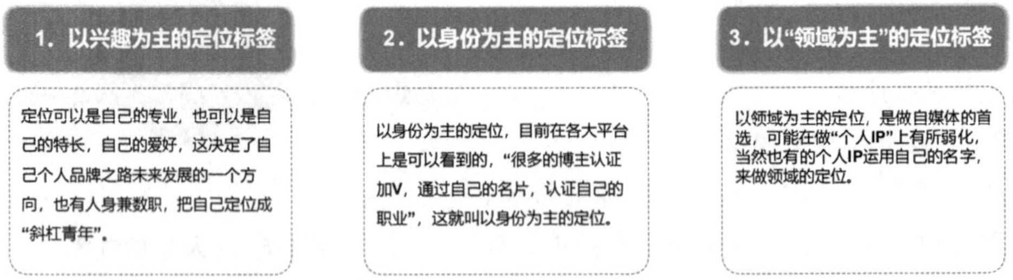

1. 以兴趣为主的定位标签

定位可以是自己的专业，也可以是自己的特长，自己的爱好，这决定了自己个人品牌之路未来发展的一个方向，也有人身兼数职，把自己定位成"斜杠青年"。

2. 以身份为主的定位标签

以身份为主的定位，目前在各大平台上是可以看到的，"很多的博主认证加V，通过自己的名片，认证自己的职业"，这就叫以身份为主的定位。

3. 以"领域为主"的定位标签

以领域为主的定位，是做自媒体的首选，可能在做"个人IP"上有所弱化，当然也有的个人IP运用自己的名字，来做领域的定位。

图8-8 人设标签定位

（2）梳理知识结构

个人品牌建设初期要依靠"内容输出"，内容通常与产品联系在一起，重点在于能在垂直领域给粉丝输出专业价值。首先，需要根据人设标签，在自己定位的业务领域收集足够多的专业信息，建立知识体系框架。其次，结合图像、视频、文字，形成独具特色的知识传播体系。在打造个人品牌的同时不断地更新知识体系，内容输出的过程也是IP建设和强化的过程。在选择信息内容时，合理的删选、编制非常重要，要和直播受众的内在需求相匹配，常见的观众心理满足点如图8-9所示。

优质内容与受众心理满足点

信息	观点	共鸣	冲突	利益	欲望	好奇	幻想	感官
有用的资讯	观点评论	价值共鸣	角色身份冲突	个人利益	收藏欲	Why	爱情幻想	听觉刺激
有价值的知识	人生哲理	观念共鸣	常识认知冲突	群体利益	分享欲	What	生活憧憬	视觉刺激
有用的技巧	科学真知	经历共鸣	剧情反转冲突	地域利益	食欲	When	别人家的	
	生活感悟	审美共鸣	价值观念冲突	国家利益	爱欲	How	各种移情	
		身份共鸣				Where		
						Amazing		

图8-9 内容与受众心理满足点的匹配

（3）选择合适的平台

IP的属性类别不同，创作内容有差异，在不同平台传播时的效果千差万别。目前网络媒体大部分具备直播功能,但受众差异明显。个人 IP 的打造一般以社交类或泛娱乐类网站(App)作为阵地,如微博、微信、bilibili、小红书、抖音等,优质内容的个人账号借助社交网络容易建立初级的粉丝圈,如"李子柒"和"Papi 酱"都是专注于自身微博的建设。除此以外,可以考虑不同平台的关键词输出,如知乎、搜狐等平台的讨论话题,增加个人 IP 被搜索的可能性。

【案例】

打造"古风第一人"经典 IP

无论你的过去多么糟糕,未来仍然是纤尘不染。不要让昨日的碎片开启新的一天,要让每一天都成为一个新的开始。每天早晨我们醒过来,都是余生的第一天。思考,面对发生与未发生的事情,要深刻思考,阐述根本,究出主因。在"小麦的一生"的视频中,李子柒将脱粒后的麦秆用水浸泡湿润,编成了一顶草帽,还加上了纱幔,既实用又美观;此前的视频中,李子柒还将秋收后剩下的玉米皮拿来做手工,干巴巴的玉米皮被她编制成了坐垫、地垫、衣篓、拖鞋,看到她编制的成品,不少人很佩服她的巧思。

她的能力有目共睹,2021 年 3 月 18 日《人民日报》海外版《年轻一代这样讲述中国故事》一文介绍了一大批向海内外受众讲述中国故事的新锐青年,短视频博主李子柒也出现在其中。作为网络经济的代表性人物,不得不说李子柒还是挺令人喜欢的,她认真地用自己的方式讲述着动人的中国故事。有些完美主义的她时常会把一个镜头拍上几十遍,一个人在镜头前跑来跑去,来回开关。庆幸的是,所有的用心和努力总会被看见,2021 年 1 月,李子柒在海外视频平台 YouTube 获得 1 140 万订阅者,忙碌却温馨的生活画面治愈着每一位海内外观众的心。李子柒视频传达出的爱,跨越了语言和文化差异的障碍,使人们心灵相通。

李子柒在视频中很少说话,说得最多的一句是"婆婆,吃饭喽"。她从城市回到家乡也正是为了给予奶奶更多的陪伴。奶奶床铺厚实的棉被,身上的蚕丝马甲,世界各地的人们之所以能透过这个女孩的视角,看到中国的风土人情、文化传统,是因为媒介是爱。

(资料来源:一个小小山楂. 人民日报海外版谈李子柒:年轻人讲好中国故事,2021 年 4 月 25 日,有改动)

8.2.2 品牌 IP 形象

品牌 IP 是某个企业或某个品牌形象的有机整合,是品牌与文化、情感、形象、价值等各种元素的综合体现。它是品牌的核心,具有独特的个性和风格,可以让消费者在品牌中看到自己的影子,产生共鸣并愿意选择和支持该品牌。企业需要建立品牌的 IP

形象来吸引目标受众的关注和认可，提升品牌的知名度和影响力。

1. 塑造品牌 IP 形象

在打造品牌 IP 之前，需要明确原生品牌（或企业）定位和核心价值，这是品牌 IP 建立的基础，包括目标受众、产品或服务的特点和优势等。对既有的品牌价值进行梳理，并塑造一个能够代表企业品牌价值的 IP 形象，包括品牌的名称、标志、配色、字体等方面。品牌 IP 形象是具有独立知识产权、广泛知名度和极强衍生性的作品，可以为品牌提供独特魅力和长期生命力。设计品牌 IP 形象需要考虑品牌的定位和核心价值，创造独特的视觉效果和品牌风格。需要充分理解企业发展历史、文化背景、产品特性、目标市场等，挖掘品牌的核心价值，这样才能融合品牌资源，让消费者快速建立品牌联想与品牌识别，实现品牌和消费者的零距离互动，增强品牌影响力。

2. 打造品牌 IP 个性

品牌 IP 的形象风格即要符合品牌的定位，也要符合大众审美，更重要的是容易引起大家的共鸣，在这一点上，确定 IP 的人格特质和角色设定，例如是勇敢、智慧、善良还是搞笑、憨厚等，也要考虑 IP 形象的年龄、性别、职业等因素，使之更具有代表性。这个形象可以是动物、人物、神话生物等，关键是要能产生故事来引起共鸣，与品牌形象相吻合，消费者就会把对拟人特质的认同转移到对品牌的认同上，这能够增加品牌的影响力。例如，京东商城的"狗"和天猫商城的"猫"，两者的 IP 形象深入人心。

品牌 IP 不仅限于一种类型，例如活动 IP、人设 IP、作品 IP、文创 IP、场景 IP 等，可以根据品牌特性选择适合的类型。用一个活动 IP 承载品牌形象，输出品牌理念，如"纽崔莱健康跑""维密秀""淘宝造物节""特步跑步节"等。

3. 做好品牌传播

建立品牌 IP 不是一蹴而就的，需要长期的积累和经营。需要持续管理和维护品牌 IP，建立特定的客户通路，关注消费者的反馈和需求，不断调整和完善品牌的形象和内容，从而更好地满足消费者的需求和期望。

（1）开放式平台的宣传推广

在互联网大市场环境下，考虑品牌 IP 传播的内容，主要涉及广告的投放和软文的推广，通过创作有价值的文章、视频、图片等内容，吸引潜在用户的关注和信任。可以利用开放式平台的优势，分享相关领域的专业知识、经验和见解，提升品牌形象和知名度。可以直接在微信、QQ 等社交平台链接广告，也可以切入淘宝内容创作者进行包装，或者在小红书的相关专题专栏，以图文信息或视频切片信息实现广域传播。通过优化网站结构和内容，提高网站在搜索引擎中的排名，增加曝光率和流量。优化网站的相关关键词、描述和标签等元素，使其符合搜索引擎的算法规则。

（2）成熟机构的联合运营

除了公共平台的宣发推广、品牌官网和自媒体的传播建设，与专业的 MCN 机构合作联合运营也是增加流量的一大选择。以组织结构化运作的综合性媒体,能够依据核心群体的主流价值观点完成更高门槛内容的制作和产出,其拥有更加强大的技术实力和数据处理能力,这些资源可以使产品领域宣发的内容生成与传播更专业化、智能化和扩散化。利用MCN机构整合线上和线下资源,为品牌提供更全面的资源整合和管理服务,包括版权管理、内容分发、社交媒体运营等。

(3)社群工具维系

通过社群工具培养客户的品牌忠诚度,如开设官微、公众号,通过原创文案聚集人气、吸引粉丝,做好IP形象的日常维护;设置KOL建立粉丝群、设立会员制引流消费,设立彩蛋、红包、优惠等,提高粉丝活跃度和品牌认同感;结合节日开展定向互动,升华IP主题,重视客户精神需求,提升品牌归属感;还可以通过"IP形象共创"的形式,开发IP周边产品,如杯子、书包、玩具等物品,让用户参与进来创作IP,挖掘IP深层次内涵,感受品牌的魅力。

> **练一练:**
> 尝试完成一个个人IP策划方案(考虑形象标签、知识谱系、受众落点、运营平台等)。

8.3 转化策略

直播销售是通过售卖商品变现的,终极目标是将收看直播、线上浏览、参与互动的观众(潜在客户)转化为实际购买者或用户,提高直播间的转化率是每个主播和商家共同追求的目标。固定时间开播,引导流量进入,优化价格策略,提升直播间的互动技巧和成交技巧,都是提高转化率的重要因素。

8.3.1 获得更多的流量关注

购买的前提是用户能看到产品,吸引流量是保证产品展现的关键。

1. 不同流量的属性

流量分为公域流量和私域流量,它们具有各自的特点和优势。

公域流量的优势在于其广泛的覆盖范围和大规模的用户基础,可以帮助企业提高品牌曝光率和吸引更多的潜在客户。由于公域流量的竞争非常激烈,企业需要投入大量的资源进行广告推广和排名推广来获取更多的公域流量。相比之下,私域流量虽然覆盖的用户范围相对较小,但是其用户黏性更高,转化率也相对更好,但需要投入更多的时间和精力进行渠道建设和内容生产,且需要有一定的技术能力和运营能力才能实现有效的用户留存和转化。因此，为了实现转化，在两个领域都需要深耕，从公域捕获用户，在私域培养忠诚客户。

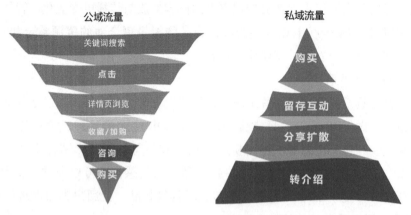

图 8-10　不同的流量转化

2．提高公域的展现机会

公域流量的用户数量庞大且来源广泛，能够快速地扩大品牌曝光度和吸引更多用户。免费的流量包括自然搜索类和推荐类，以及少量的平台活动参与（表 8-7）。

表 8-7　公域流量类型

流量类型	自然搜索类	推荐类	活动展示类	付费流量
入店模式	买家主动发起，依托搜索、关键词入店	依托强大的系统算法，通过消费场景、人群标签匹配等方式入店	通过首页焦点类图片点击进店	通过平台首页、广告位入店
特点	买家发起，精准、快速、高效	买家被动获取。推荐量大、爆发力强、转化率低、相对不精准	展示图片创意，范围广，流量大，提升品牌形象，需要丰富的标签与销量基础等	出单快、转化率高、销量基础快；人群标签乱，没有搜索权重等
端口	自然搜索框	大部分来自"猜你喜欢"等流量入口	首页焦点位置	直通车、直播、钻展等

自然搜索类流量取决于关键词的搜索设置，要通过不断优化标题，提升关键词权重，从而获取更多的自然搜索流量。主要的方法分三步走：① 选择合适的基础词语，确认产品的类别和用词词根，词根的权重决定了搜索排名；② 确定产品属性词，根据产品特点，选择准确的、贴合的描述词语，围绕关键词布局，细化产品标题的描述；③ 根据产品的数据不断优化标题，主要考虑成交、收藏、加购、转化等数据。另外，做好辅助标签，因为标签对搜索的进一步细分实际上是将搜索流量碎片化。

推荐类流量是以细分人群为主的，通过平台获取的数据反馈（兴趣标签）开启，推荐感兴趣的商品，打造沉浸模式。精准的人群标签是推荐类流量的核心，前期打标签行为会直接影响到后面的转化爆发,优化网页和商品内容,做好主图设计和展示,制作高质量的主图,以吸引用户的注意力并提高点击率。分析要进入的平台是否有推荐类流量,了解类目下推荐类商品的特点,如图片、视频、SKU、客单价、转化率等,并优化这些因素以提高产品的吸引力。

付费流量主要是通过支付费用来获取的流量,常见的形式有站内付费流量和站外广告。站内付费流量是商家通过电商平台内部的付费工具获取的流量,例如淘宝的直通车、钻展、淘宝客、超级推荐、极速推等。而站外广告则是商家在其他网站或者应用中购买的广告位产生的流量。在操作付费流量时,需要注意以下几点:① 需要控制付费流量的比例,如果长期付费流量占大比,自然流量较少,那么可能会陷入恶性循环。② 推广时要尽量精准定位目标人群,以提高转化率。③ 选择适合自己的付费流量渠道,因为不同的渠道有不同的特点和优势。合理控制并优化,以达到最佳的运营效果。

运用公域 KOL 流量也是产品主推期间常用的手法,可以根据营销定位选择明星、头部达人、基础网红等,主要的目标是快速提升知名度,从而增加自然搜索量。

3. 私域的定向推送

因为私域流量是企业或个人通过长期的积累和运营所得到的精准用户群体,这些用户对企业的产品或服务有较高的需求和兴趣,可以帮助企业更有效地提高销售额。这种特性也会让客户对商家或品牌的推送提出更高的要求,随着数字化营销的不断发展,精细化的高质量运营成为企业获取竞争优势的重要因素。

私域流量经营的核心在于建立稳定的用户关系和提供有价值的内容和服务。这需要通过精准的用户画像和深入的用户理解,来提供符合用户需求的个性化服务。同时,也需要通过数据分析和用户行为研究,持续优化运营策略,提高用户活跃度和转化率。私域流量吸引很大程度上依靠社群的留存互动和分享扩散,通过用户的反复使用和口碑传播,实现自我增长。关键在于以用户为中心,有效管理大量的用户数据,保持用户的长期活跃度。对待不同阶段的客户,在引流时的策略也有差异,如图 8-11 所示,针对不同类型的既有客户,在不同周期培养忠诚度的推文也有所区别。

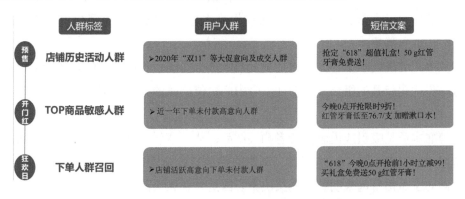

图 8-11 某知名牙膏品牌引流推送文案细分

8.3.2 提升客单价

直播实现转化的量,一方面来自客流的增加,另一方面取决于顾客购买的数量。单一顾客购买的数量越多、客单价越高,对于品牌和企业来说,转化率越高。

图 8-12 提升客单价格的三个方向

1. 产品策略

从产品质量角度,可以提供高品质的产品或服务,升级产品的制造工艺,定期推出新品或升级产品,吸引客户持续关注并购买更高价的产品;通过提供额外的服务或产品来增加附加值,如免费配送、某品牌赠品、定制服务、售后服务等,让客户觉得物有所值,愿意付出更高的价格。如某品牌凉茶,平装版一箱 12 罐定价 37.9 元,而其定制百家姓版同样 12 罐,定价 99 元。

从产品数量角度,可以改变供应规格,通过大规格的购买实现客单价提升。如某品牌的某款精华,从 30 mL 装逐步推出 50 mL、75 mL 装,给客户提供大规格购买的选择。除了单一产品变更规格,还可以考虑捆绑销售策略,将多个产品或服务组合在一起,以相对优惠的价格提供给客户。这可以帮助提高客单价,同时减少客户思考的时间和精力,进一步促进消费。

如从单纯的洗发水销售,到增加护发素、蒸汽发膜、养护精油的系列套组销售。还可以进一步优化产品的组合,如增加组合中高价位产品的比例来提高客单价。

2. 促销策略

促销的本质是吸引或说服消费者购买产品,从而达到提高销售量的目的,让消费者心甘情愿买得更多,基于网络观看、浏览的促销与传统营销中的人员推销、广告不同,用户更倾向于做出看起来明智的购买决策。因此,在无法面对面交流的环境中,需要创造消费者大量购买的决策冲动,有良好的性价比和决策回馈是他们关注的点。

(1)多件多折

促使消费者买多的关键是让他们觉得值得买,因此商家需要提供多买的理由,在表达多件多折的时候,注意利益点的表达方式。在网络环境中,越小的数字,甚至数字"0"的出现,更容易吸引眼球,也更容易贴合消费者的求廉动机,获得良好的性价比体验。如图8-13所示"第2件5折"的表达比"2件75折"更容易让消费者产生一次买两件的冲动,让他们潜意识里觉得放弃第二件的优惠不合算。

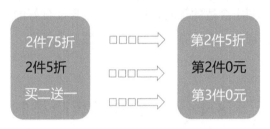

图8-13　利益点表达的转化

(2)满额福利

采用高门槛优惠券或高门槛的赠品策略,可以利用客户"追单则奖励""满额享折扣"的图利心理,提升顾客批量下单、组合下单的概率。某电商平台88VIP在"双十一"大促时推出"满3 000-100""满5 000-200"的高门槛优惠券,让一些有购买意图的消费者扩大了预算。如图8-14所示为某店铺的优惠券和满减叠加活动,该店眼影产品最终以2件成交的比例超过了50%。同样的策略运用还体现在"满赠"活动中,一些品牌设置联名款礼品、限量款礼品,设置高的消费金额门槛派送,一定程度上提高了客单价。

某次大促,平台跨店满减300-30
店铺券139-10,259-30

一款眼影商品 活动价:￥159 参加了平台的前1小时9折活动 买1件到手? 买2件到手? 9折价:159*0.9=￥143.1 买1件: 143.1-10=￥133.1 买2件: 143.1*2-30=￥256.2	一款眼影商品 活动价:￥159 店铺做了1小时后2件9折活动 买1件到手? 买2件到手? 买1件: 159-10=149 买2件: 159*2*0.9-30-30=￥226.2

图8-14　满额福利优惠券

3. 会员策略

对于老客户,采用针对性的会员策略也能收到良好的提高客单价效果。根据客户的购买历史和偏好，提供个性化的推荐服务，引导客户购买高端产品或服务。通过限量销售、定制版等方式来增加产品或服务的稀缺性，从而让客户感受到其独特性和价值，增加归属感和忠诚度。如按照历史购买记录，为不同等级的客户设置专属权益，搭配定制套餐；设置积分换购、限时清零政策，促进老客户在会员周期内持续购买。

总之，获得流量、提高客单价是提高直播的转化率的关键，除此之外，良好的转化绩效还需要深度研究直播目标受众的兴趣点，保证良好的直播场景界面，设计暖场、互动、下单的各个环节，制定合适的策略并持续优化，形成良好的口碑。同时需要注意遵守相关法律法规和道德规范，确保直播活动的合法性和合规性。

8.4 直播的风险控制

直播活动带有网络传播的特性，涉及多种风险，包括版权问题、隐私侵权以及网络安全等。

8.4.1 内容监管

1. 符合法规要求

为了确保直播内容的合法性和道德性，除了符合平台对直播内容的审核要求，品牌或企业应加强直播内容的自我审查和监督，确保直播内容不涉及违法、色情、暴力、欺诈等不良信息。同时，对于已经审核通过的内容，也需要进行实时监控，防止出现违规行为。

2. 符合品牌形象

直播脚本的内容与语言风格需要明确匹配品牌的定位和形象。在直播的过程中，确保直播内容质量高、具有吸引力，提供有用的信息和观点、解决观众的问题和疑虑，以及展示品牌的专业知识和能力。展示的内容要有一致性和连贯性，突出品牌的特点和优势，增强观众对品牌形象的好感度。需要定期审查和更新直播内容，如果发现某些内容与品牌形象不符或有误，及时进行调整和修正。

8.4.2 主播风险

相较于产品本身、直播脚本可能出现的客观差错，加强前期的审核调研能较好地控制风险，而主播的主观能动性更容易带来直播风险。目前网络的传播速度非常快，小失误有可能引发大风暴，电子商务领域的政策规范也在逐步完善的过程中，直播间的话题、主播语言的风格都应有明确的选择。

1. 价值观倾向

确保主播树立正确的价值观,崇尚社会公德,恪守职业道德、修养个人品德,传播正能量,展现真善美;坚持健康的格调品位,自觉摒弃低俗、庸俗、媚俗等低级趣味,自觉反对畸形审美、"饭圈"乱象、拜金主义等不良现象,自觉抵制违反法律法规、有损网络文明、有悖网络道德、有害网络和谐的行为。

2. 语言能力

主播一定要遵循直播过程中的语言规范,合适的促销用语能够为直播产品销售起到正面、积极的作用,谨慎选择用词用语。主播的不当言论可能会引发争议或冒犯到某些人,进而引发负面舆论或遭到投诉。控制措施包括对主播进行言辞规范培训,避免谈论敏感话题,以及及时处理观众的反馈和投诉。

3. 行为举止

无论是在直播间还是下播后,由于主播的流量效应,以及与品牌的关联度,所以主播的言行举止也需要纳入监管,防止出现恶意炒作、造谣传谣等不良行为。

【案例】

抖音直播"健康分"

2024年1月3日,抖音直播"健康分"管理制度正式上线运行,主播迎来第一次真正有处罚的"分级管理"制度。新规生效首日,就有近5 000名主播被减少直播推荐、限制功能甚至永久回收直播权限,其中,303名主播被关闭收礼物功能,即无法在直播中获得打赏收益。

据介绍,"健康分"制度于2023年9月开始试运行,平台根据主播日常直播行为增减账号"健康分",并依据分值对账号分级定档,对应不同的长效管理措施。在这一制度的约束下,总分低于70分的主播,会被减少推荐且限制单日PK次数,低于40分则禁止使用pk功能,如果低于20分,在此基础上还将失去礼物收入功能,0分主播则将被永久回收直播权限。

"通过试运行期间主播们的分数变化,能够明显感觉到'健康分'长期机制的引导作用。"抖音相关工作人员表示,当主播的长期表现和收入挂钩时,要想在平台持续发展,就不得不合规直播。同时,经过专业申请的高分主播,能获得一定的流量扶持,这也激励了大家不断提升直播品质,展示更优质的内容。例如,此前一名以唱歌为主的女主播,因着装不当,在"健康分"制度试运行初期多次被扣分。后来,她开始改变直播风格,以健康积极的画面出现,并在重新回到100分后,申请了优质主播认证,直播数据也有了小幅度的上升。

近年来,随着直播行业从野蛮生长走向精细运营,重点问题专项治理、网信办"清朗行动"持续打击，直播中出现的违法违规行为已经大幅减少，搭建长期有效的主播管理机制，常态化、精细化运营，成为下一阶段直播平台治理的关键。

（资料来源：苏州公安微警务. 新规生效，近5 000名主播被限流，2024年1月7日. 有改动）

8.4.3 信息保护

直播中使用的音乐、影像等素材可能涉及版权问题，一旦侵犯版权，可能会面临法律纠纷和经济损失。在日常直播管理中，一方面，应注意使用正版素材，避免未经授权的使用，以及与版权方建立合作共赢的关系。另一方面，应加强自我版权保护的意识，直播过程中形成的创作内容，如歌曲、舞蹈、视频等，如果具有独创性，可以申请著作权保护，维护直播产品品牌形象。

第9章 直播复盘与数据优化

成熟的直播电商运营在每一场直播结束后,都会进行复盘查验和数据分析,帮助主播和团队更好地了解每一场直播的表现,及时发现存在的问题和不足。例如,直播内容是否吸引人、互动环节是否有效、销售转化率是否达标等。这些问题的发现有助于主播和团队进行针对性地改进,提升下一场直播的质量。

直播复盘的意义在于对一场直播的表现进行全面的分析和评估,以期从中提炼经验并优化下一次的直播效果。复盘不仅仅是一个简单的回顾,而是深入到每一个环节,找出优点和不足,从而为未来的直播提供有力的指导。复盘还可以帮助主播和团队更好地了解观众需求和市场趋势。通过分析观众在直播中的互动和反馈,可以深入了解观众的兴趣和需求,从而调整直播内容和策略,更好地满足市场需求。同时,复盘也可以帮助团队发现市场的新趋势和机遇,为未来的发展提供有益的启示。

9.1 直播效果评估

9.1.1 复盘步骤

所谓复盘,就是当一件事结束后,无论是成功或者失败,尤其针对失败的项目,都要重新梳理一遍事情发展的全过程,预先的设定是怎样的,为什么成功,为什么失败,中间出了什么问题。之后再遇到类似的问题,就能借鉴观摩。复盘的价值在于:① 强化目标,跟催进度以及方便量化;② 发现规律,总结规律以及固化流程;③ 复制技巧,吸取成功经验并复制经验;④ 避免失误,发现失败原因,避免下次再犯。

常规的复盘工作大致包括四个阶段(图9-1)。

(1) 数据查看

收集、查看直播的相关数据,如观众人数、在线观看时间、点赞数量、分享次数、评论互动等。这些数据可以帮助了解直播的表现和效果。

（2）数据比对

借助同行数据，分析直播内容，了解观众的行为和喜好。例如，可以分析观众在哪个时间段最活跃，他们最感兴趣的话题是什么，以及他们对于直播的哪些方面最满意或最不满意。

（3）直播回顾

细致观看直播回放，观察主播的表演、互动情况以及观众的反应，帮助更好地理解直播的内容和效果。

（4）问题记录

记录下复盘过程中发现的各类问题，归纳整理，形成讨论整改方向。

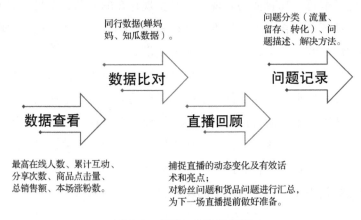

图9-1　复盘工作流程示例

复盘的过程会带来问题研究的新视角，在众多数据中，本场观看人数与直播前的引流工作是息息相关的，如果引流做得不到位，那当天的观看人数肯定不会太多。需要考虑是不是前期宣传工作不到位。

如上述情况，每天直播的时间是差不多的，但是观看的数据是不一样的，这时候就要考虑那天的人为什么多，而另一天的数据为什么不好？可以思考这几个问题："是否出了预告视频？""是否在社交平台发了预告声明？""是否在粉丝群里预告了？""那天直播状态是否是好的？""互动做得是否充足？""封面标题是否吸引人？"……上述问题都是可能影响数据的因素。

粉丝的观看时长代表了观众进入直播间的留存时间，如果说引流是为了吸引新粉丝，那观看时长就关系到老粉丝。如果观看时长的数据出了问题，就要思考对老粉丝的沉淀工作是否做好了，在关注新粉的同时，绝不能忘记沉淀老粉。

直播后要通过观看人数、点赞人数、出单率等数据分析直播的转换率。比如，直播观看人数很多，但出单率很低，可能出现了投放不精准、选品不到位等问题。

9.1.2 直播回顾

直播复盘的意义是为了把经验转化为能力,摸索更适合自己的直播方式,让下一场直播工作更加流程化。复盘的第一步就是回顾刚刚完成的直播活动,对已直播的内容进行再次观看和评估,直接、及时地发现问题,帮助主播和团队更好地了解直播效果,总结经验教训,提升直播质量和观众满意度。

首先,通过直播回顾,主播可以发现自己在直播中是否有不足之处。例如,主播可以观察自己的语言表达、互动技巧、产品知识等方面表现是否得当,是否存在口误、表达不清等问题。同时,主播还可以了解自己在直播中的情绪管理、形象塑造等方面的表现,从而有针对性地改进自己的不足之处。

其次,直播回顾可以帮助团队发现直播中的问题和技术故障。例如,团队可以观察直播中是否存在卡顿、延迟、画面质量不高等技术问题,并分析问题原因,制定解决方案。同时,团队还可以评估直播中的互动环节、营销策略是否有效,从而进行优化和改进。

此外,直播回顾还可以帮助主播和团队了解观众的反馈和需求。通过观察观众在直播中的互动和留言,可以了解观众对直播内容的兴趣和需求,从而调整直播策略和内容,提升观众满意度和忠诚度。同时,团队也可以根据观众的反馈和需求,针对性地制定营销策略和推广方案,以提高销售转化率。

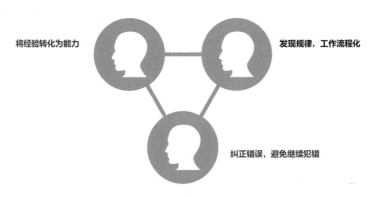

图 9-2 直播回顾的作用

总的来说,直播回顾就是要回顾直播中的内容,包括产品介绍、互动环节、话题讨论等,评估主播的表现是否流畅、生动、有趣,是否有遗漏或错误的地方;查看观众的留言和评论,了解他们对直播的评价和建议,从中获取有用的信息和反馈;通过直播平台提供的数据分析工具,了解直播的观看人数、观看时长、互动次数等数据指标,评估直播的效果和影响力,直观地发现各类问题。

> 议一议：
> 直播回顾时，直播团队中的每个人的任务不尽相同，各自的关注点应该在哪？

9.1.3 复盘分析 PDCA

在回顾了直播内容的基础上，进行不同角度的复盘，查漏补缺、深入分析。

1. 复盘内容

直播复盘的内容主要包括两大方面：人货场的复盘和数据的复盘。

（1）人货场的复盘

这是复盘的第一步，主要是对直播的内容、主播的表现、货物的选择等进行评估，看是否有可以改进的地方。

① 人员复盘，主播：复盘直播过程中的话术、产品讲解、控场情况等。场控复盘直播中的实时目标关注，突发事件预警能力等。助理复盘商品上下架，关注直播间设备、与主播配合情况等。运营复盘预热视频的准备和发布，巨量千川的投放操盘问题等。客服复盘活动福利说明以及可能存在的售后问题，直播过程中回答粉丝的提问等。

② 货品复盘主要是复盘直播间的选品逻辑是否合理，引流款、利润款、主推款的分配是否合理，过款流程的安排是否合理，以及产品的核心卖点提炼是否到位，直播间的货品展示是否清晰美观，等等。

③ 场景复盘相较于人和货的复盘是比较简单的，主要是复盘场地布置、直播间背景、直播间灯光直播设备、商品陈列等。

（2）数据的复盘

这部分主要是对直播的数据表现进行分析，包括但不限于直播数据如销售表现、收益、ROI、GMV，流量数据如观看人数、观看时段人数分析等。通过对这些数据的分析，可以更客观地了解直播的效果，为未来的直播策略提供参考。

① 人气峰值和平均在线人数决定了直播间的人气，是直播间能否带动货的大前提。一般平均在线能稳定在 50 人左右，直播就有基本的带货能力，能够赚到钱。

② 观众平均停留时长是内容吸引力指标里最重要的一项，停留时长数据越好，说明主播的留人技巧和选品都不错，通常停留时长超过 2 分钟算不错的数据，停留时长超过 30 秒是一个及格线。

③ 带货转化率，即直播间的用户下单比例 = 下单人数除以观看总人数，这个数据可以衡量直播间的真实购买力，也反映主播的带货能力。一般带货转化率达到 1% 算合格，优秀的在 3% 以上。

④ UV 价值，即单个用户给直播间贡献的价值，这个数值越高，说明用户在这个直播间的付费意愿更强。有些主播的一场直播的 UV 价值高达 30，说明粉丝消费力极强，

销售额肯定高。

2. 分析方法

直播复盘的目的是全面检查直播全过程的表现，深入每一个环节进行评估，提出问题，分析问题，解决问题，其思路与全面质量管理的逻辑基本一致，可以借鉴 PDCA 循环来实现复盘目标。

PDCA 循环是美国质量管理专家沃特·阿曼德·休哈特（Walter A. Shewhart）首先提出的，由戴明采纳、宣传，获得普及，所以又称戴明环。PDCA 循环的含义是将质量管理分为四个阶段，即 Plan（计划）、Do（执行）、Check（检查）和 Act（处理），具体过程如下。

① 计划（Plan），确定目标和过程，以达到预期的结果。

② 执行（Do），按照计划执行过程。

③ 检查（Check），对执行的过程进行评估，以确定是否达到了预期的结果。

④ 处理（Act），如果达到了预期的结果，则保持该过程；如果没有达到预期的结果，则修改该过程。

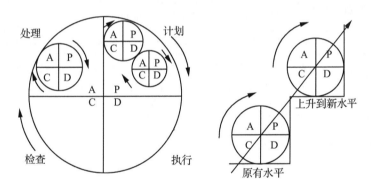

图 9-3 PDCA 循环示意图

以上四个过程不是运行一次就结束，而是周而复始地进行，一个循环结束，解决一些问题，未解决的问题进入下一个循环，阶梯式上升。PDCA 循环是全面质量管理所应遵循的科学程序。全面质量管理活动的全部过程，就是质量计划的制订和组织实现的过程，这个过程就是按照 PDCA 循环，周而复始地运转。

（1）大环套小环，小环保大环，推动大循环

PDCA 循环作为质量管理的基本方法，不仅适用于整个工程项目，也适用于整个企业和企业内的科室、工段、班组乃至个人。各级部门根据企业的方针目标，都有自己的 PDCA 循环，层层循环，形成大环套小环，小环里面又套更小的环。大环是小环的母体和依据，小环是大环的分解和保证。各级部门的小环都围绕着企业的总目标朝着同一个方向转动。通过循环把企业上下或工程项目的各项工作有机地联系起来，彼此协同，互相促进。

(2) 不断前进，不断提高

PDCA 循环就像爬楼梯一样，一个循环运转结束，生产的质量就会提高一步，然后再制定下一个循环，再运转，再提高，不断运转，不断提高。

(3) 门路式上升

PDCA 循环不是在同一水平上循环，每循环一次，就解决一部分问题，取得一部分成果，工作就前进一步，水平就提高一些。每经过一次 PDCA 循环，都要进行总结，提出新目标，再进行第二次 PDCA 循环，使品质治理的车轮滚滚向前。PDCA 每循环一次，品质水平和治理水平均更进一步。

具体到直播的工作中，则是做好直播筹划（P）—开播（D）—直播回顾（C）—提炼问题（A）—制订改进计划（P）—执行改进计划（D）—观察改进效果（C）—持续优化（A），通过迭代、反复地复盘，实现 PDCA 循环提升（如表 9-1）。

表 9-1　直播复盘 PDCA

阶段	工作	示例
P	制订改进计划	如果主播的表现不够生动有趣，可以考虑增加互动环节；如果观众反馈产品介绍不够详细，可以加强对产品的讲解
D	执行改进计划	改进内容质量、优化直播时间、增加互动环节、提升观众参与度
C	观察改进效果	再次观看直播回放，观察改进效果；收集直播的相关数据，例如观众人数、在线观看时间、点赞数量、分享次数、评论互动等，对比前期数据
A	持续优化	不断地对直播内容、互动方式等进行调整和优化，以提高直播的效果，根据新的数据和分析结果调整策略

9.2　复盘数据分析

直播复盘的关键在于如何获取数据、有效地进行数据分析和总结，以及如何将分析结果转化为具体的改进措施。直播团队应该重视数据的作用，提高数据分析的能力，掌握关键指标的评估标准和分析方法。

9.2.1　直播数据模块

直播间的数据模块可分为流量数据、互动数据、交易数据、投放数据、货品数据、分值数据等六大类。复盘时最应关注的直播数据包括流量数据（人气数据）、交易数据（销售数据）、互动数据三类。

1. 流量数据模块

流量数据指的是直播间的整体场观（直播间的总观众量）、周期性场观，以及各个流量的来源占比。对流量数据进行分析，我们能知道近期场观上的变化。场观是直接的外在表现，场观出现负面，一定是底部数据出了问题。比如互动数据、交易数据持续下降，或者是视频质量、投放量级不够，又或者是口碑分限流等。至于是哪个部分的变化，要去寻找对应的流量来源。比如短视频流量代表的是短视频的导流能力，直播推荐则更多的挂钩互动、交易指标，而投放流量则更多的挂钩投放行为。通过流量数据进行了分析，我们就能掌握流量的周期变化，并通过推演不同的流量路径，去得到不同路径的优化方法。

2. 互动数据模块

互动数据指的是直播间的停留、互动行为，如点赞、评论等。互动数据作为直播间的基础指标，极大影响了直播间的推荐流量。大多数依靠免费流量的新号，在线、场观人数无法完成质的突破，一般就是因为互动数据做得不行。通过对互动数据进行分析，我们可以得出大致的停留时间、粉丝增加量等相关数据。那么要做的就是两件事：第一是针对账号本身，做周期性的数据对比，看哪些数据呈现下跌趋势，并在后期重点加强；第二就是去流量广场，寻找同品类、同样依靠免费流量的直播间，大致归纳别人的数据标准，并补齐短板数据。

3. 交易数据模块

交易数据指的是用户在直播间产生的交易行为及交易结果。交易行为包含曝光、购物车点击、商品点击等，这部分的数据可以通过小店（通常指的是特定的直播平台）内单场直播的数据漏斗查询。对于这个部分，我们把它叫作转化漏斗分析。漏斗每个环节的缺失，都会极大影响最终的转化结果。诊断就是从整体上分析营销漏斗，查看哪个环节缩窄了，并分析出缩窄的原因，并提供解决方案。

4. 投放数据模块

要想获得足够的公域流量，流量投放是必要的，通过购买广告位或与合作伙伴合作，将自己的产品或服务推送给潜在客户，这在直播销售中十分普遍。针对有流量投放的直播间，需要单独对投放所产生数据进行分析。投产数据分析，要包含两部分：第一部分是投产数据分析，第二部分是转化漏斗分析。投产数据分析，首先，研究投产比：当前时段投产比、今日投产比、近 3~7 天投产比。通过结合不同时间段的投产比，可以查看账号的整体走势，并为接下来的调整提供方向。其次，进行基于投产比上的单个计划分析。投产比是所有计划的总和。为了针对性优化，就需要针对单个计划的数据进行拆解，比如点击率、消耗、转化率、支付/下单比等。大多数的数据分析，只有放在计划的所处阶段才有效。这意味着每条计划都有着自己的生命周期，针对不同生命周期有不同的数据优化方法。漏斗数据分析中（见第 8 章），很多运营容易犯的一个错误，就是错把小店漏斗当作投放漏斗。众所周知，小店漏斗的流量来源包含短视频、直播推荐等各个渠道。如果以小店漏斗作为分析目标，就会出现数据失真的结果。

5. 货品数据模块

复盘直播销售的货品数据是维护供应链运作的重要方向标，货品数据分析是针对货品的销售、退款、退货评价等数据进行分析。销售、评价数据可用于优化直播间的选品、排品策略。我们以百货直播间为例，不同的货品数据表现都有差异。直播的本质就是测爆品，那么就需要对销量排前的商品安排更多的排款，而对于长期无人问津的商品则要做淘汰处理。直播间有些商品销售量大，但是当天退款、周期性退货率高。像这些商品具备极强的隐蔽性，如果不做退货率分析，那么就无法辨别这些商品是否有效成交。而对于退货率相对高的品，即便销量很好，也会去做下架处理。

6. 分值数据模块

数据分析的最后一部分，就是对分值评价的管理。分值数据主要是指不同平台上直播商店的关注口碑分、体验分、店铺动态评分（DSR）以及信用分。直播的商品健康度决定了口碑分的高低，而直播的规范性则决定了信用分的高低。这些数据有利于运营实时跟进直播间的直播状态，并且对直播规范性、商品的规范性做出相应的调整。而体验分、DSR 则是跟小店的销售、商品运营直接挂钩。运营得好的小店，DSR 不会差的情况下，体验分也不会差。而但凡相关数据出了问题，那么就要重点去查看商品质量、物流、用户体验的运维是否出现漏洞，并进行补救，及时让小店恢复到正常状态，避免直播、投流受到影响。

9.2.2 人气数据

人气数据是衡量直播间流量和热度的关键指标，包括总场观、平均在线人数、平均观众停留时长、新增粉丝/转粉率等。这些数据可以帮助主播和团队了解直播间的人气情况和流量承接能力，从而调整直播策略和内容，提升直播间的人气和热度。复盘时根据人气数据调整具体的直播内容是运营的重要工作。另外，抖音直播间推荐机制和短视频类似，直播间热度越高，系统就会把你的直播间推荐给越多用户。所以对于新手主播来说，想要直播间上热门，首先需要了解直播间的人气维度的各项指标。

1. 总场观

总场观即每场直播的总观看人次反映了直播的受欢迎程度，是一个很重要的数据。如果可以统计所有渠道的流量，并进行区分，即可了解哪个渠道的引流效果最好，下次直播可在此渠道加大宣传力度。根据观看人数的数值，分析哪个时间段的观众最多，什么样的话术和直播形式更受观众欢迎。

2. 平均在线人数

直播过程中平均同时在线观看的人数能够反映直播间的持续吸引力。平均在线人数代表着直播间到底有没有成交转化能力。一般来讲,直播间在初期阶段,如果平均在线人数能稳定在 50 人左右,就说明直播间有不错的变现能力。

3. 停留时长

观众在直播间的平均停留时间能够反映直播内容的黏性,即能否吸引观众长时间观看。停留时长是体现吸引力指标里最重要的一项,如果直播间的效果不好,或者主播的能力不够,用户就会选择去其他直播间;直播间的用户留存数据很差,就会影响系统是否会给你的直播间分配更多的公域流量。而用户停留的时间越久,说明你的直播间的产品越有吸引力,主播对用户的影响越大,直播间的人气越高,按照抖音的推算机制,系统就会将你的直播间推荐给更多人看。所以,留住直播间的观众,提高观众停留时长对于直播间上热门是有很大影响的。

4. 转粉率

复盘时关注每一场直播新增的关注数量,反映了有多少人通过这场直播成为主播的粉丝。新增粉丝的比例是衡量直播间人气的重要指标,对于电商直播而言,拥有大量的忠诚型粉丝客户才是获取变现能力的关键。是否转粉,取决于直播内容的吸引力;能否捕捉粉丝的胃口,关键在于内容是否有趣、信息是否有用、优惠是否给力等。

9.2.3 销售数据

销售数据是衡量直播带货效果的关键指标,包括销售额、销量、转化率等。这些数据可以帮助主播和团队了解直播的带货效果和盈利能力,从而调整产品选择和营销策略,提升转化率和盈利能力。

1. 销售额、销量

销售额(GMV)是指直播中销售商品的总金额,是衡量直播带货效果的重要指标。销量是指直播中销售商品的数量,反映了观众对商品的需求和购买意愿,直接体现了本场直播的带货效果。通过对一段时间内的销售额和销量的观察,可以看出播主的直播带货能力以及该时间段内的直播带货效果是否稳定。一旦出现数据下滑的趋势,就要找出原因,尽快调整策略,才能保证直播数据的稳定性。

2. 转化率

转化率(CVR)是指下单人数/观看的总人数,反映了直播带货的转化效果,这个指标衡量了直播间的真实购买力。当然,它更反映了主播的带货能力,因此是品牌、商家挑选主播的一个标准。根据不同平台和主播的表现,转化率存在较大的差异。一些知名主播的直播带货转化率非常高,可能达到 20% 以上,而一些普通主播的转化率可能只有 1%~2%。蘑菇街等一些直播平台的直播带货转化率可能达到 10%~15%。品牌或商家直播的转化率普遍在 0.8%~1% 之间,而达人 KOL 的转化率普遍在 2.5%~3%之间。按直播行业实际情况来判断,转化率的比例保持在 1% 以上为合格,3% 以上为中等偏上，5%以上为优秀。当数值过小时可能存在以下几个问题：① 标签混乱，进入直播间的用户人群定位不清晰，即使有着高场观，但转换率仍旧很低，用户没有购买力。② 直播间留存度低。直播间主播的状态、营销话术不到位，需要进行优化调整。③ 新开账号流量小，用户画像不够精准，没有切入对应的细分市场。需要注意的是，直播带货成功与否并不仅仅取决于转化率，还需要考虑品牌曝光度、用户黏性、品牌口碑等因素。同时，直播带货的效果也随着直播平台、主播、商品等因素的变化而变化。

3. 客单价

客单价（ATV），即直播期间每位顾客平均购买的金额，其反映了客户的购买能力和消费习惯，是商家衡量盈利能力、服务质量和营销策略的重要指标。顾客的客单价较高，商家可以有更多的利润空间，产品的品类差异决定了客单价格的基础差别，如零食快消类的产品价格普遍在几元到十几元，形成的客单价一般在 30～50 元之间，而服饰、化妆品的单价比零食要高，常见 50～100 元的均价，其客单价要高于零食快消类产品。所以比较客单价一般要在同品类中进行。一场直播的选品策划往往是将不同价格区间的商品进行组合，以满足不同客层的需求，并保证直播带货的利润空间。

4. UV 价值

UV 价值，即访客价值（销售额/访客）。指每个进入直播间的观众带来的成交金额，也就是进入直播间的每一个访客带来的价值，反映了观众对直播间的价值和贡献度。其中包括直播间商品的成交额，也包括用户刷礼物的金额。它代表的是单个用户给直播间贡献的价值。如果一个直播间的 UV 价值较高，说明每个访客带来的收益较多，反之则说明每个访客带来的收益较低。一般来说，一个直播间的 UV 价值做到 1 的话，是及格线，直播间就会开始进人了；如果 UV 值能达到 5 以上，就算很优秀了。UV 值一旦上去了，你就会进入直播广场，迎来源源不断的免费流量。因此，UV 价值对于电商行业的运营和营销具有重要的参考价值，可以帮助企业了解其盈利模式的有效性和可持续性，以及优化营销策略和提高客户转化率。为了提高 UV 价值，企业需要从多个方面入手，包括提高直播间的用户体验、优化产品和服务的质量、制定有效的营销策略等。同时，企业还需要不断地跟踪和分析数据，及时调整策略，并改进不足之处，以提高 UV 价值并增强企业的盈利能力。

9.2.4 互动数据

互动数据是衡量直播间观众参与度和互动效果的关键指标，包括评论数、点赞数、分享数、礼物数等。这些数据能够体现观众的参与度和直播内容的互动性，复盘互动数据可以帮助主播和团队了解观众的互动情况和兴趣点，从而调整互动环节和营销策略，提升观众参与度和互动效果。互动率的计算公式是：互动人数/直播间总观众数。一般来说，互动率越高，说明观众参与度越高，直播效果越好。

1. 评论数

评论数即观众在直播过程中发布的评论数量。评论数可以反映观众对直播内容的参与度和兴趣程度。一般来说,评论数量越多,说明观众对直播内容的关注度越高,直播效果越好。一般来说评论的比例在3%~10%是正常的,也就是说如果你这场直播有5 000人看,评论数至少要达到150条,才算是一场正常有效的直播。我们可以多设置一些互动问题,让观众在评论区回答;也可以发一些福袋,发福袋的时候要配合关键词指令,只有在评论区输入了正确的文字,才有机会获得福袋。以这样的方式增加评论数,也提升观众的介入程度。

2. 点赞率

点赞率是直播间观众点赞的次数与总观众数的比例。点赞是一种表达对直播内容的认可和喜欢的行为,点赞率的计算公式是:点赞数/直播间总观众数。点赞数量可以反映观众对直播内容的认可和喜爱程度。一般来说,点赞率越高,说明观众对直播内容的满意度越高,直播效果越好。比点赞更直接的支持是赠送礼物,观众在直播过程中赠送给主播的礼物数量反映了观众对主播的支持和喜爱程度。

3. 点击率

点击率(CTR),是指观众在直播过程中点击产品链接或广告的次数比例,可以反映观众对产品或优惠推广的兴趣程度。这是促进消费者搜集产品信息、购买产品的重要因素。促使观众点击的要素有很多,直播产品本身的质量和价格优势、直播信息或知识的有效性、主播的推荐方式和商品展示的效果以及链接封面的设计感都会影响消费者点击的欲望。

4. 分享数

在直播中,分享数是指观众将直播内容分享到其他平台或传播给其他人的次数。分享数可以反映直播内容的传播效果和影响力。要提高观众的分享率,首先要确保直播内容具有吸引力和独特性,例如选择一些热门话题或者有趣的题材进行直播。其次,要在直播过程中与观众保持活跃的互动,例如回答观众的问题、解读评论等。通过互动建立观众与主播的联系和共鸣,进而增加观众分享直播的动力。通过提供优惠券、限时抢购等福利活动,更容易增加观众参与和分享的积极性。最后,要确保直播平台提供方便快捷的分享功能,使观众可以轻松地将直播分享到社交媒体平台,如抖音、微博等。

通过设置观众分享活动或奖励,鼓励观众自发分享直播间。例如,可以设立分享抽奖活动,让观众通过分享直播链接参与抽奖,增加观众的分享意愿,扩大直播的影响力和覆盖面,吸引更多的潜在观众参与观看和互动。

人气、销售与互动三类数据最为直接地反映了直播的效果。作为企业运营参考,电商直播的复盘还可以关注涉及网络表现的浏览数据、成本数据、客户服务数据等,如

表 9-2 所示的按点击付费（CPC）、按千次展现付费（CPM）等，从而针对性地分析直播存在的问题和提升方向。

表 9-2 直播电商数据类别意义

序号	英文缩写	实际含义
1	GMV（Gross Merchandise Volume）	销售额
2	UV（Unique Visitor）	销售额/访客数量（流量/访客）
3	PV（Page View）	浏览量
4	CVR（Conversion Rates）	转化率（买家数/访客数）
5	ATV（Average Transaction Value）	客单价（每一位顾客平均购买商品金额，平均交易的价值）
6	CTR（Click Throuhg Rate）	点击率（点击次数/展现次数）
7	SKU（Stock Keeping Unit）	库存量单位（规格、颜色、款式）
8	CRM（Customer Relationship Management）	客户关系管理
9	CPC（Cost Per Click）	按点击付费
10	CPM（Cost Per Mille）	按千次展现付费
11	CPS（Cost Per Sales）	以实际销售产品数量计费
12	CPA（Cost Per Action）	按行为计费（这个行为可以是注册、咨询、加购等）
13	ROI（Return On Investment）	投入产出比/投资回报率：产出（销售收入）/投入（成本）

练一练：

在任一数据平台上查阅某一品牌或某个直播间的相关直播数据，尝试分析其现在的人气状态、互动表现和销售表现。

9.3 复盘归类分析

针对直播回顾发现的问题，匹配数据分析的结果，可以复盘问题出现的原因，归类各项内外部因素，解析直播带货的表现，更好地描绘用户画像、了解忠实客户特点，做好自身品牌和产品在大盘中的定位，与竞品差异化营销，塑造品牌形象，合理对接流量，从而取得更好的直播效果（图 9-4）。

图 9-4　基于数据的复盘归类

9.3.1　受众分析

人群画像是产品用户增长的利器之一，能够帮助我们探究产品指标数字背后的原因。通过直播平台或第三方工具收集用户的数据（如针对淘宝用户的"生意参谋"，面向京东购物的"京准通"，专门收集抖音、快手、小红书数据的"飞瓜数据"），根据自身直播的数据表现，对观看直播的用户群体进行特征和行为的分析，了解他们的需求、兴趣和行为模式，可以很好地勾画直播产品、品牌或者主播的直接受众，从而进一步提炼他们的属性特点和深层次需求，制定针对性的营销方案，调整直播话术和互动方式，更精准地进行直播推荐，提升用户的观看深度和购买介入。

1. 观众属性

（1）人群社会属性分析

从年龄、性别、地域、教育背景、职业、收入、婚姻家庭状况等基本社会属性信息进行划分，可以搭出目标人群的大致框架，这是市场细分、用户定位的基础。

年龄：不同年龄段的受众对直播的偏好不同。例如，年轻人可能更喜欢娱乐、时尚、游戏等类型的直播，而中老年人可能更喜欢健康、养生、教育等类型的直播。

性别：不同性别的受众对直播的偏好也有所不同。例如，男性可能更喜欢科技、体育、游戏等类型的直播，而女性可能更喜欢美妆、穿搭、家居等类型的直播。

地域：不同地域的受众对直播的偏好也有所不同。例如，城市居民可能更注重品质、时尚、文化等类型的直播，而农村居民可能更注重实用、生活、农业等类型的直播。

职业：不同职业的受众对直播的偏好也有所不同。例如，学生可能更喜欢娱乐、游戏、教育等类型的直播，而白领可能更喜欢职场、文化、旅游等类型的直播。

兴趣爱好：不同兴趣爱好的受众对直播的偏好也有所不同。例如，喜欢音乐的人可能更喜欢音乐现场、音乐推荐等类型的直播，而喜欢健身的人可能更喜欢健身教程、健身器材推荐等类型的直播。

（2）消费行为特征归类

基于特定的直播间或者直播品牌来分析，找出消费者观看直播进行购买的行为特征，包括消费能力、观看时间、观看时长、价格偏好、购买频率等。

消费能力：不同消费能力的观众对直播的偏好和具体消费行为也有所不同，研究直播间观众的消费能力分布情况，定位直播间主力消费群体。

观看时间：目前的直播带货活动大部分在下午和晚上进行，20：00—22：00 更是直播的黄金时间段。但产品不同、受众不同，具体到每一个直播又有很大的差异，如老年服装通常在下午时段销售更旺；而零食在零点时分有很好的下单比例。直播要考虑受众用户的空余时间分配。

观看时长：直播的观看时长取决于直播内容的吸引力，知识信息型的直播通常会有较长的留观时间，观众的组成属于信息粉丝型，心理、精神层面的需求更高；价格优势、产品优势的直播留客时间取决于实际产品购买需求，通常需要合理的组合和互动才能对意向客户形成长时间留观。

价格偏好：直播带货通常以低价、促销等价格优惠吸引消费者，很多时候价格高低直接影响购买决策。消费者在特定直播间的价格敏感度表现，决定了组货的不同策略。

购买频率：观众在直播间购买产品或者服务的次数、下单间隔能够说明其客户类型，分清重度消费者、忠诚型客户、常规客户、尝试型客户的表现对于调节直播有重要作用。

（3）社交触媒分析

直播销售与平面电商最大的差异在于实时特性和互动直观感受，观看直播的过程也带有娱乐参与、类似线下逛街消遣的特质。直播带货具有较强的社交属性，观众可以通过弹幕、评论等方式进行互动，形成一定的群体效应。在观看直播和购买过程中的社群交互性更强，观众不单纯是购买产品或服务，通常更愿意通过分享、转发来获得消费决策支持和情感联系。这种情况下，消费者容易受到群体情绪和意见的影响，产生群体性消费行为。

分析日常使用频率较高的信息资讯和社交娱乐平台，用户社交相关数据，包括圈子、兴趣喜好、互动行为分析，能直接帮助品牌确定目标人群聚集的媒体渠道，根据不同的渠道平台制作不同风格的广告内容。

2. 粉丝的内在需求

行为的本质是内在的需求，观看直播进行购买除了直接的产品功能需要，还有心理层面的动机。复盘应注重挖掘观众内在的、深层次的需求，对于直播内容的设计和主播引导的触达有重要作用。在实际运营中，对每个产品或品牌所面对的受众进行深入分析，在年龄构成、区域特征、家庭状况、生活偏好、消费习惯等要素归类的基础上，结合心理需求进行更为精准的画像创建。

马斯洛的需求层次理论将人的需求分为五个不同的层次，形成一个金字塔结构。从基础到高级，这五个层次分别是：生理需求，这是最基本的需求，包括食物、水、睡眠和其他生存必需品；安全需求，当生理需求得到满足后，人们会寻求安全感，包括身体上的安全、就业保障、资源稳定等；社交需求，在安全需求得到满足后，人们会追求归属感和爱，包括友情、家庭以及与他人的关系；尊重需求，这一层次包括自尊、信心、成就和对他人的尊重和被尊重；自我实现需求，这是需求层次的最高级，涉及个人潜能的实现、个性的发展和个人抱负的达成。

马斯洛的需求层次理论很好地囊括了消费者的各项需求，放到直播环境中，除了直接的产品功能需求，消费者选择哪个直播间更多的是取决于心理层面、精神层面的高级需求，大体可以分为5类。

(1) 陪伴心理

随着城市化进程的快速发展，越来越多的年轻人独自一人在城市打拼，离开熟悉的生活环境和社交圈，他们在工作上承受巨大压力，在生活上消费能力并不高，心理上感到孤独感、精神上感到空虚成为一种常态，这一生活状态带来的是"宅文化"在现代年轻人中悄悄盛行。在网络日益普及的情况下，许多年轻人每天回到家后便是玩手机和看电脑，虚拟的网络世界成为现代人打发空虚时间、寻求情感认同的平台。在网络直播中，粉丝与主播可以随时互动，孤独的个体在直播中得到情感认同。在虚拟的网络世界里，各种主播24小时都可能在线，观众打开网络直播，知道世界上还有另外一个人陪着自己，甚至可以和自己聊天，缓解自己的孤独感。"吃播秀"一直是具有很高人气的直播频道，吃饭已经不仅仅是对生理需求的满足，更承载了人们情感上的"陪伴"需求。在观看主播吃饭的过程中，许多人感受到了心理上的慰藉，即使一个人在外吃饭，也可以感到很温暖。

(2) 消费满足心理

在网络直播中，消费形式发生了巨大改变，由原来的现金支付改为虚拟货币支付，由原来的购买实体礼物改为购买"钻戒、飞机、鲜花"等虚拟礼物。这些直播打赏，一方面让观众在满屏的鲜花气球中享受到打赏的愉悦，另一方面让消费变得更加隐蔽。当某一观众以价格高昂的虚拟礼物进行打赏时，会得到主播的格外"优待"，主播的特殊对待可以让一些观众获得在现实社会中无法得到的尊重、虚荣心和满足感，令一些观众认为自己与主播产生了情感的互动交流，进而更加激发他们给主播刷礼物的欲望。同时，在重金刷礼物的过程中，也能享受到围观者的喝彩，内心的炫耀心理得到极大释放。普通观众在没有花钱的情况下，也能和"土豪"一起观赏主播表演，物有所值的心态让普通受众在直播中形成另外一种满足心理。

(3) 娱乐需求

传播学家威尔伯·施拉姆说:"娱乐是出于一种寻求愉悦和逃避社会控制的天性。"在每天巨大的工作生活压力下,人们需要一种情感的宣泄口,通过娱乐节目来缓解工作带来的疲惫感。在直播中,主播们以各种才艺表演来刺激观众的感官,从而使观众获得快感。情感的宣泄是人们最原始、最本质的心理需求,观看直播某种程度上也成为许多人宣泄情感的渠道。在快节奏的生活中,许多观众并不想在一天忙碌的工作后再面对严肃的内容,轻松有趣的直播节目正好满足大众的娱乐需求。

(4) 理想自我的构建

每个人对于自我都会有个理想的身份构建,互联网时代让许多普通人看到"逆袭"的更大可能性。在网络平台,无论你处在什么样的环境、受过何等教育,任何人都可能因为一些偶然事件一夜成名。许多年轻人看到那些年入百万的"网红"其实是和自己一样的普通人,激发了他们也要成为万人瞩目的"网红"的欲望。许多观看直播的受众将自己某种成名欲望、梦想、遗憾投射在主播身上,通过主播的成功,某种程度上得到一种理想自我建构的替代性满足。低门槛的网络平台为"草根文化"提供了一个合适的生长平台,快手上大量"草根网红"的崛起让许多年轻人看到成名的希望,与此同时也带来一系列的负面影响。

(5) 窥视欲的满足

窥视是人们对于未知事物的好奇,是人们普遍存在的一种心理。根据弗洛伊德的理论,成年人的窥视心理来源于童年被压抑的窥视欲望的释放。网络直播的形式正好满足了许多人对于主播隐私生活的窥探心理。过去,许多人只能在熟人圈中进行窥视,受到传统道德的约束,这种窥视往往是不体面的、带有愧疚感的。网络直播的盛行,则为人们提供了光明正大的窥视平台。许多网络主播的直播场所一般是家里的卧室或者客厅,这种本来非常隐私的生活空间在直播中一览无余,满足了大众对于主播日常生活的窥视欲。

"全民直播"的时代场景,折射出网络直播受众需求的"多样性"。直播受众人群的准确定位,有利于企业为直播营销产生利润打下基础。

> **议一议:**
> 除了上述内在需求,消费者可能还有哪些心理诉求?

3. 满意度评价

复盘分析另一项重要的工作是观测受众的满意度,直播中的互动数据(评论、点赞、分享)反映了观众对直播间主播的满意度;达成交易后的退换货和评论行为一定程度上反映了客户留存的可能性,也反馈了主播情绪作用外产品留客的能力。除此之外,还应关注投诉比率和其发展趋势,适当介入回访,完善客户管理系统。运用后台核心数据分析客户满意度表现,能确认品牌或产品的美誉度,挖掘忠实粉丝青睐的原因,流失客户负面评价的要点,进而调整下一阶段客户培养的方向。

【案例】

NFC 果汁的消费者洞察

随着国内消费市场健康升级、消费主力人群变化及消费需求变化迭代,目前果汁饮品品类不断演进分化,我国果汁饮品市场正处在深度变革与转型时期。2023 年 6 月,艾瑞咨询发布《2023 年中国 NFC 果汁消费者洞察报告》(以下简称《报告》),对行业发展现状及趋势、消费者画像特征、消费行为及需求偏好等进行了解析。NFC 果汁在产品成分、营养价值、饮用体验等维度与传统果汁存在差异,其天然无添加、营养价值高、饮用口感好、新鲜品质高等优势,迎合了消费品质升级、健康消费需求,不断驱动果汁行业结构加速升级。

根据原料成分,可将市场上常见的果汁饮品划分为三大类:果味饮料、果汁饮料、100%纯果汁。其中,100%纯果汁根据生产工艺中是否有浓缩、加水还原的步骤,可细分为浓缩还原 NFC 果汁、非浓缩还原 NFC 果汁。NFC 果汁是由鲜果压榨后直接灌装的水果原汁。《报告》显示,2013 年,以零度果坊为代表的品牌进军 NFC 果汁市场,拉开国内 NFC 果汁行业发展的序幕。经过多年的发展,NFC 果汁的市场渗透率不断提升;现阶段,健康消费趋势、消费信心提升、消费场景与渠道恢复等因素,共同驱动行业发展,国内 NFC 果汁品类有望迎来新一轮的快速增长。

《报告》认为,NFC 果汁的新鲜、无添加等优势符合市场健康消费的需求与趋势,同时随着近年来的市场教育,NFC 果汁首先在收入水平高、健康观念强的人群中渗透;同时已婚有孩的家庭结构衍生出更多元的消费场景,成为消费主力。在生活观念上,NFC 果汁消费者对品质生活的追求明显,偏好通过多元的娱乐方式丰富生活体验。

口感好、无添加剂与新鲜是 NFC 果汁的三大优势。与传统果汁、饮料相比,在生产、运输、储存等环节有更高标准,在风味、安全性、营养价值等方面优势突出。超六成消费者认为其更好地还原了水果原始风味(65.4%)、纯天然更安全(64.0%)、新鲜品质好(62.2%)。随着大健康消费趋势的崛起,更具健康属性和潮流感的 NFC 果汁逐渐成为年轻、高收入消费者个人品位和身份认同的利益点。在产品功能价值外,NFC 果汁衍生出更多的情感意义。补充维生素驱动消费者购买。消费者购买 NFC 果汁的消费需求多元,呈现精细化、差异化的趋势。其中功能性诉求是首要驱动(91.6%),NFC 果汁多充当日常维生素"补充剂"、传统饮品更健康的替代品等角色。与 NFC 果汁的品类优势有关,其高价值感、潮流感等特征满足消费者的情感诉求(77.5%)。通过 NFC 果汁消费以改善生活品质、凸显生活品位、满足社交时的个性表达是消费者常见的情感需求。聚餐、聚会是 NFC 果汁的首要消费场景。与消费诉求多元化趋势类似,NFC 果汁的消费场景也不断拓宽,赋能品类增长。超六成消费者会在朋友、家庭聚会时饮用NFC果汁；同时，NFC果汁也充当着生活和工作的"调节剂"角色，下午茶、工作间隙、野营郊游也是高频消费场景。与所处生活阶段、生活方式与消费理念相关，女性、18—30岁消费者驱动品类应用场景创新。女性更频繁地将NFC果汁作为美食DIY的食材，而18—30岁消费者在情侣约会、减脂代餐场景下的消费需求也明显强于其他人群。

在口味方面，《报告》显示，消费者更常购买单一口味，橙汁是最受欢迎的类型。从整体来看，单一口味的NFC果汁仍然主导地位。但随着近年来多品牌创新混合口味以满足多元的消费诉求，44.4%的消费者购买过多口味复合NFC果汁。与市场供给情况、消费习惯等有关，橙味强势领跑NFC果汁水果口味（63.2%）；葡萄味、芒果味、椰子味、苹果味也是常见的高频消费口味。饮用方式方面，《报告》认为，多数消费者偏好冷藏后饮用，NFC果汁的创意喝法不断涌现。由于果汁饮品有较强"即买即饮"的特征，94.2%的消费者会冷藏或常温直接饮用NFC果汁，其次是混搭美食、充当食材的伴餐方式（49.3%）。值得注意的是，"NFC+其他饮品"的组合模式有一定人群基础，为酸奶、气泡水等"竞争性品类"之间的合作提供想象空间。相较于其他人群，女性、月收入20k以上的高收入人群对独特、时尚的创意喝法呈现出更强的偏好，更频繁地混搭咖啡、酒类、酸奶等饮品。

我国NFC果汁消费呈现出明显的季节性特征。夏日高温刺激消费需求，94.4%的消费者会在夏天饮用NFC果汁；春季、秋季的消费基本持平（超六成），而冬季消费需求相对低迷（36.5%），是NFC果汁的消费淡季。与高频的下午茶、工作间隙、聚会等消费场景有关，下午13—17点、中午11—13点是两大高峰饮用时段；受生活方式的影响，一线城市、18—30岁消费者相对更频繁地在深夜饮用NFC果汁。

（资料来源：中国食品报. 健康需求驱动行业结构升级，国内NFC果汁品类迎来新一轮快速增长期，2023年8月21日，有改动）

9.3.2 大盘表现

大盘原是指运用统计学中的指数方法反映股市总体价格或某类股价变动和走势的指标，现被引入到直播行业中，形成了直播大盘数据。直播大盘数据是指整个直播行业的排行及各种指数，能够科学地反映整个直播市场的行情。

个体产品、直播间复盘离不开行业大盘整体的表现，整体的行业直播呈上升趋势，也会带动个体产品直播的热度。其指标组成与9.2所述的数据分析基本一致，不过统计口径不同，是整个行业的宏观数据。

1. 直播大盘数据含义

直播大盘数据主要包括主播排名、大盘数据转化、主播活跃度、地域分布和产品信息等。部分直播平台官方就会汇总给出该数据，主播可直接查找观看，也可从某些第三方数据平台（如知瓜数据、灰豚数据等平台）中获得该类数据。通过了解直播大盘数据，主播能更清楚地了解各主播的排名动态，排名靠前的直播行业情况、直播间活跃度、粉丝数等，观看直播的人群特征，如年龄分布及性别比例等，以及直播行业的实时动态，如直播排名靠前的相关商品类目等。通过分析直播平台的全网流量、频道流量、标签流量、标题流量等数据，我们可以了解直播电商平台的整体表现和发展趋势。

2. 直播大盘数据平台选择

面对直播电商的发展态势，直播电商平台也进入白热化竞争阶段。目前，主流的直播电商平台有淘宝、京东、拼多多、抖音、快手、小红书等。不同直播电商平台选择的直播大盘数据网站也不尽相同。知瓜数据是淘宝直播领域专业可视化数据分析监测云平台，为商家、主播及机构提供精准、可靠、高效的直播数据分析服务。飞瓜数据分为抖音版和快手版，它通过实时直播动态，提供抖音（快手）直播宏观数据监测，呈现近30天带货趋势；类目分析、商品来源分析及全部类合作主播数趋势图，可帮助用户快速了解直播相关的各类占比，也能够通过本期与上期的数据对比，直观地了解当下直播电商的整体流量趋势，用户可适时地进行战略的调整。直播眼——淘宝直播全场景AI数据平台能实时监控全网流量，查询主播数据，它具有直播实时监测功能，可以分钟级监测直播间的观看趋势，包括实时的观看人数、观看次数、点赞数、评论数、实时的在线人数和粉丝增量。新榜（新抖、新快）是数据驱动的内容产业服务平台，新抖和新快均为其旗下产品。抖音和快手是当前比较热的直播平台，新抖和新快就是专业针对这两个直播平台的数据分析平台。它们不仅能查看实时直播数据，还能提供秒级销量变化跟踪，多维交叉选号、比号等。

3. 直播大盘数据分析流程

① 确定分析目标。明确你想通过数据分析实现什么目标，是提高用户参与度、优化产品展示、提升销售转化还是其他。

② 收集数据。确保你从可靠的来源收集了所有相关数据。这可能包括直播平台提供的后台数据、第三方分析工具或与合作伙伴共享的数据。

③ 数据清洗。对收集到的数据进行清洗，去除无关或错误的数据，确保分析的准确性。

④ 分类和组织数据。将数据按照不同的维度进行分类，例如按照直播时间、主播、商品类型等进行划分。

⑤ 探索性数据分析。通过绘制图表、计算统计量等方式，初步了解数据的分布、趋势和异常值等。

⑥ 深入分析。根据你的分析目标，选择合适的统计方法和机器学习模型，深入挖掘数据背后的规律和关联。

⑦ 可视化结果。将分析结果以图表、报告等形式呈现，使其更易于理解和传达。

⑧ 制定策略和行动计划。基于分析结果，制定相应的策略和行动计划，以实现你的分析目标。

⑨ 实施并监控效果。执行策略，并持续监控其效果。如有需要，可以调整策略以优化结果。

⑩ 持续学习和改进。数据分析是一个持续的过程，需要不断学习新的方法和技巧，根据业务变化和市场趋势调整分析策略。

数据分析是一个迭代过程，需要不断地调整和优化。同时，确保遵循相关的隐私和合规要求，保护用户数据的安全和隐私。

【案例】

2023上半年快手电商生态数据报告

一、上半年快手电商概况

1. 快手消费市场彰显韧性

2023上半年，快手电商销量依旧保持良性增长，并在"618"大促的加持下，于6月达到高峰。同时，环比2023年1月数据，6月销售指数增幅达到60.8%，直播数环比增长68%，彰显了快手消费市场的韧性和潜力，有望在未来继续保持稳定发展。

2. 医疗美容深受女性偏好

从用户性别画像来看，女性用户依旧是快手消费的主力军，尤其体现在医疗美容、儿童鞋服、婴童尿裤等品类上。同时，男性消费实力在上半年增长可观，占比环比提升14.2%。在各一级品类中我们发现，工业品占比增幅最为明显。

二、各品类增长趋势

1. 汽车市场引爆年中消费

2023年6月受电商大促的推动，各行业销售成绩表现亮眼，其中，厨卫家电行业GMV环比1月增速高达228%，手机数码、户外鞋服紧跟其后。值得一提的是，五菱宏光在年中购物节中营销突围，整车高单价销售额增幅暴涨2492.33%，引爆汽车市场消费。

2. 服饰细分类目持续领跑

服饰鞋靴作为大众最基础的消费之一，品类持续保持稳定增长态势。在细分赛道上，女装不仅是服饰鞋靴行业的消费主体，销售额更是领跑快手各个二级类目。而快手用户对不同服饰细分类目呈现个性化需求，对其消费也呈现出季节性差异，裤子、连衣裙、T恤成为快手上半年销售额排名前三的类目。

3. 应季福利款成直播间引流神器

直播间产品定位是营销工作中最重要的内容，好的货品组合策略能实现直播间用户停留及GMV收益最大化，合理布局引流款、利润款、主推款和福利款货架模式，可以充分发挥"货"本身的价值。针对上半年福利款的变化趋势，可以看出，选择有吸引力的应季单品作为直播间福利款产品来引流用户，可以有效留存观众。

三、4大热门类目拆解

2023上半年，服饰鞋靴、美食饮品、美容护肤、珠宝钟表作为快手电商的成熟类目，占据了销售额TOP4品类。接下来，飞瓜将从这4大类目的热度趋势、消费者画像、品牌表现等方面进行洞察分析。

1．服饰鞋靴品牌数量攀升

2023年，快手服饰鞋靴销售趋势再度增长，受冬春换季时节影响，于3月达到销售峰值。快手服饰鞋靴行业的强势发展也吸引不少品牌入场，2023上半年品牌数比2022年同期增长21.4%。另外，春夏服装需求推动300元以下的价格带商品得到热卖，销售额占比超过90%。

2．快手电商助销地方特色产品

与2022年相比，美食饮品受众逐渐向一线、新一线城市扩圈，地方特色产品也在快手电商的助销下打破地域限制，被更多用户下单购买。随着颜值经济、健康消费等概念的火爆，营养保健市场正在高速发展，尤其体现在女性对身材、营养等方面的追求上。而从美食饮品热卖关键词上看，送礼、整箱、组合装也是宣传首选。

3．防晒喷雾热度高涨

从月度推广趋势来看，2023上半年美容护肤线上市场整体呈稳中有升的态势。5月受情人节和购物节预售推动，销售热度高涨。夏季是防晒的季节，从上半年美容护肤各品类的销售情况来看，防晒喷雾、防晒霜的销量环比增幅较为明显，掀起消费热潮。

4．黄金品类持续热销市场

根据2023年上半年数据显示，各大小品牌纷纷借势大促节点，制定不同的营销打法，多通过达人分销铺量，辅助品牌自播提升热度，成功赢得生意增长。另外，快手市场"黄金热"持续蔓延，黄金依旧是品牌推广重点品类，在消费者青睐下，也成为直播间的热销商品。

四、上半年营销推广分析

1．内容生态激发消费兴趣

随着短视频生态的日渐繁荣，"种草"短视频也是激发用户消费兴趣的重要渠道。在2023年6月，快手电商上线"短视频挂店铺"功能，进一步联动内容场与货架场，为店铺引流，提升店铺经营增量。在短视频赛道，快手官方持续推出各种活动话题，激励商家通过发布优质短视频内容，获得相应流量奖励。以"快风尚—浅辣一夏"活动为例，相关话题#浅辣一夏作品数超6.4万，播放量突破9.86亿次，让更多参与话题活动的达人与商家，有机会拓展声量，拉升直播热度，实现夏日时尚女装的广泛"种草"，打造出破圈爆款。

2．自播、达播深耕电商领域

上半年，越来越多的品牌入场快手自播带货。从销售额来看，在"三八"妇女节和年中购物节的推动下，品牌自播整体市场维持着高、正增长趋势。从"618"期间自播与达播带货 GMV 发展来看，达人分销所带来的销售还是占大多数，但品牌自播的爆发影响力同样不容小觑。

随着腰尾部主播带货潜力显现，各大品类广泛投放 10 万~100 万粉丝量级的主播，直播行业将继续呈现百花齐放的状态。同时，越来越多品牌商家开始在快手上进行矩阵化、系统化的布局，尤其在面霜、套装/礼盒等护肤品类上更具带货力。而腰部主播的热卖商品多在外套、连衣裙、T 恤等服饰品类上。

3. 快手达人生态释放营销价值

在快手繁荣的市井内容生态催化下，众多达人借助平台信任度高的特色，缩减购买决策路径，激发高效转化。快手相关数据显示，32％ 的用户因信任达人而进行购买。为了帮助品牌实现精准营销，针对常见痛点，快手依据万千数据沉淀出达人五力模型及相似达人模型，助力品牌收获更优营销效果。以达人@新潮坊磊嫂为例，在短视频上通过福利预告、好物推荐、日常分享等形式，加速在快手的破圈与用户沉淀，并为直播间造势。同时，精准洞察用户需求，多元化选品，开设专场带货直播，提升观感的同时，成功引爆销量。综合来看，达人在传播力、发展力、号召力上都有突出表现。

（资料来源：飞瓜数据. 2023 上半年快手电商生态数据报告：四大热门类目拆解_消费_销售_品牌，2023 年 8 月 9 日，有改动）

9.3.3 竞品分析

知己知彼，百战不殆。直播行业蓬勃发展，竞争对手也越来越多，复盘在了解自身数据和大盘数据的基础上，还需要对竞品进行分析，直播竞品分析是研究同行或竞争对手在直播领域的表现和策略的过程，有助于了解市场趋势、优化自身策略并提升竞争力。对于同一时段开播的商家、同类产品商家、供应链上下游的直播间以及行业内典型代表都可以进行数据的观测和对比分析，得到实际问题或受到启发。

1. 确定竞品

在明确自身业务定位、目标受众和用户画像的基础上，通过前述的大盘分析，在了解直播行业的整体格局和主要参与者的前提下，查看行业内直播的相关数据和排名，如直播平台的市场份额、主播排名、流量等，确定竞品。还可以通过用户评价、社交媒体、论坛等渠道，了解观众对不同直播内容和主播的评价和口碑，发现有竞争力的同行。除此之外，直播领域的更新迭代速度较快，需要密切关注行业内的技术动态和创新趋势，了解可能出现的新兴竞品和替代品（表 9-3）。

表 9-3　竞品分类

类型	特征	举例
直接竞品	与自己的电商直播间在商品类型、目标用户、直播内容等方面相似的商家或平台提供的产品或服务。	如果自己的直播间专注于美妆产品，那么其他美妆品类的电商直播间的产品就是直接竞品。
间接竞品	与自己的电商直播间在某些方面有关联，但又不完全相同的平台提供的产品或服务。	一些综合性的电商直播间可能涵盖多个品类，也可能成为间接竞品。
替代品	能够满足用户相同需求的其他商品。	如 2023 年冬季服饰类，军大衣成为羽绒服的替代品。
新兴竞品	行业中新兴的进入者提供的产品或服务。	如一些专注于短视频的电商平台，或者一些利用虚拟现实技术进行直播的商家提供的产品或服务。

2．评估竞品表现

确定竞品需要综合考虑多个方面，包括产品形态、目标用户、市场需求等。通过深入分析竞品的优劣势和市场表现，可以调整自身策略，提升竞争力，并在市场中获得更好的地位。评估竞品的表现依赖于前述的核心数据分析，数据还是一脉相承的，主要在归类分析的时候提炼不同的纬度，体现直接的对比，对于竞品关注的焦点依然集中在运营指标分析、人群画像分析、流量结构分析、关键词分析（图 9-5）。

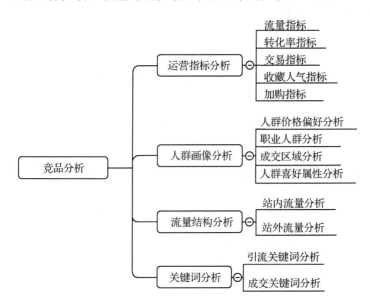

图 9-5　竞品分析

分析竞品运营的常用指标有流量指标、转化率指标、交易指标、收藏加购指标等。其中转化和交易是最直接的竞争要素，可以重点观测点击和成交的比率，评估竞品的吸引力状态和实际运营价值。如表 9-4 所示，高点击/高成交的竞品自然是最应受到关注的,它说明了竞品的成功营销,而高点击/低成交的商品也要分析其可能的成因和策略方向。对于竞品的人群画像分析,可以从价格偏好、职业、区域等方面细分,大体上与己方的画像会有不同程度的重合,通过分析竞品的客源,进一步细分自身市场。流量结构分析在于研究直播间的观众来源和流量分布,评估不同来源流量的质量和站内站外流量的作用,确认流量付费投放的效用,对比己方直播与竞品的流量投放营收比的差异。需要注意,流量结构分析是为了提高直播间的整体表现,而非简单地追求流量增长。涉及竞品的关键词分析,关注长尾词的呈现,即在定义了核心概念的基础上,选择了哪些词语描述产品属性、功能、适用人群、使用场景、产品风格等。在竞品的复盘分析过程中,保持客观和批判性思维,结合自身的特点和优势制定策略。同时,确保遵循相关的隐私和合规要求,保护用户数据的安全和隐私。

表 9-4 商品点击转化比率分类

商品类别	曝光—点击率具体指标	点击—成交率指标
高点击/高成交	20%以上	20%以上
高点击/低成交	15%以上	5%以下
低点击/高成交	5%以下	15%以上
低点击/低成交	5%以下	5%以下

3. 持续学习和改进

基于以上分析,研究各类竞品的运营策略、推广方式、合作伙伴等,归纳其成功要点。

在深入了解行业表现的基础上,识别潜在的机会和威胁,关注一些未被充分利用的细分市场或新的合作模式,也需要警惕竞争对手的快速吸粉优势可能导致的市场变化。

根据分析结果,制定相应的策略和行动计划,以进一步提高自身的竞争力或者避免直接与强势竞争对手硬碰硬。这些策略可能包括优化直播的内容、调整直播定位、拓展供应链合作伙伴等。

在执行新的策略时,要持续监控其效果并持续复盘,继续强化观察数据的变化。

竞品分析是为了提高自身的竞争力,而非简单地模仿竞争对手,是一个持续的过程。直播行业的技术革新速度非常快,消费者的注意力转移也非常快,所以需要不断学习新的方法和技巧,根据业务变化和市场趋势及时调整策略。在这个过程中,要确保遵循相关的隐私和合规要求,尊重竞争对手的合法权益。

> **练一练:**
> 尝试为以下品牌产品做直播竞品分析:
> (1)"金牛座的秘密"牛肉干。
> (2)"维达"手帕纸。
> (3)"Vivo"手机。

下 篇
短视频制作运营

제5장
중국 현대시 연구

第10章 短视频内容定位

随着社会的发展和媒体传播的深度演进，短视频的传播进入内容为王的时代，一条制作精良的短视频能吸引千万人围观，不知名的创作者可以凭借一部爆火的短视频名声大噪，没有名气的"路人甲"也可能因为一部精彩的短视频一炮而红。网红papi酱早期的短视频作品没有华丽的包装却吸粉能力很强，让人印象深刻，主要是因为她精心策划的作品内容。短视频《二舅》能让一位平凡的山野乡民走进亿万人的舆论场，也是由于短片导演有着很强的内容策划能力。因此，内容定位精准，短视频创作才有意义，它拉长了传播的经纬，存在爆款的可能性。这就要求我们在利用短视频这种新媒体进行电商运营时，首先应该分析消费者（受众）心理需求，然后根据不同特征确定对应的内容形态，最后再结合内容定位创作具体的剧本，以剧本为基础进行短视频创作。

10.1 消费者需求分析

10.1.1 短视频受众

"受众"一词是传播学用语，可理解为信息传播的接受者。短视频受众顾名思义就是短视频的观看对象。"受众"从字面上看是一个比较被动的名词，而消费者是一个较为主动的名词，如何将这两者画上等号呢？传播学家施拉姆曾这样描述："受众参与传播就好像在自助餐厅就餐，媒介在这种传播环境中的作用只是为受众服务，提供尽可能让受众满意的饭菜（信息）。至于受众吃什么，吃多少，吃还是不吃，全在于受众自身的意愿和喜好，媒介是无能为力的。"换句话说："这个理论假设的中心是受众。它主张受众的行为在很大程度上是由个人的需求和兴趣来决定的，人们使用媒介是为了满足个人的需求和愿望。"所以受众并不是单纯的被动接受者，短视频受众也一样，当一部短视频被推给某个人观看时，如果他不喜欢看这个视频，他会马上划走，短视频中关联的产品更不可能成为他要消费的商品。消费者与短视频之间的关系如图 10-1 所示。

图 10-1　消费者与短视频关系图

在现代电商环境中，短视频受众都是潜在的消费者，特别是反复观看某个或某类短视频的受众，成为该视频关联产品的消费者的概率极大，反过来说，消费者容易被欲购买商品的短视频所吸引成为受众。那么，在同一环境场域增加短视频对受众的吸引力，自然就会增加受众成为消费者的可能性。要做好这一点，首先要尊重受众在传播活动中的地位，切不可把他们当成被动的信息接收者，而应成为短视频传播的参与者甚至主导者，让受众成为信息域的活跃主体，要明白受众是电商消费市场的真正主人。因此，当我们利用短视频进行网络营销，对消费者进行需求分析时，必须要分析受众特征，尤其是受众的群体特征。受众群体特征分析是一个复杂工程，因为受众具有广泛性、混杂性和隐蔽性等特点。短视频受众群体可以按照性别、年龄、职业、地域、教育水平等划分为不同的群体。如年轻男性受众群体、中年女性高知受众群体等，可以细分成众多群体。根据消费需求可以分为现实受众和潜在受众。根据消费范围可以分为核心受众和边缘受众。总之，当前短视频受众群体的细分就是根据相似的特性、需求或需要，将公众分为更小的群体。实践证明，受众更愿意对适合他们并与他们有关的信息作出反应。对目标受众分类越细，就越能获得更多更精准的信息，从而设计更有针对性的信息内容、传播战略和鼓励措施，并由此获得更好的传播效果。

> **练一练：**
> 查询传播学中传播过程的五要素资料，并充分了解五要素之间的相互关系。

10.1.2　心理需求分类

受众通过观看短视频接收其中信息的同时会产生心理反馈，这种反馈是瞬时产生的，随着时间流逝情绪会快速减弱。表面的情绪转化为人脑中的电信号，信号衰减速度极快，这就是人们刷短视频时有超强快感，而刷完短视频一段时间后会很空虚的原因。虽然情绪会变弱，对人的影响会慢慢减小，但它是存在的、可研究的。同一短视频观感因人而异，一个人观看不同短视频会产生不一样的情绪反馈，这些复杂的情绪形成了受众各类心理特征。短视频传播过程中的受众心理反馈跟其他媒体的传播类似，它遵循传播学原理，主要呈现出以下六种心理特征：认知心理、好奇心理、从众心理、表现心理、移情心理和攻击心理。

1. 认知心理

任何信息传播都有信息点，短视频也不例外，这就决定了观看短视频的过程也是一个认知过程。如果受众观看的内容是自身认知中没有涉及过的领域，那么他首先是在通过看视频来认识新事物或新事件。如果一个全新的产品是通过短视频的方式呈现给受众，那么制作者应该设法尽力满足大家的认知心理，像扫盲或者科普一样为受众填补已有知识上的空缺。认知心理是受众接收信息时最普遍、最基础的心理需求。

2. 好奇心理

很多美妙事情的发生都是源于好奇，消费过程有时也是这样。当受众观看一段短视频并为里面的产品感到好奇时，他从一般受众转换成该产品消费者的概率大增，即使这个产品并不是他当前所必需的。短视频创作过程中可以通过设定悬念、冲突或矛盾，设法调动受众的好奇心理，使他们产生想进一步了解的愿望。要注意的是，一定不能一味地迎合某些低级的好奇心理，制作传播不雅的视频。因为道德的底线不可被冲破，法律的红线更不可被逾越。

3. 从众心理

当受众感知所属群体对某种信息持肯定或否定态度时，容易采取与群体相一致的态度；当群体中的各个小团体意见不一致时，受众就会感到矛盾和不安，并最终倾向于选择与优势团体相一致的信息。事实上，一些受众对于被群体认同的短视频更容易产生共鸣。如果在创作短视频时能营造出这样一个氛围，即某类群体人员都在用短视频中的产品，那么有着很强的群体认同感的受众购买的欲望会大大增加。他甚至可能会在内心反问自己：“别人都买了，难道我不需要吗？"从众的这个"众"到底是什么，在竞争激烈的电商环境中要想抓住受众的从众心理，应该在群体特征细分研究上苦下功夫。

4. 表现心理

表现心理是受众想要主导传播的典型性心理，受众的情感认知与价值认同是信息传播的终点，体现在受众身上即为获取信息后的表现欲，这是在群体面前显示自己优势的一种欲望。这种心理现象与从众心理相互联系、相互补充。受众在遵从优势力量的同时，也暗藏着使自己成为优势力量的愿望，希望得到群体的肯定或褒奖，其表现的最高程度便是成为英雄或主角。想方设法让受众观看创作的短视频后产生共情，并渴望成为视频中主角一般模样，这样一来他会很乐意评价和转发视频，如果能达到这样的传播效果就事半功倍了。

5. 移情心理

移情心理表现为当受众对某人、某物或某事形成深刻印象时，当时的情绪状态会影响他对该对象今后及其关联者（人、物或事）的评价心理。把特定对象的情感迁移到与对象相关的人或者事物上，这就是做广告时请明星代言产品，直播时请大网红带货的原因，通过受众对明星或网红的特有印象来宣传自身产品，增加产品销量。人们对自己喜欢的明星或网红代言的产品更加愿意去购买，这里就是利用了受众的移情心理。俗话说"爱屋及乌"就是这个意思，我们在创作短视频时可以根据需要设定相关内容来把握受众的移情心理，达到情感迁移的效果。

6. 攻击心理

受众的攻击心理源于心理学的攻击行为，通俗地说就是"挑刺"。这是受众证明自己占据信息传播绝对主导地位的标志之一，他们对所看到的信息持怀疑态度，抱有逆反心理，"鸡蛋里面挑骨头"，寻找并放大信息中的错误点，不相信传播的内容，提出质疑并证明自己才是正确的一方。受众的攻击心理是一把双刃剑，我们在创作短视频时，一方面准备内容时要更加严谨、科学，另一方面也可以用求证的方式吸引受众关注并参与，满足他们的攻击心理，提升短视频的传播效果，从而达到宣传产品的目的。

> **议一议：**
> 平时我们可能会在电商平台购买了一些"无用"或者"无处用"的商品，那么这类消费行为是受到了什么心理的影响呢？

10.1.3　短视频剧本创作基础

剧本是一剧之本，是影视作品创作的依据。剧本就是故事本身，编剧就是讲故事。剧本的编写过程也是故事创作的过程，没有故事，编剧就没有目标。短视频作为影视艺术的一种形式，其剧本与其他影视剧本相同。影视剧本是将影片或视频的构思以文字等方式具体呈现，用以指导实际拍摄。影视剧本包括文学剧本、分镜头剧本、导演工作台本、完成台本、拍摄提纲等多种文本形式，这里我们讨论常用的文学剧本和分镜头剧本两种，这两种剧本在影视创作的不同阶段扮演着不同角色，人们通常所说的剧本主要是指文学剧本。

1. 文学剧本

文学剧本是用文字表述和描绘未来影视内容的一种文学体裁。对于创作一部短视频而言，文学剧本开始编写就标志着一部短视频正式进入创作。这里要避开一个误区：拍摄的开始并不等同于创作的起点，因为没有规划的拍摄只能称为记录，不能表述为创作。文学剧本由编剧撰写完成，是整部短视频的基础。编剧应该既具有良好的影视艺术素养，又有较好的文字功底，应该用文学的表达方式和影视的思考方式去创作剧本，这样才能将文字很好地转化成短视频的声音与画面呈现在受众面前。短视频文学剧本的故事来源有两种：一是原创，即创作者（团队）为了创作某个短视频而刻意编写的故事；二是改编，即对已有的对象，如小说、戏剧、诗歌、散文、神话传说等体裁中的故事或者其他短视频中的故事、事件、现象等进行改编、改写的二次创作。

短视频的文学剧本创作与其他影视作品相同，应该以场为单位，其中主要内容为人物的台词、动作及场景提示,在后面的小节中会有具体解释与案例。以下是经典电影《魂断蓝桥》文学剧本中的一个场景片段:玛拉之死。从案例中可以看出,主要内容为人物的台词和动作,叙述的语句通过蒙太奇逻辑连接起来,读起来非常具有画面感。

  滑铁卢桥上。
  夜雾浓重。
  玛拉独自倚着桥栏杆,似乎向桥下望着什么。
  一阵皮鞋声。一个打扮妖艳但面孔浮肿的中年女人走来,她看见玛拉。
  女人:(很熟识地)是你啊,玛拉,你好。你不是嫁人了吗?
  玛拉:(嗫嚅地)没有。
  女人:那个凯蒂跟我说的,说你跟了个体面的人。我说,哪有这好事?
  玛拉:是啊。
  玛拉两眼滞呆呆地望着她的背影,望啊望着。对她来说,一切都绝望了,她脸上有一种从来没有过的镇静神情。
  桥上,一长队军用汽车亮着车灯,轰轰隆隆地向桥头驶来。
  玛拉转过头去,望着驶来的军用卡车。
  车队从远处驶近。
  玛拉迎着车队走去,
  车队在行驶,黄色车灯在浓雾中闪烁。
  玛拉继续迎着车队走。
  车队飞速行进。
  玛拉迎面走去。
  车队轰鸣,越来越近,
  玛拉迎着车队走,越来越近。
  玛拉宁静地向前移动,汽车灯光在她脸上照耀。
  玛拉的脸,平静无表情的眼神。
  巨大的刹车闸轮声,金属相磨的尖厉声。
  车戛然停止,人们惊呼。
  人们从四面八方向有着红十字标记的卡车拥去,顿时围成一个几层人重叠的圈子。(镜头推进)人群纷乱的脚。
  地上,散乱的小手提包。一只象牙雕刻的"吉祥符"。
  一只手拿着"吉祥符"(《一路平安》音乐声起)。
  二十年后的罗侬,头发已斑白,面容衰老,穿着上校军服,凄切地站在滑铁卢桥心栏杆旁。他望着手里拿着的"吉祥符",苍老的两眼闪现出哀愁、悲切和无限眷恋。
  (画外玛拉的声音)我爱过你,别人我谁也没爱过,以后也不会。这是真话,罗侬！我永远也不……

(强烈的苏格兰民歌《一路平安》将玛拉最后的声音淹没。)

歌声在夜雾弥漫的滑铁卢桥上空回荡。桥上，孤独地走着苍老的罗侬。

罗侬坐上汽车。

汽车驶去……

2. 分镜头剧本

分镜头剧本通常是由导演完成创作的。导演根据文学剧本对未来影片进行设计，这一过程是对未来影视拍摄准备的细化和具体化。分镜头创作过程中，文学剧本中的故事内容被细分成一个个可以拍摄的镜头，每一个镜头都会设定景别、拍摄技巧、镜头长度等，有时还要为镜头配上音乐、音响效果等。短视频的分镜头剧本一般用表格的形式呈现，表中包括镜头号、景别、拍摄技巧、画面内容、台词、音乐、音响效果、镜头长度等栏目。在胶片拍摄时代，做分镜头的原因之一是考虑胶片的耗片比，但现在都是数字拍摄，无须考虑耗片问题。当下，导演可以把各种景别各种拍摄方式都试一遍，素材越多后期创作的余地就越大。即便这样，导演还是应该展现自身良好的影视艺术素养，创作优良的分镜头剧本，为拍摄和后期剪辑节省时间和人力成本，如若不然，整个团队就要跟着他一起受累了。

短视频的分镜头剧本创作同样以"场"为单位，在动笔之前，导演应仔细研读文学剧本，对每一场的节奏、风格有明确的定位，如追击场面应该使用短镜头快交叉来表现急促感，在抒情的温馨场景则需要借助长镜头营造故事氛围。现在的短视频因为需要在短时间内呈现大量内容，所以镜头以短镜头居多，切换频率相对电影电视剧等较快些。表 10-1 为经典电影《霸王别姬》的分镜头剧本资料，在撰写短视频的分镜头剧本时可以用作参考。

表 10-1 《霸王别姬》分镜头剧本（节选）

镜号	景别	角度	画面内容	声音描述	时间长度与场景环境氛围
1	全景	正面	两个主角霸王和虞姬通过狭小黑暗的通道，缓缓走进剧院。	背景音乐是红歌，伴随着扫地声和脚步声。	25 秒 沉闷压抑。
2	大全景	正面	两个主角进入剧院，并被一个人盘问进来干什么。	背景音乐依然是红歌。 扫地者："干什么的？" 段小楼："吓！"（一句话就被吓到，可见段小楼曾经处境不好） 段小楼："噢，京剧院来走台的。" 扫地者："哎哟，是您二位啊！"	10 秒 气氛依旧压抑，突然出现的高音调打破了沉寂。

续表

镜号	景别	角度	画面内容	声音描述	时间长度与场景环境氛围
3	全景	正面	与盘问的人闲聊，那个人是主角的戏迷。	无背景音乐。 段小楼："啊？哦，呵呵！" 扫地者："我是您二位的戏迷。" 段小楼："是啊？哎哟，嗬。" 扫地者："你二位有20多年没在一块唱了吧。" 段小楼："额……额……这不这……这……嗯！21年了。" 程蝶衣："22年！" 段小楼："额……对，22年了，我们哥俩也有10年没见面了。" 程蝶衣："11年。" 段小楼："额……是，是是是，11年是。" 扫地者："都是四人帮闹的明白。" 段小楼：（声音突然变低沉）"可不，都是四人帮闹的。" 扫地者（扬声说）："现在好啦！" 段小楼（与程蝶衣对视，声音更加低沉无奈）："可不，现在，好了……呵呵（苦笑）是，是。"	1分08秒 主角与戏迷的对话，道出两位主角曾经的风光。而主角受宠若惊的表现似乎也暗示着他俩曾经经历"文革"时的惨痛经历。 此外，从对话中"20多年没一块唱"，我们可以看出，主角二人曾产生过矛盾。而对此经历，程蝶衣显然比段小楼印象更深刻。最后一句"可不，现在，好了"和段小楼的苦笑可以看出，二人的关系并没有完全恢复。

10.2　内容形态

10.2.1　主题定位

在互联网大数据的环境场域中，短视频呈现垂直化传播的特点。垂直化传播形态是平台根据受众画像特征传播特定类型信息的过程，"垂直"主要是为了使信息直达目标人群，从而提升传播效果。因此创作短视频应抓住这一特点，在制作之前首先要进行讨论，问问自己："我们想做什么？""主要想吸引什么样的受众群体？""受众怎样才能喜欢作品，成为粉丝？"精准的自我画像是内容主题定位的基础，首先要明确自己是做什么的，其次内容主题要匹配内容垂直度，厘清目标受众群体，确定好自己的主题方向，方向对了才可能行稳致远。比如想要宣传女子健身服饰产品，短视频主题就可以尽量突出女子和健身两个方面,在此基础上短视频可以是女孩子的健身励志故事,可以是女教练的教学讲授过程,也可以是身材姣好的年轻女性的健身Vlog(影音日志)。如果仔细分析,三者的细分受众群体是不相同的,女孩子的健身励志故事关乎成长,更多面向青少年女性群体;女教练的教学讲授过程则面向居家健身、有减肥减脂等需求的女性群体;身材姣好的年轻女性的健身Vlog利用的是受众粉丝的从众心理,面向对身材有追求的中青年健身爱好者。虽然细分后的内容有差异,但是无论面对上述哪一类受众群体,售卖服饰的变现方式是一致的,所以在制作短视频之前一定要设计好主题定位。

10.2.2　产品（品牌、店铺）关联

在主题定位好以后,就需要考虑怎么样才能更好地把自己的产品关联进短视频中,避免宣传虽然做了,但是受众却没有领悟到宣传点的尴尬。短视频呈现产品的方式有直接展示和植入呈现两种。在短视频中直接展示产品自然不会出现受众理解不到的尴尬,只是这种方式会显得过于普通,如果没有大量的粉丝基础,那么这样的短视频点击量通常不会很高。如果在有简短故事情节且能带动受众情绪的短视频中植入呈现产品,抓住受众在传播过程中六个心理特征的某个或某些心理特征,则他们会对产品印象更加深刻,更容易关注并产生购买欲望。仍以上面的女子健身服饰产品为例,将产品的品牌形象和励志故事结合后,可突出品牌向上的力量,激发受众移情心理;教练讲授过程利用了受众的认知心理,女教练可将该服饰产品的透气、舒适、吸汗、轻便等性能融入在讲授过程中,也能激发粉丝们的从众心理;Vlog与服饰产品或者店铺相结合,对于受众而言,漂亮的模特就像"一面镜子",面对模特以为照着的是自己。如果短视频制作较为精良,是可以激发粉丝们的表现心理的,他们当然愿意购买产品做一番尝试。

10.2.3　视觉印象风格

一部短视频的印象风格在作产品关联时就可同步考虑,以何种视频风格呈现能够更好地诠释、传播产品特性,更加吸引粉丝共情,更能引起受众关注。视觉印象风格与产品特性的结合要做到相得益彰,这也是创作团队制作短视频的初衷。短视频的核心是视频内容,结合内容呈现方式可将视觉印象风格分为故事影片类、搞笑幽默类、知识介绍类、流水线展示类、测评打假类、才艺展示类、记录生活类、Vlog类等多种类型。一部短视频的视觉印象风格有时也可表现为其中两种或者几种类型的叠加,但是不管以什么类型呈现,都要尽其所能地展现产品特性,宣传产品优势,让受众乐于观赏、乐于分享短视频。下面介绍短视频的五类风格类型。

1. 故事影片类

短视频是大众影视的浓缩形式,故事影片在短视频方向同样适用。只是短视频的特

点是短、平、快，要想将故事制作得短小而精炼，让其适合在手机和 PC 端等小型化网络媒介传播，要非常重视故事的策划与创作，研究故事的呈现方式，故事影片类短视频对剧本编写的要求较高。

2. 搞笑幽默类

当今社会生活节奏快，人们工作压力大，观赏搞笑幽默短视频是大众消除疲劳、缓解压力的有效方式之一。如果能将短视频以搞笑幽默的方式呈现出来，能吸引很大一部分受众关注，在他们观赏短视频释压的同时，商家也达到了宣传产品的目的。现在流行的搞笑幽默类型短视频众多，可进一步细分为段子类、情景类、模仿类和恶搞类等。

3. 流水线展示类

这类短视频适合展示工业品车间生产的流程、手工艺品制作过程、菜肴烹制加工过程等。流水线展示型就是将产品生产过程原汁原味地展现在受众面前，所见即所得，在提升受众认知的同时给人以没有任何包装的感觉，获取他们的信任。化妆博主的全流程展示短视频也是利用了这个原理。

4. 才艺展示类

短视频发展至今已经有很多网红凭借自己的高深技艺，赢得了粉丝与流量，无论在什么行业，宣传什么产品，只要有一技之长，就可以靠展示特长的短视频来吸引大家关注。之前例子中提及的健身女教练的讲授过程就可制作成才艺展示类短视频。

5. Vlog 类

这一类短视频是围绕自己或身边的故事、人生经历，或从客户、受众的经历视角等去拍摄制作的。它与纯粹的生活记录型是有巨大差异的，生活记录型通常更贴近现实，更强调记录，记录的是某个或某些完整生活片段。而 Vlog 则倾向于一个小专题片，有记录但远高于记录，是将记录作为出发点来放大某种情绪，更强调情感上的共鸣与升华。

> 议一议：
> 我们平常看到的一些化妆品广告短视频属于哪一类或者哪几类视觉风格，有没有达到理想的宣传效果？

10.2.4 独创性和传播点

1. 短视频内容的独创性

独创性是形成短视频特定风格的前提条件，也是自身画像确立和受众群体形成的基础条件。短视频的独创性是通过短视频中的人设、剧情、场景环境、音乐、剪辑风格等多个方面加以体现。创作短视频切记不能全靠模仿，千篇一律，热点爆点固然要追踪，但也不能照搬过来，最好是结合自身特色进行改编创作后加以呈现，让内容带着自身特有的符号印象进行传播,这样才能实现持续性的有效输出。平时在刷抖音的时候我们不难发现,很多视频的内容基本相同,只是更换了人物和场景,连续刷下来就会觉得很没劲。为什么会这样呢?一方面是平台垂直化推荐内容的原因,另一方面是短视频创作者们高度模仿,没有自己的独创性特色。如果突然刷到了一个不一样风格的短视频,视频里面带有浓重的独创性特色,如翻转的剧情、精彩的内容、精致的特效等,人们才会一看就想要关注且乐意分享的短视频。

2. 短视频内容的传播点

创作短视频可以是为了自己留念,可以是为了好友分享,也可以是为了大众传播,但是创作商业性短视频的目的通常就是传播,既然短视频多以网络传播,就要符合现代互联网大数据的视频传播特点,遵循短、平、快的传播规律。因此,首先短视频要短,从内容的策划来看能短则短,越短越好,在最短的时间内把想要呈现的东西带给受众,这也符合大众当下碎片化的学习习惯。其次短视频要平,从内容的生产来看要通俗易懂,剧情不宜过于复杂,与电影电视作品相比要减少悬念和铺垫。让受众一目了然,不必太多地思考就能明白其中的意思。如此,信息的发布者与受众几乎处于平等地位,受众在信息传播中的参与度很高,则他们自发分享的概率较大。受众在进行碎片化阅读时多数是"点到为止",通常不会深度研究。最后短视频要快,从内容的呈现来看,要紧跟时事中的热点爆点,如果是事件类短视频要给人以同步发生或刚刚发生的感觉,从现在的网络速度来看,短视频这种载体形式完全可以做到。另外快还体现在内容的更新频次上,长时间断更或停更,受众关注会减少,粉丝流失得较快。

10.3 短视频剧本创作

短视频剧本是拍摄短视频的根本遵循。剧本的撰写对于短视频创作团队而言,是主题的展开和前期策划的具体化。在拍摄制作过程中,以剧本为依据可提高团队沟通的效率和配合的效果,对节省物质和时间成本都是有益的。前面我们结合电影剧本创作手法介绍了短视频剧本的类型,然而并不是创作一部短视频必须要有完整的文学脚本或分镜头脚本,也可能只有简要的拍摄提纲。短视频短、平、快的特点决定了它的创作周期不会很长,在实际操作过程中,我们根据内容需要设定撰写一类剧本指导拍摄完成创作。下面我们结合不同类型短视频拍摄制作的需求,匹配短视频剧本创作的合理方案。

10.3.1 拍摄提纲

拍摄提纲,是指拍摄一部影片的要点。比如在展会、晚会、活动等不容易预测和掌控的场面下制定的提纲挈领的拍摄要点,或者场景不可控的宣传片、纪录片、短视频等的拍摄要点。在创作短视频时,我们可能对即将要拍摄的陌生领域知识知之甚少,而只能采用拍摄提纲的脚本形式,或者因为情况紧迫,留给团队策划的时间较少,只能列举简要拍摄提纲对某些素材先行记录,由于这类脚本只是一个大纲,在拍摄前还需要脚本撰写者和拍摄人员进行细致的沟通,并按照逻辑列出拍摄要点,比如某个人的人物传记,只能先罗列重点事件与大致时间等要点。拍摄提纲的撰写方式可根据举例样式设计,如表10-2。

表10-2 纪录片《弟弟的周岁成长》

场景	镜号	内容	画面	准备工作
弟弟的周岁成长之学步篇	1	没有人天生就会走路,弟弟也不例外,他是怎么一步步学会走路的呢?这要从他出生开始说起。	固定镜头 中景 拍摄弟弟扶着凳子走路	道具凳子和正在练习走路的小孩
	2	刚出生的弟弟非常可爱,全身都是软软的,腿和小脚也不例外,这么柔软,只能练练屈腿了,我来帮他练习一下吧。	固定镜头 中景 从脚向上拍全身	睡着状态下的小孩
	3	转眼半个月过去了,弟弟的小脚并没有长大多少,但是可以自己动来动去,我感觉他就要会走路了,哦,我忘了走路是一项全身运动,那还是慢慢来吧。	拉镜头 特写→全身 由动来动去的小脚特写拉到全身	醒着状态下脚动来动去的小孩
	4	……		

适用短视频类型:记录生活类、才艺展示类、流水线展示类等。

10.3.2 分镜头脚本

分镜头脚本,通常是有详细内容与镜头拍摄计划的脚本,在短视频创作中运用较为广泛。这种脚本形式相当于视频的文字版,一本好的分镜头脚本让人一看就有画面感。该类型脚本的优势是能通过对画面的描述,给人以身临其境的感觉,让拍摄人员有章可循且一目了然,在一定程度上可以减少脚本撰写者(通常是导演)和拍摄人员的沟通时间成本。所以,在撰写分镜头脚本时需要在每一个细节上精心策划、精密安排,设计好每一个镜头,一般要把拍摄景别(远景、全景、中景、近景、特写)和拍摄手法(推、拉、摇、移、跟、升、降)描写得非常清楚。也正因为这样精细,分镜头脚本创作起来相对其他类型脚本而言更加耗时费力,对撰写者的影视艺术素养要求极高。短视频分镜头脚本的撰写样式设计如表10-3。

表 10-3　Vlog《我的拳击梦想》

场景	镜号	画面	旁白	景别	时长	拍摄手法	准备工作	声音
健身房	1	偌大的健身房，一名年轻女性正在健身。	人生不是上下半场，而是每一分每一秒。	场馆全景	3″	慢推	空旷的健身房	呼吸健身
健身房	2	女子身着健身衣在甩战绳，大滴的汗沿着额头往下流。	幼时的我梦想成为拳击运动员，却体弱多病。	近景	4″	慢推	战绳	急促呼吸甩战绳
健身房	3	女子身着另一套衣服，戴着拳击套击打沙袋。	经过多年训练，我正慢慢接近梦想。	近景	3″	慢推	拳击套与沙袋	叫喊击打沙袋
训练现场	4	女子在拳击台上击打男陪练的头部。	反复地进行击打训练。	特写	2″	慢拉	男陪练	呼吸拳击套声
训练现场	5	拳台上女子被男陪练击打头部。	反复地进行抗击打训练。	近景	2″	慢拉	男陪练	呼吸拳击套声
训练现场	6	女子眼睛看着教练帮她擦拭伤口。	就是这样的每一分每一秒。	特写	3″	慢拉	教练	呼气忍痛叫声
比赛现场	7	比赛场上跟对手刚照面时打招呼碰拳开始比赛。	我终于站在属于自己的舞台中央。	特写全景	4″	快拉	人山人海比赛现场	呼吸声

适用短视频类型：故事影片类、搞笑幽默型、Vlog 类等。

10.3.3　文学脚本

　　文学脚本，相对于分镜头脚本，它在形式上更加简单明了。短视频的分镜脚本更重视描述画面，而文学脚本倾向于交代内容，这类脚本适用于那些非剧情类的短视频创作，例如知识介绍类视频、测评打假类视频等。撰写文学脚本，主要是规定好人物所处的场景，要说出的台词、动作姿势、状态以及视频的时长等。一些短视频是以口播为主的形式呈现，场景和演员也相对单一，所以无须很明细的分镜头剧本，只要简单介绍短视频的主题，标明所用场景之后，写出脚本文案，也就是写出演员要说的台词即可。因此，这类脚本对编剧的文笔和语言逻辑能力的要求相对较高。短视频文学脚本的撰写样式可设计如表 10-4。

表10-4 知识介绍片《汽车轮胎分类》

主题	镜号	台词/画外音	景别	准备工作
汽车轮胎分类	1	汽车轮胎通常可分为子午线轮胎和斜交轮胎两类。	中景 （后期剪辑用多画面组合）	两类轮胎
	2	如果从花纹的细分来看，可分为条形花纹、横向花纹轮胎、混合花纹轮胎和越野花纹轮胎四种。		四种轮胎
	3	如果按照车种给轮胎分类，可分为八种：轿车轮胎；轻型载货汽车轮胎；载货汽车及大客车轮胎；农用车轮胎；工程车轮胎；工业用车轮胎；飞机轮胎；摩托车轮胎。		八种轮胎

适用短视频类型：知识介绍类、测评打假类、才艺展示类等。

从以上三种类型脚本的采用情况来看，在以往的创作中编剧会以文学脚本、分镜头脚本居多，一些高质量短视频甚至会两类脚本都撰写。随着年轻的短视频创作者越来越多，拍摄提纲的方式使用频次也逐渐增多，现代青年人想法多变，经常边策划边拍摄边构思，再拍摄再策划再反思，如此往复也能创作出精彩的短视频作品。总之，我们想要创作好一部短视频，在拍摄之前先要了解受众的心理需求，分析群体特征，进而精准设定作品主题。再根据内容定位设计理想的视频印象风格，选择最适合团队操作的脚本类型完成剧本撰写工作，为后续拍摄制作提供遵循，为创作一部高质量短视频打下良好基础。

练一练：

寻找自己最近购买的某件商品，围绕该商品的产品特征设计一个相关故事情节，并试着写出文学脚本和分镜头脚本。

第11章 短视频拍摄制作技巧

视频可以全方位、多角度地展示商品的细节和功能，让消费者对产品有更直观的了解。在做好定位内容的基础上，短视频拍摄的技巧决定了呈现的效果。一个制作精良的视频能够吸引用户的注意力，增加商品的吸引力，从而提高转化率。合理运用不同的景别可以增强视频的表现力，通过移动机位或改变镜头来拍摄出不同的画面效果。在后期制作中，剪辑要确保画面转换自然流畅，可以通过添加过渡效果、音乐和特效来增强视频的吸引力。短视频拍摄制作是一个综合性的过程，需要拍摄者具备一定的摄影知识、创意思维和技术能力。

11.1 常见电商短视频分类拍摄要点

短视频比起图文信息，在信息接受方面更加高效、直接和易懂。短视频和电商的结合已成为商品宣传新的发展趋势。下面我们主要围绕构图、景别、运镜、光线等几个方面来谈谈几类常见短视频的拍摄要点。

11.1.1 商品展示/评测类

此类短视频主要围绕商品进行展示、功能介绍和评测，焦点在商品本身。构图主要以中心式构图为主，商品在画面中央，背景一般比较简单，以免让观众分心。景别根据商品大小，一般使用近景和特写，近景展示商品全貌，特写展示商品局部和材质、做工等细节。运镜多为推拉、横移，速度不宜过快。在有旋转展示台的情况下也可以使用固定镜头拍摄，360度展示商品。商品光线一般为明亮，适当增加光效会增加展示效果，背景根据需要可亮可暗。

11.1.2 商品制作/采摘类

此类短视频主要展现制作、采摘过程和结果，可以先展示结果以吸引观众，采摘类一般会有品尝及评价的环节。构图以中心式构图为主，黄金分割构图为辅。景别以中景、近景、特写为主，在展示采摘果园的全貌时用全景或远景。商品制作一般为固定镜头，多拍不同角度不同景别的镜头丰富制作过程。采摘可用跟拍和固定镜头。光线一般为明亮，选择相对简洁的背景。

11.1.3 探店/街拍类

探店类短视频结构一般为探店缘由、探店过程和探店评价。拍摄时一般由主播中镜介绍探店缘由或直接全景展示商店的门面，接着全景拍摄店内整体环境，近景、特写拍摄店内商品，近景或全景拍摄商品的试用或试吃，最后主播近景讲述使用或品尝后的评价。也有一开始就以商品或食物吸引观众注意，再展开其他内容的展示。构图方面以中心式为主。运镜以跟拍、摇移和固定镜头居多。在拍摄商品时要注意光线必须明亮，特别是美食类，充足的光线会给食物营造出唯美的感觉，能增加食欲。

11.1.4 日常生活类

日常生活类视频看似简单，但要拍出高质量是有一定难度的，要拍出美感，拍出新意。如果内容和形式拍得跟观众自己日常用手机拍的一样，那就失去了观看的意义。想要把平平无奇的日常生活拍得吸引观众，在拍摄前要对视频有一个定位，主角要有一个相对清晰的人设。比如农村题材的，主角是一个有志的农村青年，围绕这一定位来展现主角的日常生活、劳作。在拍摄时，一是要注意拍摄丰富的镜头组，多视角多特写，客观镜头与主观镜头相结合。二是注意节奏把控，多拍主要环节，多余的中间环节尽量少。三是注意视频的美感，日常生活类视频不宜拍得很日常。多形式的构图、或简洁或唯美的背景、明亮的光线，以及良好的拾音效果，能让视频有种来源生活而高于生活的感觉。

11.1.5 知识/技能分享类

传授者出镜讲述或操作是知识、技能分享类短视频的常见形式。此类视频的重点是声音清晰。画面方面相对简单一些，近景为主，操作时应运用特写，让观众能看清细节。构图以中心式构图和黄金分割构图为主。基本上不需要运镜。光线以明亮为主。

11.1.6 萌宝/萌宠类

萌宝/萌宠类视频主要展示萌宝/萌宠的动作、语言、表情等方面。拍这类视频光线很重要，应以明亮为主。构图多为中心式构图，全景时也会用到黄金分割构图。景别多以近景、特写为主，展示动作和表情的细节。运镜方式使用得比较少，一般以硬切为主。拍摄时注意引导萌宝/萌宠展示其动作、语言和表情。此类视频可运用竖构图，提高萌宝/萌宠在画面中所占比例。

11.1.7 美景/颜值类

美景类视频可以使用横构图，以展现更多景色。景别以远景、全景为主。构图形式多样，各类构图基本都可运用。运镜方式也很丰富，推、拉、摇、移、升、降都能使用。光线可明可暗，比如拍摄夕阳剪影时一般使用暗调。

颜值类视频多为竖构图，避开过多背景，集中展示人物形象。景别方面以近景居多，也有面部特写。构图以中心式构图为主。光线一般需要明亮，以看清人物面部。近景展示人物时运镜不多，全景时可运用丰富的运镜方式。

> **议一议：**
> 商品制作类和日常生活类视频有何不同？针对不同点在拍摄上有什么需要注意的？

11.2 拍摄运镜

视频的拍摄，按照镜头的位置或焦距是否固定不变可分为固定镜头拍摄和运动镜头拍摄。固定镜头是指镜头的位置或焦距固定不变拍摄的镜头画面。运动镜头则是在拍摄过程中通过不断改变镜头的位置或焦距而拍摄到的镜头画面。固定镜头给人一种安静、稳定的感觉。运动镜头则给人呈现出一种动感且内容丰富的画面，在情感烘托、情绪渲染、增强影像的视听冲击力的方面有更好的表现。

11.2.1 道具

1. 手持稳定器

手持稳定器是一种具有稳定功能的辅助拍摄设备。使用手持稳定器，可以使拍摄者在运动的情况下拍出稳定流畅的画面和丰富动感的运动镜头,是拍摄运镜的首选设备。手持稳定器按架设的设备不同主要分为手机稳定器和相机稳定器两个种类。

手持稳定器的几个特点:

(1)稳定流畅:稳定流畅是运动镜头最基本也是最重要的要求,手持稳定器在运镜辅助设备中做到了极致。

(2)操作方便:通过蓝牙连接,在稳定器手柄上操作拍摄设备,实现快门、变焦、多角度旋转等基本操作。

图 11-1　手持稳定器

(3)功能多样:根据个类和型号不同,拥有对焦锁定、美颜、延时拍摄、补光、图传等功能,优化视频的拍摄。

2. 口袋相机

口袋相机是一种体积较小自带云台的拍摄设备,被誉为装在口袋里的 Vlog 神器。相比其他拍摄设备,小巧便捷是口袋相机的最大特点,体积小于普通手机,随身携带毫无压力,拍摄设备和稳定设备合成一体,单手把持,随手拍摄。而过硬的拍摄性能和功能是其越来越被广泛应用的前提。除了小巧,口袋相机能够拍摄稳定且优质的画面,延时拍摄、慢动作、高动态光照渲染(HDR)视频、美颜、跟踪拍摄等功能也大都具备。

图 11-2　口袋相机

3. 运镜的其他设备

除了上述两种常见的设备外,运动相机、三脚架、自拍杆、兔笼等设备也会在运镜中使用。但受于本身的局限,使用不够广泛,一般用于特定场景的拍摄。

11.2.2　比例

1. 画幅(画面的长宽比例)

相机或手机横着拍得到的画面是横构图画面,一般为 16∶9。横构图画面构图空间大,视野开阔,适合表现具有故事情节的画面。如果是拍人或物,能够把周围的环境拍得比较全面,这样可以很好地交代其所处的环境。

相机或手机竖着拍得到的画面是竖构图画面,一般为 9∶16。竖构图画面可以很好地表现画面垂直方向的纵深感,适合表现垂直方向上的对象,能很好地表达主体的挺拔之势。

拍摄时是使用横构图还是竖构图,一般要根据拍摄的主题选择。

图 11-3　横构图　　　　　图 11-4　竖构图

2. 构图（主体在画面布局中比例）

构图是对所拍摄画面中的要素进行合理布局，将人、景、物等要素安排在画面中最佳位置以形成画面特定结构的过程，目的是平衡画面、突出主题，向观众传达一种美的信息。

（1）主体和陪体

主体是指画面中所要表现的主要对象，是画面存在的基本条件。主体在画面中起主导作用。对于视频画面来说，主体是构图的表现中心。主体清楚明确，构图才有更多形式。

陪体是和主体密切相关且与主体构成一定情节联系的画面构成部分。陪体在画面中可以帮助主体表现主题思想，同时起到均衡画面构图的作用。

在构图形式上，主体是画面主导，是视觉焦点。在拍摄时，要采用各种造型手段和构图技巧突出主体，营造出深刻的视觉效果。陪体是用于渲染和衬托主体形象，帮助主体突出视觉内涵的部分。在处理构图时，陪体应占据次要地位，无论是色彩还是影调都应注意与主体的关系。

（2）常用构图形式

① 黄金分割构图。黄金分割是将主体放在画面大约 1/3 处，这样会让人觉得画面和谐、充满美感。黄金分割构图又称三分法则构图、九宫格构图、井字型构图，就是将整个画面在横、竖方向各用两条直线分割成相等的三部分，将被摄主体放置在任意一条直线或直线的交点上。在手机或相机中可以设置井字型辅助线来帮助构图。

② 框式构图。框式构图是指在场景中利用环绕的事物突出被摄主体的构图，也称景框式构图。常用的场景有门、窗、自然生长的树干树枝、拱桥等。

图 11-5　黄金分割构图

图 11-6　框式构图

③ 中心式构图。中心式构图是将想要表达的主体放在画面正中央，以达到突出主题的效果的构图。产品广告拍摄的画面多采用中心式构图，这样有利于呈现产品和产品细节信息。

④ 对称式构图。对称式构图是指拍摄内容在画面正中垂线两侧或正中水平线上下对称或大致对称的构图。此构图画面具有布局平衡、结构规矩、图案优美、趣味性强等特点。

图 11-7　中心式构图

图 11-8　对称式构图

⑤ 对角线式构图。对角线式构图是利用对角线进行的构图，是一种导向性很强的构图形式。此构图画面能给人带来立体感、延伸感、动态感和活力感。

⑥ 引导线构图。引导线构图是在场景中使用引导线，串联起画面内容主体与背景元素，吸引观众注意力，完成视觉焦点转移的构图。常用的场景有一条小路、一条小河、两条铁轨等。

图 11-9　对角线式构图

图 11-10　引导线构图

3. 景别（主体在画面中呈现的大小比例）

景别是由于镜头与被摄主体的距离不同，被摄主体在影片中所呈现出的画面范围的区别，是镜头画面的一种类别，也是一种非常重要的视觉形式。景别的有效运用是体现创作者构思的有效手段。景别运用是否恰当将决定视频内容是否主题明确、故事是否清晰、对景物各部分的细节表现是否合适等。

景别组是指通过将一个个景别进行组接，形成一组完整的画面叙事内容。

通常，我们在观察自然界中的某个事物、某种现象或某些人物时，可根据需要随时改变观察的视角，如浏览整体场景、聚焦某个细节、关注人物的神情变化等。因此，景别有着不同的分类，一般分为远景、全景、中景、近景和特写。

（1）远景

远景是表现远处环境全貌、展示人物及周围广阔的空间环境、展现自然景色和群众活动等大场面的景别。由于观看的景物和人物距离较远、视野宽广、人物较小、背景占主要部分，画面能够给人整体感，但细部不清晰。

远景一般用于短视频的开头、结束或场景转换镜头，交代主体在事件中的环境，让画面形成舒缓的节奏，具有强烈的抒情性。

（2）全景

全景是展现环境全貌、主体人物全局的景别。全景的重心在主体上，也就是以人物为主，环境为辅。被摄主体应占3/4的画面宽度，头和脚的上、下保留一定的空间。全景一般用于展示主体动作行为的完整性。

图 11-11　远景　　　　　　　　　　图 11-12　全景

（3）中景

中景一般是展现人物膝盖以上的景别，常用于表现人物上半身动作的完整性。中景可以显示主体人物的外貌特征、人物对环境的表现、局部环境的特点、对画外空间的联想等，内容具有更大的选择性。中景的表现主体是人物的形体动作和人物相互间的情绪交流等。

（4）近景

近景是表现人物面部神态和情绪、刻画人物性格的主要景别。画面表现的空间范围小、景深浅，可以产生较近的视觉距离。近景一般用于展现人物胸部以上的画面，又叫对话式镜头、会话式镜头，用于表现人物的面部表情、传达人物的内心世界、刻画人物的性格等。

图 11-13　中景

图 11-14　近景

（5）特写

特写是展现主体局部的景别，用于表现动作细节、突出某一元素等，是视频中最独特、最有效的表现手法。特写镜头能给观众强烈的视觉冲击感。特写一般用于展现人物肩部以上、头部、脸部或主体微小局部的画面，用于表现主体的质感、形体、颜色等，分割主体与周围环境，调整画面节奏。

图 11-15　特写

"远、全、中、近、特"为一个基本的景别组。近景拟神，远景写意。

11.2.3　运镜要求

1. 运镜方式

镜头的运动方式我们简称为"运镜"，常用的运镜有推、拉、摇、移、跟、升、降、甩等。

（1）推镜头

推镜头，是摄影机沿着光轴方向逐渐接近被摄体的镜头运动形式。推镜头主要通过两种方式进行：一是通过摄影机的向前运动实现推镜头；二是摄影机本身保持不动，增大镜头焦距。推镜头的主要作用为展现纵深空间；表现静态人物的心理变化；构成视觉冲击，突出主体，强化重点；通过镜头的运动来展现人或物的主观观点等。

（2）拉镜头

拉镜头，与推镜头方向相反，是摄影机沿着光轴方向逐渐远离被摄体的镜头运动形式。拉镜头主要通过两种方式进行：一是摄影机本身运动，逐渐远离被摄体；二是摄影机不动，通过缩小镜头焦距的方法实现镜头拉远。拉镜头通常用来展示宏观视野，强调主体转化空间环境，从而提示观众加强对环境与环境、环境与主体的关系等的关注。

图 11-16　推镜头　　　　　　　　图 11-17　拉镜头

（3）摇镜头

摇镜头，是指摄影机位置不变，通过借助三脚架等工具进行上下、左右或不规则摇动的镜头运动形式。摇镜头能较为明显地展现出对人眼环视周围环境的模仿特点，可以用于交代多个拍摄对象之间的因果关系，也可以在广阔的空间中逐一展示或逐渐扩展环境视野。

（4）移镜头

移镜头，是指摄影机在一定范围内沿着水平面进行移动的镜头运动形式。按照镜头移动方向划分主要可分为横移、斜移和环绕移动等，此外还有不规则移动。总而言之，移镜头的运动方式是多样化的。它可以变景别、变视点、变背景、变方向等，移镜头伴随着被拍摄主体的运动而运动，因此移镜头被认为是最能表现被摄主体运动、最能展现空间环境或者结构关系的镜头运动形式。

图 11-18　摇镜头　　　　　　　　图 11-19　移镜头

（5）跟镜头

跟镜头，是指摄影机跟随运动的被摄体的拍摄方式，跟镜头能使处于运动中的被摄主体在画面中的位置基本不变。跟镜头不仅可以突出运动中的被摄主体的主体位置，将被摄主体和空间环境等其他因素区分开来，又能交代运动中的被摄主体的运动方向、速度、状态及其与环境之间的关系，使被摄主体在运动过程中保持连续性，有利于展示被摄主体在整个运动过程中的精神状态。

（6）升降镜头

升降镜头，是指摄影机做上下空间位移的镜头运动方式，摄影机向上移动时为升镜头，向下移动时为降镜头。按升降方式划分，大体可分为垂直升降、斜向升降、弧形升降和不规则升降几种类型。升降镜头常用于展示事件或场面的规模与气势，或表现处于上升或下降状态中的人物的主视点。

图 11-20　跟镜头　　　　　　　图 11-21　升降镜头

（7）甩镜头

甩镜头即快速摇镜头，指从一个被摄体转向另一个被摄体，因摇动速度快而呈现出"甩"的视觉效果。甩镜头常用来表现急剧的变化，多出现在转场，能很好地隐藏剪辑痕迹。

在实际拍摄中，同一个镜头内也经常包含两种或两种以上的运动方式，即综合运镜。

2. 运镜要求

运镜要稳定、流畅。在镜头运动中很容易造成画面抖动，给观众带来晕眩的不良效果。拍摄时，我们要尽量借助稳定设备。在拍摄者的肢体方面，手持拍摄时建议双手操作，走动拍摄时应该屈膝走小碎步，不走动时尽量找固定物体如墙、树等进行倚靠。运镜的流畅主要是指移动速度的稳定，即匀速。同时，如果条件允许建议使用高帧率拍摄，一方面增加画面流畅度，另一方面给后期创作带来空间，比如慢动作的实现。

运镜要有目的性。许多初学者在拍摄时经常会喜欢漫无目的地移动，比如说从这摇到那，从上摇到下，给观众一种不知道你要拍什么的感觉。在拍摄之前，应该先想好所拍的画面想要表达的主题，以及如何运镜才能更好地突出主题。

运镜一般要有起幅和落幅。开始之前先固定一下画面，然后开始移动，移到结束的位置时再停留几秒钟，移动之前和之后的固定画面分别称为起幅和落幅。起幅加运动过程加落幅，这样的镜头才是一个完整的运动镜头。完整的运镜同样也给后期留有了空间。比如运动画面接固定画面时，运动画面的落幅本身是固定的，固定镜头接固定镜头符合后期剪辑的一般规律。

运用构图突出主体。短视频制作者要在非常短的时间里向观众表达某个主题，必须在拍摄中熟练运用构图技巧,要在画面内进行选择、提炼,"提取"出最能表达主题思想的画面。

运用景别组拍出层次感。用不同的景别变换交替、有条理、有节奏地交代环境、关系及要表现的故事内容,景别组的运用可以更有层次更丰富地描述一个主体。

> **练一练:**
> 设计一个探店类短视频的开场镜头,并结合运镜要求来拍摄。

11.3 剪辑制作

11.3.1 剪辑软件

视频的剪辑软件有很多,按功能大致可分为专业级、准专业级和爱好者级三类。专业级有 Premiere、Final Cut 等;准专业级有剪映、Videoleap 等;爱好者级有 iMovie、爱剪辑等。针对短视频的特点,我们选择剪映专业版来介绍视频的剪辑制作。

1. 选择剪映的原因

剪映是抖音官方出品的视频剪辑工具,更适合短视频创作。它是一款国产免费软件,下载便捷、界面亲民。相对于专业软件来说,其对硬件的配置要求低,兼容性强,对用户的专业技能要求不是那么高,容易上手。剪映不仅有电脑版,还有手机版,通过云空间可以实现电脑、手机、平板中的草稿互通,创作不受地点设备的限制,走到哪剪到哪。智能字幕、曲线变速、智能抠像、文本朗读等智能的高阶功能和海量的素材资源,让创作更便捷、高效。

2. 认识剪映

搜索"剪映",或直接在地址栏输入"www.capcut.cn/"打开剪映官方网站,下载安装专业版。下面我们就来认识一下剪映的主要界面。

打开剪映,首先出现的是草稿界面(图 11-22),草稿是剪映对视频编辑文件的定义。点击界面左上角可以用抖音账号或手机号登录剪映,登录后可以享受云空间和草稿多端同步等功能。右边的下方是草稿的管理区,显示创建过的草稿。在这个区域我们可以对草稿进行备份、重命名、复制、删除等操作。右边上方是草稿新建区域,点击【+开始创作】按钮就自动创建了一个以日期命名的新草稿,随即我们就进入了该草稿的剪辑界面(图 11-23)。

第 11 章　短视频拍摄制作技巧

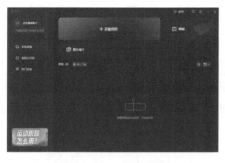

图 11-22　草稿界面

图 11-23　剪辑界面

剪辑界面的主要部分可分为上左、上中、上右和下方四个区域，分别是素材面板、播放器、功能面板和时间线。素材面板默认为媒体区，其他还包括音频、文本、贴纸、特效、滤镜、调节和素材包。素材面板主要用于添加本地或剪映自带的视频、音频、图片、文本字幕等素材，以及动画特效、转场效果、颜色滤镜等。需要说明的是剪映自带的素材、特效、转场、滤镜等，首次使用需要联网下载。播放器主要为剪辑提供实时预览，此处可以设置视频的长宽比，需要时也可以全屏预览剪辑画面。另外，在播放器窗口我们还可以用鼠标直观地调节视频或图片的尺寸大小、位置和角度。功能面板默认是当前草稿的信息。当时间线上添加素材后，选中素材即显示当前素材的相关参数，我们可以根据需要对参数进行调整。时间线是对添加的各类素材进行剪辑的区域。在这里我们可以对素材进行持续时间、顺序、显示层级的调整，可以对素材添加各种效果，完成整个视频的剪辑。

视频剪辑完成后，点击剪辑界面右上角【导出】按钮即跳出导出界面。在该界面中可以设置导出视频的名称、位置，以及与视频格式、质量等相关的参数。界面下方会显示导出视频的大致文件大小。导出界面也可以单独导出字幕。

图 11-24　导出界面

11.3.2　转场效果

简单来讲，转场是不同场景之间的过渡或转换，用一种流畅连贯的方式予以过渡。转场分无技巧转场和有技巧转场。

1. 无技巧转场

无技巧转场是用镜头自然过渡来连接上下两段内容，强调的是视觉的连续性。运用无技巧转场需要注意寻找合理的转换因素和适当的造型因素。在短视频制作中，经常使

239

用同一场景或同种造型来进行转场。比如拍摄旅行类短视频时，先跟拍人物在一个景点中走动，然后把镜头摇向天空，接着在另一个景点从天空往下摇。这两个镜头以天空这一场景为转换因素组接在一起，显得比较自然而又有新意。同样在旅拍视频中，我们也经常看见人物在不同场景中向观众走来，其实是在不同场景中拍摄人物的同一个走动动作，然后按走动的距离、动作剪辑在一起，这里就是利用了适当的造型作为过渡因素。无技巧转场需要前期拍摄时的策划。

2. 有技巧转场

有技巧转场就是利用简单的动画效果来完成场景的过渡。短视频常用的有技巧转场主要有淡入淡出、叠化、闪光、划像、翻转等。

① 淡出是指前一个镜头的画面逐渐隐去直至黑场，淡入是指后一个镜头的画面逐渐显现直至正常的亮度。淡出与淡入之间还有一段黑场，给人一种间歇感。

② 叠化指前一个镜头的画面与后一个镜头的画面相叠加，前一个镜头的画面逐渐隐去，后一个镜头的画面逐渐显现。叠化主要有以下几种功能：一是用于时间的转换，表示时间的消逝；二是用于空间的转换，表示空间已发生变化；三是用叠化表现梦境、想象、回忆等。

③ 闪光是利用光效达到镜头切换的效果，闪光前是一个镜头，闪光后是另一个镜头。闪光转场给视频增加活泼亮眼的感觉。

④ 划像可分为划出与划入。前一镜头从某一方向退出画面称为划出，下一个镜头从某一方向进入画面称为划入，是一种二维动画，一般用于两个内容意义差别较大的段落转换。短视频中常用的图形动画（MG 动画）转场也属于划像的一种。

⑤ 翻转是以画面中线为轴转动，前一镜头为正面画面消失，而背面画面转到正面开始另一镜头。翻转用于对比性或对照性较强的两个段落。

11.3.3 元素添加（音乐、字幕等）

在剪映软件中，元素添加主要是指视频、音频、图片、标题字幕、贴纸等素材的添加。素材面板中的【媒体】对应视和图片，【音频】对应系统提供的音乐音效，【文本】对应标题字幕，【贴纸】对应贴纸。

图 11-25　素材面板

图 11-26　素材添加到时间线

打开素材面板，依次选择【媒体】【本地】【导入】，即可导入电脑或手机本地的视频、音频和图片，接着拖拽视频和图片到时间线，自动生成媒体轨道和音频轨道。

选择【音频】【音乐素材】或【音效素材】，在列表中选择系统自带的音乐音效，下载后即可预览音频，拖拽到时间线上的音频轨道即完成添加。

选择【文本】【新建文本】，拖拽【默认文本】到时间线，即创建了一个文本轨道，选中文本，在播放器或功能面板中输入所需文字，完成文本添加。选择【文本】【智能字幕】，然后选择【识别字幕】，系统就能根据视频中的讲话自动添加讲话内容的字幕，目前只支持普通话。选择【文稿匹配】，能导入字幕文本生成字幕。

选择【贴纸】，在列表中选择系统自带的贴纸效果，预览并下载后拖拽到时间线上生成贴纸轨道，完成贴纸的添加。

各轨道中，音频轨在时间线的下方，视频和图片所在的媒体轨在中间，文本轨和贴纸轨在媒体轨的上方。一般而言，有多条媒体轨时上面的媒体轨会优先显示，想改变显示先后顺序可选中具体的媒体轨素材，然后在功能面板中选择【画面】【基础】，在【层级】中设定。

11.3.4 剪辑基础

简单来说，剪辑是将各类视频、音频、图片、文本等素材通过分割、取舍、组接和调整等手段，最终合成一个完整的有鲜明主题的作品。

打开剪映，在草稿页新建一个草稿，在接下来的素材面板中的【媒体】添加剪辑所使用到的视频、音频和图片素材，并将素材拖到时间线相应的轨道上，我们就可以开始进行剪辑工作了。

1. 视频的基本操作

选中时间线上的视频，我们就可以利用剪映提供的各类工具或功能对视频进行操作。首先是利用时间线上方的编辑工具，我们可以对视频进行分割、删除、定格、到放、镜像、旋转和裁剪等操作。分割时需要将时间线上的指针移动到相应位置。定格是将视频在光标选中的那一帧变成固定的画面。

图 11-27 时间线上的编辑工具

在视频的功能面板中有【画面】【音频】【变速】【动画】和【调节】五个功能模块。【画面】主要针对视频画面的大小、位置、角度、透明度等方面进行调节，还可以对视频进行抠像、添加蒙板，如果视频中有人物，还可以进行美颜美体；【音频】是针对视频中自带的声音进行音量和淡入淡出的调节；【变速】可对视频播放的速度进行常规（平均）变速和曲线变速；【动画】可对视频添加入场和出场动画；【调节】主要针对视频的色彩进行调节。

图 11-28　视频功能面板中的五个功能

在素材面板上还有【特效】【转场】【滤镜】三个功能可以为视频添加系统自带的动画效果、转场效果和颜色调节效果。添加效果后还可以在功能面板上对效果进行相应调节。图片的剪辑操作与视频相类似。

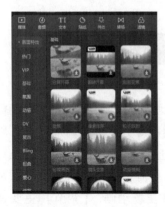
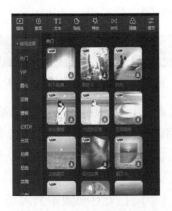

图 11-29　素材面板中的三个功能

2. 音频的基本操作

选中时间线上的音频，我们可以使用时间线上方的编辑工具对音频进行分割、删除和踩点操作。也可以在功能面板上对音频进行音量和淡入淡出的调节，也可以对音频进行降噪。音频的功能面板与视频功能面板中的【音频】类似。

3. 文本的基本操作

添加文本后选中文本，时间线上方的编辑工具可以对文本进行分割和删除操作。在相应的功能面板上有【文本】【动画】【跟踪】【朗读】四个功能。【文本】主要文字的内容、字体、字号、样式、颜色等进行调节；【动画】能为文字添加入场、出场等动画；【跟踪】能为文字根据某一运动物体添加跟踪效果；【朗读】是根据选中的文本生成一个朗读的音频文件。另外，如果时间线上的文字是字幕的话，功能面板上会相应多一个【字幕】功能，用于对字幕的内容、长度等进行调节修改。

图 11-30　文本功能面板中的文本、动画、字幕功能

以上是视频剪辑中比较基础和简要的操作，做好剪辑需要在实践中不断摸索和学习。

11.3.5　整体效果

视频的整体效果可分为基础效果和风格化效果两个方面。

1. 基础效果

基础效果是指符合视频制作的一般要求和规律。

① 音画清晰统一。画面清晰稳定，声音清楚统一，这是视频制作最基本的要求。同一场景的不同镜头，有的稳定，有的抖动，声音时高时低，这些都是低级错误。在短视频时代，观众对视频的感官要求逐渐提高，这类视频观众连看完的可能性都没有。

② 结构完整。视频结构一般分为开场、主体内容和结尾。比如探店类短视频，开

头字幕或主播简单介绍探什么店可视为开场，探店的过程是主体内容，探店后的感受或评价是结尾。具体的结构要根据不同视频类型来看。叙事类的一般有完整的结构，快剪类的结构相对简单。

③ 主题突出。主题是视频的核心，一个短视频一般只有一个主题，视频的画面都围绕这一主题来组织。最忌讳的就是主题不明确，画面前后衔接混乱，使观众看完视频后不知视频在表达什么。

④ 符合思维逻辑习惯。在后期剪辑过程中，对人物动作剪辑、情绪表达剪辑、画面剪辑点的选择等都必须符合客观规律，符合事物的发展逻辑，符合人们的思维习惯，这样才能保证视频的良好观看体验。

⑤ 另外，短视频建议添加字幕，这样能提高观众的信息接受程度。

2. 风格化效果

风格化效果是运用后期技术对视频进行符合其主题意境的艺术性包装，包括剪辑节奏、影调、色调等。节奏有快慢，影调有明暗，色调有小清新、复古风、文艺风等。比如在制作古风类视频时，剪辑节奏不宜过快，每个镜头不宜太短，适合慢动作处理，转场多为淡入淡出，影调不宜过亮，适合饱和度不高的复古风色调。而旅行类短视频则适合快节奏，画面影调比较明亮，适合小清新或文艺风色调。

> 议一议：
> 如何利用剪辑手段表达旅行类短视频？

第12章 短视频账号运营

短视频行业目前正处于一个快速发展和变革的时期,作为在各种新媒体平台上播放的、适合在移动状态和短时休闲状态下观看的、高频推送的视频内容,其用户规模持续增长,已经成为人们日常生活中不可或缺的一部分。短视频的内容融合了技能分享、幽默搞怪、时尚潮流、社会热点、街头采访、公益教育、广告创意、商业定制等主题,不仅是内容消费的场所,也是用户社交互动的空间。其商业模式日益成熟,通过广告、直播电商、付费内容等方式实现变现,合理运营,在带动商品销售和品牌推广方面发挥了重要作用。短视频的运营应以用户为中心,从用户的角度出发,深入挖掘他们的需求和兴趣,制定相应的内容策略和营销计划。通过不断优化用户体验、收集反馈、分析数据等手段,根据用户的兴趣和观看历史,为他们推送最感兴趣的内容,保持内容的新鲜感和创新性,提高用户的满意度和留存率。

12.1 视频发布技巧要点

在短视频创作中,虽然内容是核心,但是想要使短视频传播得更快更广,更深入人心,短视频创造者就要合理选择发布的平台和渠道;完整设置标题、文案、封面。在发布短视频之前对短视频进行优化包装,这些元素会在很大程度上影响短视频的形象,进而影响短视频的传播效果。

12.1.1 平台选择

短视频已成为新媒体的重要流量入口和发展风口,同时也催生出了一大批专业平台,目前主流短视频平台有抖音、快手、美拍、秒拍、西瓜视频、小红书、哔哩哔哩、微信视频号、腾讯视频等。如前文5.3所列,抖音、快手、哔哩哔哩、小红书各具特点和优势,但平台的运营逻辑也有一定的差别。根据自身特点,合理选择发布的平台事关重要。

1. 抖音：记录美好生活

基于用户的年轻化属性特征——热爱音乐、偏爱潮流、具有强烈的社交需求和表达欲望，抖音的短视频内容更新潮，如音乐唱跳、特色贴纸、热搜和热门话题等。抖音采取霸屏阅读模式，降低了用户注意力被打断的概率。其默认打开方式是进入"推荐"页面，只需用手指轻轻一划就可以播放下一条视频，用户的不确定感更强，这更能吸引用户观看，从而打造沉浸式的娱乐体验。抖音凭借自身丰富的工程师储备和人工智能实验室的知识，能够基于用户过去的观看行为为用户画像，为其推荐感兴趣的内容，这种个性化推荐机制是抖音的核心竞争力之一。

2. 快手：记录世界记录你

快手依靠短视频社区自身的用户和内容运营，致力于打造社区文化氛围，依靠社区内容的自发传播促使用户数量不断增长。快手满足了普通人群表达自我的需求，是一个为普通人提供记录和分享生活渠道的短视频平台。因此，其并不对特定人群进行运营分类，也没有明确的栏目分类。在快手平台上发布短视频的用户及其作品，都有可能在发现页面获得展示的机会，即使是刚注册的新用户也不例外。用户发布的短视频获得的点赞越多，被选中推荐的概率就越大。快手会在一个屏幕里呈现多个视频，所以当用户选择时对内容的兴趣指向更加精确。

3. 小红书：分享和发现世界的精彩

小红书上的短视频与生活的相关度更高，用户通过文字、图片、视频笔记进行分享展示，平台通过机器学习对海量信息和用户进行精准高效匹配。其生活方式社区运营方向是通过用户"线上分享"消费体验，引发"社区互动"，并推动其他用户"线下消费"，反过来又推动更多"线上分享"，最终形成一个正循环。用户"线上分享"内容，又称小红书笔记，吸引其他用户对分享的产品产生兴趣，即使原本没有购买计划也会被"种草"，通过"笔记"来达到曝光和引流的目的，例如"完美日记"就是靠小红书平台崛起的品牌，它通过大量的笔记在小红书上分享产品的体验和测评视频，提升了品牌影响力。

4. 哔哩哔哩：你感兴趣的视频都在 B 站

哔哩哔哩（B 站）早期是一个 ACG（动画、漫画、游戏）内容创作与分享的视频网站。经过十年多的发展，围绕用户、创作者和内容，哔哩哔哩构建了一个源源不断产出优质内容的生态系统，已经涵盖 7 000 多个兴趣圈层的多元文化社区，拥有动画、番剧、国创、音乐、舞蹈、游戏、知识、生活、娱乐、鬼畜、时尚、放映厅等内容分区，生活、娱乐、游戏、动漫、科技是 B 站主要的内容品类并开设直播、游戏中心、周边等业务板块。哔哩哔哩依靠不同的品类内容吸引不同阶层的用户，让"短视频＋长视频"成为创作者传递价值的通用形式，通过优秀的创作者带动更多的创作者，使他们以视频内容的形式表达自己。

12.1.2 创建短视频标题

标题是用户对短视频的第一印象,一个好的标题能够吸引用户的眼球,让用户有看完视频的兴趣并激发用户的认同感,增加评论数量,从而提高短视频的完播率和互动率,带来良好的传播效果。短视频的标题创作可以遵循以下5个基本原则。

1. 直击痛点型

短视频的标题要想吸引用户,就需要戳中用户的痛点,痛点就是用户渴望得到的东西,但暂时没人能够满足。所以我们要通过讲解或者行动,满足用户的渴望和需求。选择痛点时,不能只针对某一个人,而是要选择引发大众共鸣,是大多数人普遍存在的痛点。

想要收集到好的痛点,可以多关注网络热点或日常生活中人们常交谈的话题,然后提炼出与之相关的最贴切、最通俗的词语。如:"结婚后,女人就应该做家庭主妇吗?""职场上有没有必要恭维上级?""大学生应不应该兼职?"

这些都是目标用户的痛点,大多数用户也希望能从别人的经历里获取一些经验。而且面对这样的问题,会有人持不同意见,因此评论也不会少。

2. 共情共鸣型

共情共鸣型属于情感因素类标题,此类型的标题,能够让粉丝反复回味"生活中我是不是也有类似的境遇"。比如,"原来,喜欢一个人真的会注意到细节",再如,"看得淡一点,伤就少一点"。视频本身要怎么配合共情共鸣类的标题呢?首先要吸引到用户的关注,其次可以在视频中给出一个反转性的答案。这类型视频的点赞、互动都会很高,用户会在评论区留下自己认同的观点或故事。

3. 快速实现型

在快节奏的社会环境中,大多数用户都希望能够省时省力地完成某件事情,因此容易实现型标题是非常容易吸引用户观看的。如:"三个动作,轻松消除双下巴""五分钟做一顿简单有营养的早餐""只需要平底锅也能做出雪芙蕾"。这类视频标题常常以"仅需""只需"以及数字化表现形式来强调其简单性。

4. 必备技能型

这类型标题要展现和用户的强相关性,用"一定要""必须"等词汇给用户强烈的暗示。例如:"作为大学生,你必须知道的六件事""求职不得不知道的五件事"。这类标题也往往有夸张的成分,仿佛只要错过就是极大的损失。

5. 问题解决型

此类型标题类型和直击痛点型标题有相似之处,但指出痛点不一定能够解决用户问题,但"解决方案"一定可以。如:"身高172厘米适合穿多长的裙子""化妆老卡粉怎么办""下水道老有味道怎么办"。

> **练一练：**
> 　　回忆你在不同平台浏览短视频时，有哪些标题让你印象深刻？原因是什么？你能尝试列几个标题吗？

12.1.3　创作短视频封面图

短视频封面图又叫"头图"，相当于一个新闻的"缩略图"。能够让用户在没有打开短视频之前就了解短视频的基本信息。所以，在一个短视频里，封面与标题都扮演着重要的角色。它是让作品变成爆款的关键因素。一张好的封面图可以吸引更多的流量，而一张不好的封面图可能让优质视频被埋没。

1. 封面图应避免的问题

如果封面图出现以下问题，将有可能得不到平台的推荐，造成阅读量偏低。

① 封面图裁剪不全。

② 封面图出现低俗或者色情内容，不利于推荐，同时也让人感到不适。

③ 封面图中出现图片拼接，且拼接边框明显，无法突出主元素。

④ 封面图中出现纯色图、模糊图，难以区分想要表达的内容。

2. 优秀的封面图特质

① 图片高清直观。观众在浏览短视频时最先看到的就是封面，高清直观的封面能让观众一眼就能理解封面的意义，了解视频内容。反之，如果视频封面模糊不清，粗制滥造，会让观众第一眼就产生厌恶反感的情绪，不利于视频的后续播放。

② 主题明确。观众看到封面以后就知道视频是关于什么内容。

③ 层次分明。封面排版和布局要层次分明，不要与视频的其他元素互相阻碍，封面不能阻挡标题，标题也不能影响封面。

④ 突出特点。当短视频主题是人物故事时，可以使用故事的高潮部分画面作为短视频的封面，通常来说故事的主要矛盾是最吸引人的部分，把这一部分作为封面，观众会非常有兴趣点击进来探寻故事的原委。如果短视频封面上需要有人物的全景出现，那么人物应该尽可能处于中间醒目的位置，这样可以帮助观众更快地找到重点，不被其他因素干扰分散注意力。

⑤ 统一风格。用户点击你的主页，直接呈现在他们眼中的就是短视频封面。如果封面没有一个统一的风格，主页就会显得过于凌乱。所以最好确定一个统一的封面风格，包括字幕的位置、颜色的搭配等，形成自己的风格。当你有了自己独特的风格之后，就有区别于其他账号的差异点了。用户再点进主页时，就很容易被吸引关注。

3. 封面图格式

除封面特质之外，还要考虑短视频封面的制作格式，常规的封面有竖屏、横屏和三联。

① 竖屏封面，是短视频常用的视频封面，绝大多数视频都采用竖屏，画面比例为 9：16，图片文字通常置于画面中间。

② 横屏封面，通常画面比例为 16：9，置于屏幕中间，上面为正标题，底部为副标题或者是说明。横屏常在一些知识口播、视频混剪等视频类型中采用。

③ 三联封面，常被影视剪辑类的视频采用，因为一部电影的剪辑或者解说通常时间在 10 分钟左右，如果只作为一个视频上传对于抖音来说时长过长，不利于完播率的数据表现，所以一般分为三段视频上传。为了封面统一，主流的短视频平台主页一行刚好是三列，所以就适合出现三联封面。

12.1.4　发布时间的选择

全天二十四小时，短视频究竟什么时候发最合适？这取决于用户观看的时间段。根据短视频用户产品使用的数据分析，用户的主要观看时间集中在睡觉前、下班/放学回家后、工间/课间休息、午/晚饭吃饭时等。与场景相对应，18：00—22：00 是短视频产品使用最多的时间，12：00—14：00 午休时间也分担了一部分使用时间。从营销角度来看，高峰使用时段代表用户的需求集中时段，此时短视频企业的营销信息投放将更能贴合用户的需求，扩充用户在碎片化消费时段中的产品选择空间，有效提升营销效果。

因此，根据以下 4 个时间段的特征发布不同类型的短视频，能够收获更多的流量。

6：00—9：00。这个时间段是普通上班族吃早餐和处于上班途中的时间段，大部分人都会选择拿手机刷刷视频、看看文章。即便是不上班的用户，也会在这个时间段醒来，会利用碎片化的时间来刷视频，这个时候发布的短视频如果内容足够优秀，用户会更有时间为视频点赞评论。在这个时间段，社会新闻、热点新闻、励志、早餐、健身、正能量等类型的视频比较受欢迎。

12：00—14：00（13 点之前最佳）。这个时间段是用户吃午饭和下午工作前的休息放松的时间段，更愿意花时间刷视频，点赞评论。所以如果在这个时间段发布视频，分配的流量会获得更精准的使用。创作者在这个时间段适合发布剧情类、娱乐类短视频，使用户能够在工作和学习之余得到放松。

18：00—20：00。这个时间段是大多数用户放学或下班后的休息时间，大部分人在忙碌一天之后都会利用手机打发时间，这又是一波刷视频的小高峰。一般这个时间段，搞笑娱乐类、八卦类能让人放松的内容，会更吸引用户点赞评论。

21：00—24：00。这个时间段是短视频发布的绝佳时间段，此时大部分人都准备睡觉、准备休息了，是当天刷视频的高峰时间段。如果你是运营者，作品内容也够优秀的话，可以尝试投"DOU+"，去购买一些流量，那样更容易出爆款。

在选择短视频的发布时间时，还需要注意以下6个方面的问题。

一是固定时间发布。短视频的发布时间可以形成固定规律，短视频创作者不仅可以固定时间段，还可以固定选择每周的哪几天发布。例如，固定在每周三、周五、周日的21：00发布。采用这种发布方式能够培养用户的观看习惯，同时也能使短视频工作团队形成有序的工作模式，以免出现打乱仗、工作计划时长突变的问题。

二是无固定时间发布。短视频创作者发布短视频的时间也可以没有规律，而按照短视频的具体内容确定发布时间。例如，某美食类短视频账号的本期短视频内容是美味早餐的搭配方式，则可以选择在早餐时间发布；下一期短视频内容是健康晚餐的做法，则可以选择在晚餐时间发布。

三是错开高峰时间发布。前文介绍了4个发布短视频的黄金时段，但在选择发布时间时也可以另辟蹊径，避开黄金时间。因为这些时间段虽然用户流量大，但发布的短视频数量也多，竞争压力较大。所以，尝试错开高峰时间发布短视频也是一个不错的选择。

四是需要适当提前发布。短视频的发布通常需要由系统或人工进行审核，因此，发布短视频的时间要比计划发出的时间早半个小时或1个小时。例如，计划在20：00正式发出短视频，则需提前至19：30左右发布。当短视频审核完毕时，正式的发出时间基本能符合计划发出的时间。

五是针对目标用户群调整发布时间。不同的用户群观看短视频的时间段不同，在发布针对某一特定用户群的短视频时，需要考虑这类用户的观看习惯。例如，母婴类短视频的目标用户群是"宝妈"人群，这类人群通常需要在早、中、晚的进餐时间前后照顾孩子，在孩子入睡后才有空浏览短视频，那么短视频创作者在发布这类短视频时就需要充分考虑相关因素，调整发布时间。

六是节假日的发布时间需顺延。大多数用户在节假日期间可能会晚睡、晚起，短视频创作者发布短视频时就需要适当顺延发布时间。以早餐类短视频为例，用户在工作日的早餐时间可能是早上8：00左右，而大部分用户在节假日时期的早餐时间可能会调整至上午10：00左右。那么，在节假日发布早餐类短视频时，则需要根据实际情况顺延发布时间。

12.1.5 短视频发布技巧

短视频发布看似是一个简单的操作，实则涉及许多细节问题。除了需要选择合适的发布时间，短视频创作者还要考虑其他方面的因素，以帮助短视频获得更多的流量和关注。

1. 选择热点话题

发布短视频时可以紧跟时事热点，因为热点内容通常具有天然的高流量，借助热点话题创作的短视频受到的关注度也相对较高。常见的热点话题主要有以下 3 类。

（1）常规类热点

常规类热点是指比较常见的热点话题，如大型节假日（春节、中秋节、端午节等），大型赛事活动（篮球赛事、足球赛事等），每年的高考和研究生考试等。这类常规热点的时间固定，短视频创作者可以提前策划和制作相关短视频，在热点到来之际及时发布短视频，该类短视频通常能够获得较多关注。

（2）突发类热点

突发类热点是指不可预测的突发事件，这类热点会突然出现，如生活事件、行业事件、娱乐新闻等。发布这类短视频时要注意时效性，简单来说，遇到这类热点话题时，在制作和发布短视频时都要"快"。在该类热点话题出现后的第一时间迅速发布与之相关的内容，往往会获得非常大的浏览量。与常规类热点相比，突发类热点更能引发用户的好奇和关注。

（3）预判类热点

预判类热点是指短视频创作者预先判断某个事件可能会成为热点。例如，某电影将在一周后上映，许多用户对该电影十分期待，那么在电影上映之前，短视频创作者就可以发布与之相关的短视频。用户在期待电影之余，通常会选择通过观看该类短视频，提前交流对电影剧情或主角的看法。

> **练一练：**
> 当下有什么社会热点事件？能否运用到相关短视频中？分别就食品类、服饰类、电子产品类热点事件创建你的视频策划构想。

2. 添加合适标签

为发布的短视频添加合适的标签，便于用户的搜索。标签是短视频内容中最具代表性、最有价值的信息，也是系统用以识别和分发短视频的依据。好的标签能让短视频在推荐算法的计算下，将短视频分发给目标用户，得到更多有效的曝光。

（1）合适的标签个数

不同类型的短视频平台，可以添加不同个数的标签。在以抖音、快手、微信视频号、小红书为代表的移动端短视频平台上，短视频创作者可以为短视频添加 1~3 个标签，且每个标签的字数不宜过多，在 5 个字以内为宜。因为移动端短视频平台会将标签与标题文案一同显示，标签字数过多会使版面看起来比较混乱。所以，在这类短视频平台上为短视频添加标签时，需要提炼关键词，选择最能代表短视频内容的词语作为标签。在以哔哩哔哩、西瓜视频为代表的综合类短视频平台上，短视频创作者可以为短视频添加 6~10 个标签。因为综合类短视频平台不会将短视频标签与标题一同显示，标签数量的多少不会影响短视频画面。所以，在这类短视频平台上，为短视频添加标签时可以适当增加标签数量。

需要注意的是，虽然综合类短视频平台对标签的字数与数量没有过多限制，但在添加标签时也要选择符合短视频内容的标签，切忌添加过多与内容无关的标签，使系统无法识别推荐领域，或将短视频分发给不相关的用户。

（2）标签要准确化、细节化

添加标签时要做到准确化、细节化。以服装穿搭类短视频为例，如果将添加标签为"女装"，则涵盖范围太广。更好的做法是，添加"秋冬穿搭""时尚穿搭""温柔风穿搭"等限定性词标签，这类精确性更高的标签，能使短视频在分发时深入垂直领域，找到真正的目标用户群体。

（3）将目标用户群体作为标签

添加标签时，不仅可以根据短视频内容选择标签，还可以根据短视频的目标用户群体选择标签。例如，对于运动、健身类短视频，短视频创作者可以添加"运动达人""球迷"等标签。

（4）将热点话题作为标签

紧跟热点话题始终是短视频运营不可缺少的环节，在添加标签时可以适当将热点话题作为标签，以此增加短视频的曝光量。例如，春节期间的短视频多与"春节"这一热点相关，短视频创作者可以适当添加"春节""新年""团圆饭"等与热点相关的标签。需要注意的是，添加标签时可以适当结合热点，但不能为了追求流量，毫无底线地去结合一些负面的热点新闻。

另外，值得一提的是，在抖音平台发布短视频时，可以@抖音小助手。"抖音小助手"是抖音官方的短视频账号，主要用以评选抖音的精品内容和发布官方信息。因为抖音采用机器人和人工审核的方式推荐内容，在人工审核之前，大部分短视频都会由"抖音小助手"（机器人）先进行归类。所以，@抖音小助手相当于毛遂自荐，提醒系统快速审查该条短视频，如果该条短视频质量佳、创意好，则会有更大的概率"上热门"。同样的道理，在哔哩哔哩发布短视频，添加标签时可以将官方活动名称作为标签添加。哔哩哔哩的官方活动有很多，如"萌新UP主夏令营""bilibili新星计划"等。

3. 视频发布的频度把握

账号发布短视频要保持一定的更新频率，定期发布新的内容，这可以保持粉丝的关注度，并让他们有持续的兴趣和期待。更新频率依据视频本身的内容类型有所差异，一般来说剧情类的视频发布的频率建议一周2～4条，因为创作要有构思和设计，保证视频的质量和创意；商品"种草"类的视频建议更新频率为每天2～5条，让用户能保持对商品的兴趣，增加购买介入程度，也就是"种草"深度；直播间引流类视频，一般是在开播前两个小时，发布2～4条，起到预告引流的作用。

12.2 短视频账号运营策略

短视频账号是需要运营的,除了视频本身内容吸引人、制作精良,还需要通过一系列策略和技巧,根据平台规则管理和维护账号,以提高账号的曝光度、粉丝量和用户参与度。

12.2.1 平台推荐的算法机制

1. 平台的偏好算法匹配

短视频平台基本都有一个核心技术:偏好算法匹配。用户在 App 注册账号时,平台会推送各种类型的短视频。以某一用户为例,张三更喜欢搞笑类短视频,因此他可能在看到推送的搞笑类短视频时会进行点赞、评论、转发,并且把这个短视频看完。但是他对于体育、游戏不是特别感兴趣,因此当平台推送游戏、体育类短视频的时候就会直接划过,也不会点赞。总结上面的现象发现,对于喜欢的内容,用户采取的行为是完播、点赞、分享;对于不喜欢的内容,则是快速划过。而用户的这些行为都会被平台抓取和学习,以后就会精准地向特定用户推送特定类别内容,最终就把张三喜欢的搞笑类的短视频筛选出来并加以推送,短视频推荐内容和用户的偏好就得到了匹配。

2. 流量获取机制

(1)基础推荐

任何一个作品流量的获取都遵循平台基础推荐和叠加推荐的机制,其中有一部分作品有时间效应。我们产出一个内容发布到平台上,平台首先会给你一个最基础的流量,在这个流量区间内,平台会观察这部分用户会不会对作品内容产生兴趣。

(2)数据筛选

当大部分有兴趣的用户进行点赞、收藏、评论、转发,并且把这个视频看完时,此时这些数据已经达到一个不错的水平,接下来平台会再根据它的算法对作品进行第二次的推荐,进入到下一个更大的流量池。在接下来这个流量池中,平台会继续观察你的作品,在这部分人群中表现怎么样。

(3)叠加推荐

如果点赞、收藏、评论、转发的数据也继续保持在较高水平,平台会接着再给作品推荐到更大的流量池。这样一轮一轮的推荐就叫作叠加推荐。只要互动数据好,作品比较优质,就会获得更多的流量逐渐叠加。简单点理解就是一个流量池、一个流量池地往前走。通过几轮的验证筛选,能有机会进入到精品流量池的都是各项数据指标都非常高的作品。平时我们看到的热门视频,大几十万、破百万次点赞的视频,都是通过这个机制一轮轮筛选出来的。

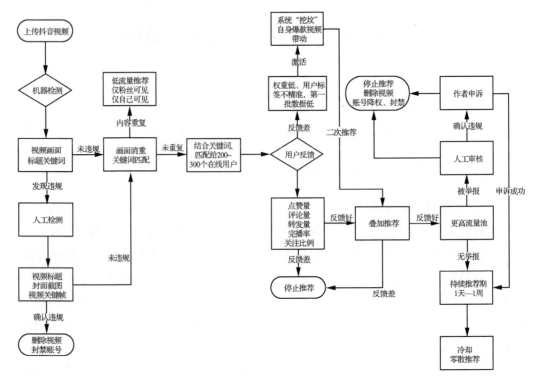

图 12-1　抖音短视频平台审核机制图

12.2.2　获得流量分配的要素

短视频会不会有更多流量，能不能推荐给更多的人，由通过平台监测到的 4 个数据指标来决定：完播率、点赞量、评论量、转发量。

1. 完播率

完播率即视频完成播放的完成率，是所有看到这个视频的用户占比，这个指标也是 4 个指标中最为关键的一个。虽然完播率至关重要，但是我们视频的时长也不能过长或者过短，刚开始粉丝不多时，可以发布十几到二十秒的视频，后期粉丝多了的话，可以适当延长视频的时间。

需要提高视频的完播率，视频的时长只是一方面，关键还是内容本身。首先，视频开头就要吸引住用户，前两秒不够吸引人，大家会直接划走，要将视频讲述的重点和精彩内容先放到开头，引发用户好奇心，吸引其看下去；其次，对于抖音几十秒的短视频，不要有过多的复杂描述，要直接进入主题；最后，可以在视频中或者标题中，写上带有争议的话题，吸引用户往下看，从而提高完播率。

2. 点赞量

用户对于一条视频的点赞，表达的就是对这条视频的喜欢或对于视频内容的认可，说明这条视频是有用、有趣且与用户有共鸣的。如果把完播率看作是对视频的评判关键，那点赞量就是优质视频的体现，点赞量越高，越能够体现出该条视频的优质程度。

如何增加点赞量？

① 多互相关注。点赞量多的基础就是粉丝量要够多，经常和他人互相关注，以此来增加粉丝量，点赞量自然也会多。

② 发布原创视频。坚持发布原创视频，并贴合实际情况，二创或恶搞视频，吸引用户点赞。

3. 评论量

视频的评论，是用户与视频内容产生共鸣或分歧的体现，评论越多，就越证明你的视频是用户比较关注的内容。如何获得更多的评论呢？就要看你的视频会不会引导了。如果你是做科普类的视频，你可以在视频中插入"如果你有更好的办法，可以在评论区留言"，用一句话，引起和用户之间的互动，让大家积极发表自己的心里所想，这样就促进了评论量的提高。

4. 转发量

转发量越高，你的视频被推荐的概率就越大，传播范围也就越广，流量自然也就有了。转发量其实是4个指标中最难提高的一项，但是技术层面也可以加以引导。除了前文提及的标题、图片、热点，还可以在视频中进行引导。比如，你是做美食类的内容，可以在结尾加上"赶紧把这条视频转发给你的男朋友吧，让他学起来"，依靠情感联系促进用户转发。也可以通过额外的奖励或优惠来激励忠实顾客分享你的视频给他们的朋友和家人，或推荐给他人。

> **议一议：**
> 可以采取哪些措施提高视频的完播率、点赞量、评论量、转发量？

12.2.3 粉丝个性化管理

短视频的粉丝管理是一个关键环节，它涉及与粉丝的互动、维护关系以及促进粉丝参与和增长、视频传播范围和影响力的扩大，在很大程度上决定了上述流量分配所参考的4大指标。账号保持流量的前提是有足够的粉丝群体持续关注账号内容，除了短视频内容本身的吸引力，合理地管理粉丝，分层分组建立粉丝群体促进互动，增加粉丝归属感的同时实现拉新，增加粉丝的忠诚度和参与度，从而促进短视频账号的成功和流量增长。

粉丝个性化分层可以有两个维度的意义，第一个是提升粉丝的归属感，粉丝分层设立可以让每一个有个性化特征的粉丝找到更符合其需求满足的群体，对达人精细化内容生产、个性化专属福利的发放均有长远价值。第二个是避免个性化粉丝搅局，提升粉丝群的入群门槛,很大程度上能帮助达人筛选掉不符合运营期待的用户。一般情况下粉丝团级别越高,对达人及其服务的认可度、忠诚度就越高,群内不被个别用户干扰,培育铁粉也就变得更加容易。

1. 根据入群门槛等级进行粉丝分层

建立一个无要求的吸收广大人群的初级群,也可以根据关注等级大于 7 天、大于 30 天和大于 60 天的分层来进行入群门槛的设计。一般来说,根据活跃度的等级,关注账号大于 30 天且有互动行为 7 天以上的粉丝才叫活跃粉丝,也可以根据这个粉丝活跃度来划定入群的等级。粉丝团的等级从 0 级到 20 级不等,也可以根据这样的区分来进行等级的划分。所有的群都可以设置审批规则,就是进群的粉丝需不需要管理员或者是群主进行审核,后端是要进行手动的操作还是根据具体的运营目标来进行设置。

2. 依据兴趣画像进行分组管理

不同的粉丝对视频的关注点不尽相同,可以根据粉丝的兴趣喜好维度来进行分类群体管理。如图 12-2 所示,一位曾经参加过《超级女声》的主播,建立了一个达人商家的账号,原来就有喜欢听她唱歌的人关注了她,她在抖音上也有达人 IP 身份——一个 200 多斤的胖姐姐,减肥 200 多斤成功"逆袭"。她的短视频账号上,除了原有的音乐粉丝,也有一些人是因为想跟她学习减肥的方法而关注她,还有一些人想在她这边寻求如何选择大码服装或是减肥产品。她根据这三类人群不同的喜好,做了精细化的粉丝分组处理,为粉丝提供不同的价值。她在减肥的"逆袭"团里面,主要分享的内容就是减肥的经验;在大码好物分享群里面,推荐一些性价比极高又好用的商品,在里面进行营销和推广;在第三个群里面教大家唱歌,她主打的是爵士乐,就此与音乐粉丝进行交流。这个达人粉丝群会比商家有更多的优质内容和突出的特色,有助于提升粉丝的黏性和存留。

- 粉丝兴趣分类   · 粉丝来源分类

- 群名称:明显区分粉丝喜好/渠道来源
- 门槛设置:无要求+有要求
- 设置原则:分阶段、分层级
- 建群原则:逐渐增加与一步到位

图 12-2　粉丝分类

3. 根据粉丝来源进行分类

用户关注短视频账号的途径有明显的差异,可以根据粉丝来源进行分类管理,在运营中考虑后续站外引流的方向。京东与淘宝、拼多多用户的购买习惯差异明显；微信公众号与微博的信息受众也有各自的特点，不同平台的粉丝迁徙会影响后续的消费习惯。例如，某个达人原先在传统电商平台上的店铺里做主播，有很多粉丝喜欢她，现在在抖音建立了一个自己的账号，喜欢她、关注她的粉丝有一大部分来源于传统电商渠道的引流，经营一段时间后在新的短视频平台里面也吸引了一定量的粉丝。每个渠道的粉丝对货品的需求、对价格的要求以及优惠感受是不一样的，观看视频、进行消费的习惯也可能不同。这个达人商家就把这些来自不同渠道和维度的粉丝进行了分类，在里面做细化分类和优惠玩法的设计。

4. 提炼忠实顾客群组

忠实顾客，即"铁粉"，对于账号或品牌青睐度高，是具有强烈消费意愿的群体。通过数据分析工具，识别那些经常观看你的视频并点赞、评论和分享的观众。这些核心粉丝是对你的内容最感兴趣、最有可能成为忠实顾客的人群。为忠实顾客提供独特且有价值的内容或服务，包括独家视频、优先参加活动的机会、专属折扣或赠品等。通过这种方式，进一步增强他们的忠诚度和归属感。如图12-3所示，某达人是一个品牌的老总，在抖音上有自主账号进行销售，他把跟他黏性最高、最符合他价值期待的观众集中到一个群里面做精细化的"喂养"，分享特定的权益，这就是提炼铁粉。比如说新品试吃，免费定制产品，参与到直播运营决策，甚至孵化出铁粉后，派铁粉到每一个基础群里面做管理员。这些都是这个商家达人运营粉丝、运营私域流量的经验，可以让粉丝都非常渴望往上走，最后成为他的挚爱粉，成为他们家的铁粉团的一员。

- 群名称：明显区分粉丝属性
- 门槛设置：有较高要求
- 设置原则：分阶段、分层级
- 建群原则：逐渐增加与一步到位

图 12-3　特殊权益粉丝群

当然粉丝群分层维度不限于这些，也可以根据自己的运营经验来进行粉丝分层和分组。根据忠实顾客的兴趣和需求，提供个性化的视频内容和推荐。通过了解他们的喜好和偏好,可以制作更符合他们口味的内容,从而增加他们的满意度和忠诚度。普通的大群无法满足粉丝个性化的需求,现在私域流量的要求越来越高,在新媒体时代,消费者的意愿和满足阈值也在不断地提升,所以精细化运营才能将短视频粉丝变成复购和转化的主力军。

【案例】

"四川观察"打造短视频创新发展之道

"四川观察"抖音号是2017年四川广电推出新闻App"四川观察"后相继注册运营的新媒体账号之一,已成为广电媒体入驻短视频平台的经典案例。至2024年2月,其粉丝量达到4 793.7万,累计获赞39.4亿次。

2019年3月5日,"四川观察"发布了首条抖音视频。之后的一段时间,"四川观察"几天更新一次,主要拍些情景剧,模仿其他账号的爆款作品,但流量一直不温不火。转折点发生在2019年8月,那时候多地暴雨,四川受灾严重,一位民警因此牺牲。在民警的追悼会上,年幼的儿子不知道父亲已经过世,依旧呼喊着"爸爸",现场令人十分揪心。"四川观察"做了独家新闻视频,视频发布后播放量达到9 000多万。在这条有温度的视频后,"四川观察"紧接着制作了群众给救灾民警送东西等数条新闻视频,反响也很不错。进入到2020年,"四川观察"的更新频率开始加快,平均每天发布的视频达到20至30条,视频内容大多与热点有关。关注热点,更新频率极快,让众多网友开始关注这个账号。从那时起,"四川观察"平均每条视频的点赞数都能过万,粉丝数也以肉眼可见的速度快速上涨。粉丝看到其他账号发资讯,还会在评论区开玩笑地评论"删掉,让'四川观察'发""几分钟没更新了,午休去了吗"。高频率的更新,让"四川观察"在粉丝心目中树立了一个"劳模"形象。别家的粉丝都是日常催更,"四川观察"的粉丝则成功做到了"秒催"。

"四川观察"通过其主流权威媒体的平台定位,在发布"硬新闻"之外,主打陪伴的"软新闻",成功留下了一批"温情观众",并将他们转化成了"铁粉",本质上是代入角色,尊重用户的内在需求。用户思维已经成为短视频行业的内生之义,在内容创作、粉丝运营、更新迭代等各个环节发挥着关键性作用。如果将融合内容比作一个圆圈,年轻群体喜闻乐见的内容比作另一个圆圈,不断扩大两者的交集方可获得主体用户群的青睐。短视频想要真正实现高效能的传播,就必须进行更大程度地"破圈",深度渗入年轻群体的话语空间,激活文化层面的共合力。

一、遵循与用户玩到一起的核心逻辑,人性化打造短视频账号

"四处观察"这个外号是网友起的,从这个外号引申开来,媒体机构在短视频平台开号、做内容,其中的一个难点就是怎样与用户达成良好的互动。而随着"四川观察"的成功出圈,官方互动角色"观观"以"成为大家身边的一个朋友"为定位,做一个

"有感情、有温度的发布机器"。在多个平台上,"观观"的社交性属性加强,主动联系多个官号、明星、达人,和大家产生良好的互动,积极地回复用户的信息和动态,和广大网友保持良好的联系,凭借其趣味、亲民的语言风格深受网友的喜欢,也增加了用户对于账号本身的好感度和黏性。加之"四川观察"从建号开始对于用户的投稿都会积极回复,在你来我往的过程中团队发现,其实用户特别希望和"四川观察"一块"玩"。例如,2020年11月,丁真的一则短视频在全网获得数百万关注,次日团队便召开紧急会议,开始做网络连线,之后就驱车十个小时前往理塘,完成了对丁真的首次采访。在直播中"四川观察"就丁真家乡、个人未来发展规划等网民高度关注的热点话题进行提问,引发全网关注,由此衍生出的多个微博话题也获得超百万的阅读量。因此,广电机构如果想实现短视频账号粉丝数量的高速增长,首先就是要能成为用户的关注者,去关注各自的用户,而不是让用户感受不到关注。

二、摒弃渠道一键分发模式,探索差异化的用户需求

广电机构做融媒体内容生产,有一个绕不开的话题就是"客户端+渠道"的生产模式。这个模式存在的最大问题是每个平台的粉丝构成、玩法是不同的,如果仍套用一个内容"模子",就会导致账号在所有平台呈现出同一张"面孔",收效甚微。"四川观察"有一个客户端和多个分发渠道,在渠道生产中,团队摒弃了原来多平台一键分发的模式,不断探索差异化的用户需求,将"差异化"作为短视频账号运营经验的核心词汇之一。

"四川观察"的客户端采取"数据算法+编辑逐选"的机制,政经新闻会获得更多的流量;其他渠道主要做的是各种新闻短视频,这类视频的影响力不可小觑,新闻资讯类短视频是有一定市场需求的。每个渠道的用户构成不同,玩法也不同:"四川观察"在抖音、快手、B站、微博等平台,有的做话题,有的做热搜,有的做提示,有的做深度。截至2023年年底,"四川观察"在各平台的总粉丝数已超过7 500万。"四川观察"也在努力解决内容产生的模式化、套路化问题。团队在各大平台尝试了不同的"玩法",目的其实就是试错,只有不停摸索试探,才是掌握短视频传播规律的唯一正途。

三、采取全媒驱动中台策略,推动内容生产转型变革

"四川观察"采取全媒驱动中台策略,建设了技术中台、内容中台和渠道中台三个中台。考虑到短视频与大屏传播的不同点,"四川观察"并未按照大屏的逻辑生产内容,而是迅速切换到新赛道,并采用先进生产力来推动内容生产转型及变革,这也是"四川观察"做中台的核心出发点。

"四川观察"技术中台的首要功能是大数据处理,这一功能主要是基于对传统媒体必须顺应数字化发展趋势的考虑;另外两个功能——多模态内通科技和5G应用,则是基于对未来的畅想而开发的。所谓多模态内通科技,说的就是内容聚合平台,包含用户生产内容(UGC),机器生产内容(MGC),专业生产内容(PGC),多频道网络的产

品形态。目前"四川观察"抖音号里的"硬新闻",有四川电视台新闻中心做保障;而"软新闻",则有广大的 UGC 们众创,而通过多模态内通科技,"四川观察"只需要调整"软""硬"新闻输出的频率和节奏,就能实现内容的多元,并照顾到用户的多元化消费需求。也就是说,全感知的"四川观察"数据将成为越来越重要的关键指标,由此带来的"四川观察"交互方式才更具价值。

"四川观察"内容中台主要服务于渠道差异化生产、项目制孵化和 MCN 跨项目事业群。一键分发只存在于地震、火灾等大型突发事件发生时,因为这个时候更需要的是追求速度。除这种特殊情况之外,"四川观察"推行渠道差异化生产模式,用户在 B 站看丁真进行互动是一个模式,在抖音和微博则是另外两种不同的形态。目前"四川观察"主要形成了这三个平台模式,究其本质,就是同样的内容在制作上实现了渠道化。

"四川观察"渠道中台主要解决了内容运维与技术互动的问题。"四川观察"的音视频能力在这里得到了很好的体现,利用渠道中台,"四川观察"一个月能提供一万多条音视频素材,并且已经具备超过 330 个小时的月度音视频生产能力。在大量的素材中摘取 IP 化、人格化的内容,对渠道提出了很高的要求,而实现对优质内容的统一运维,则是渠道中台的一个重要功能。渠道中台的第二个功能是技术互补,目前"四川观察"和平台一起成长,在开发应用的过程中,打开"四川观察"抖音账号的投稿箱,每天都能收到来自全国各地的投稿,数量达到几百条,渠道中台可以很好地解决用户投稿的问题。此外,渠道中台还能帮助品牌实现差异化运营。

四、建立 MCN 跨项目事业群,运维全网品牌打造"三化"

首先,"四川观察"尝试用项目制孵化来破局,建立了 MCN 跨项目事业群。这是"四川观察"做抖音、快手账号的核心事业群,也意在最大化发挥人才的作用,并使他们能获取与能力相匹配的薪酬。根据前期对国内 MCN 市场的整体调研和行业发展的可行性分析,四川广播电视台结合台内内容原创能力和新媒体账号运营实际,在 2019 年第四季度成立 MCN 跨项目事业群,事业群由新闻中心和金熊猫新媒体公司成立,双方抽调精兵强将,组成一个 20 人的业务团队,下设内容、技术、商业、运营四个小组,以"四川观察"抖音、快手账号为核心进行运营,同步推进广电 KOL 达人、IP 节目、电商直播等多个业务板块的综合运营,通过专业化队伍来全力打造突破口。

其次,"四川观察"运维全网品牌,核心打造"三个化"。在新媒体时代,广电机构在做互联网媒体的过程中可能会遭遇的障碍是有节目没有 IP、有主持人没有达人、有渠道但不值钱。将广电业务拆解为节目、主持人、渠道三个组成部分,"四川观察"运维全网品牌的核心就在于打造"三个化":节目的 IP 化、主持人的 KOL 化以及渠道的商业化。在转型的第二年年底到第三年年初的拐点上,"四川观察"的收益开始增长。通过盈利反哺内容,也是"四川观察"做 MCN 的目标之一。

(资料来源:"四川观察"抖音号,数据截至 2024 年 2 月 28 日,有改动)

12.3 短视频传播运营

短视频账号矩阵,是指短视频创作者同时创建并运营多个短视频账号的形式,每个账号的运营侧重点有所不同,但账号与账号之间存在某种联系,能够实现相互导流,从而提高短视频创作者的粉丝总量。短视频账号矩阵主要包括单平台账号矩阵和多平台账号矩阵。短视频创作者使用矩阵化运营,不仅可以提升自身或品牌的影响力,还可以形成链式传播,增加粉丝数量进行内部引流。

12.3.1 单平台账号矩阵

单平台账号矩阵是指短视频创作者在同一个短视频平台上创建多个不同的、存在某种关联的短视频账号的形式。

1. 单平台账号矩阵的运营模式

① 蒲公英型矩阵。这种运营模式是指在一个账号发布信息后,其他多个账号进行转发,再以其他账号为中心进行新一轮的扩散。这种模式适合旗下品牌较多的企业,通过矩阵的整体优势扩大信息覆盖面,进一步加强粉丝对企业品牌的印象。例如,核心账号"京东"另设有"京东科技""京东客服""京东生鲜""京东超市"等账号。

② 1+N 型矩阵。这种运营模式是指在一个主账号下再开设"N"个产品专项账号,以此构成完整的产品宣传体系。例如,抖音"海尔"主账号另有"海尔冰箱""海尔洗衣机""海尔空调"等一系列海尔电器的产品账号。企业使用这种模式,一旦产品在粉丝心中形成鲜明的特色,就能激发他们的购买欲。

③ AB 型矩阵。这种运营模式以塑造品牌形象为目的,以"形象抖音账号+品牌抖音账号"的形式组建账号矩阵,通常两个账号一主一辅同时发力,确保账号定位清晰,避免信息混乱。两个账号的作用"一软一硬",即"软植入+硬广告",软植入是指通过情景演绎或模仿热点等视频内容插入广告信息,硬广告是指账号直播发布品牌或产品的广告视频。

2. 账号之间的引流

短视频创作者在构建单平台账号矩阵后,可以尝试采取以下 4 种方法让不同账号之间实现互相引流。

① 在账号简介中展示其他账号。在短视频账号主页中的"简介"模块,短视频创作者除了介绍本账号,还可以写上矩阵中其他账号的名字,从而为其他账号引流。

② 在短视频内容简介中@其他账号。短视频创作者可以在某个短视频的内容简介

中@其他账号，从而让账号之间实现互相引流。

③ 在评论区进行互动。短视频的评论区是短视频创作者与粉丝进行互动的地方，短视频创作者可以将评论区当成一个免费的广告位，使用不同的账号在其他账号的评论区进行评论互动，从而实现账号之间的引流。

④ 关注矩阵中的账号。短视频创作者在账号中关注矩阵中的账号，从而实现互相引流。

3. 构建单平台账号矩阵的注意事项

短视频创作者采用单平台账号矩阵的运营模式时，需要注意以下几点。

① 每个账号要有不同的内容定位，即不同的账号发布的内容要有所区别，否则将无法得到短视频平台的推荐，账号之间也无法实现互相引流。例如，在京东集团的抖音矩阵中，"京东宠物"以展示萌宠的日常状态为主，"京东财富管理"以真人出镜讲述理财知识为主，"京东生鲜"以生鲜的挑选方法及烹饪技巧分享为主。该矩阵通过定位不同的账号吸引了不同的人群，最终增加了京东品牌的整体曝光量。

② 每个账号之间具有一定的关联。矩阵中的每个账号在保证内容定位有所不同的前提下，还要在某个点上形成一定的关联，这样才能让矩阵中的各个账号通过这个联结点实现相互引流。例如，抖音账号"樊登读书"发展矩阵账号"樊登读书精华""樊登读书解读""樊登读书育儿"等抖音号，各账号的目的都是推广"樊登读书"的品牌。

③ 每个账号风格要一致。在矩阵运营过程中，短视频创作者要注意矩阵内账号不能太杂或过于混乱，风格必须保持一致，不能相差太多。同时，短视频创作者还要仔细斟酌短视频的内容，创作的内容要足够吸引粉丝。

12.3.2 多平台组合营销

除了在同一平台上做纵深拓展，短视频账号矩阵还可以进行横向的多平台覆盖。多平台账号矩阵是指短视频创作者在多个短视频平台上创建短视频账号，在发布短视频时，采用多个平台同步分发的形式。一般来说，多平台账号矩阵是多平台同账号矩阵，即短视频创作者在不同的短视频平台上创建名字相同的短视频账号，这样便于粉丝识别短视频创作者。例如，"日食记"就分别在抖音、快手、微博、哔哩哔哩等平台上创建了同名账号，每个平台上的账号都拥有数量可观的粉丝。

1. 寻找适配平台

建立多平台账号矩阵运营模式，并不是要在主账号和其他所有平台之间建立联系，而是选择合适的平台建立协作关系。不同类型的账号适合的平台类型也不尽相同，首先是形式上的匹配，其次是内容的兼容。

无论是个人号还是企业号，其短视频作品都需要与平台相匹配。仅从形式上看，可以发布短视频的平台有很多，如抖音、快手、腾讯微视、微博、西瓜视频、今日头条等。除了形式,短视频创作者还要考虑内容的兼容性。短视频创作者采取多平台账号矩阵模式,先要对各个短视频平台进行充分的调研和分析,了解不同平台的特性,然后根据短视频平台的特性创作符合该平台特性的短视频内容。

此外,不同的短视频平台,其用户群体也会有所不同,短视频创作者在选择构建多平台账号矩阵时,要分析目标短视频平台的用户群体是否与自己的目标用户群体重合,如果两者的重合度较低,那么这个短视频平台可能就不适合自己,即使在该平台上投入了时间和精力,也很可能无法达到理想的引流效果。

2. 引导流量交流

在选择了合适的引流平台之后,短视频主账号与其他短视频平台之间已经具备了建立联系的基础。要真正实现引流,在此基础上还要让不同平台的流量之间产生交流。

引导流量交流的方式有很多,以微博为例,首先是分享的内容中要具备指向性的因素,如视频中的水印。短视频账号的运营者在微博上分享自己的视频时,如果有用户对这个视频感兴趣,自然会关注这个微博账号,但是想要把微博上的粉丝转化为抖音上的粉丝,仅靠吸引力是不够的。借助视频中短视频平台的水印,微博上的粉丝如果想观看更多类似的视频,就可以去该短视频平台,也就成功让微博上的粉丝转化成短视频平台的粉丝。

另外,平台与平台之间的联系还可以促进短视频创作者与粉丝之间形成互动,互动的作用就是调动平台用户的好奇心。例如在视频中留下悬念,在评论区中设置问题,引导其他平台的用户到该短视频平台上关注账号,寻找答案,这样也可以有效地进行流量转化。

3. 维系平台联系

不同平台间的粉丝形成联系并相互转化后,并不代表引流完成了,重要的是持续性地维持联系,始终保持平台间的联系不中断。首先,短视频创作者要保证短视频内容在不同平台上更新的频率基本相同,这样才能保证用户的活跃度和粉丝转化的连续性。其次,短视频内容要基本保持一致,不同平台的用户转化是需要引子的,这个引子往往就是用户感兴趣的视频或内容,因此短视频创作者必须确保用户从引流平台进入短视频平台的时候,能够很快找到与吸引他们的内容相似的短视频。

12.3.3 矩阵管理的注意点

矩阵的打造是为了全网的营销传播,增大用户的覆盖面,但也带来了更高的管理要求。依据 PRAC 营销理论,短视频创作者要从平台管理(Platform)、关系管理(Relationship)、行为管理(Action)和风险管理(Crisis)四个角度实施账号矩阵的完整管理。

1. 平台管理

平台管理是指短视频创作者负责主账号的长期管理与规划，并通过控制管理其它账号的形式实现矩阵式发展，促进多个账号联动"涨粉"。因为矩阵拥有多个账号，为避免各账号自说自话而出现角色混乱的局面，账号矩阵管理中必须有一个主账号负责领导、管理其他账号。主账号的平台就是主平台，在矩阵运营中发挥领导作用，其它账号发挥推广、客服等作用，服务于主账号。

2. 关系管理

关系管理是指短视频创作者除了管理自己控制的几个账号之间的关系，还要经营自身账号同其他短视频账号的关系，甚至包括与平台官方的关系。短视频创作者要通过管理这些关系，使自身账号更好地运营。矩阵中的各个账号如果没有良性互动，就无法形成矩阵效应，也就无法充分发挥各账号的作用，只会造成资源的浪费。

3. 行为管理

行为管理是指短视频创作者对"吸粉"引流、品牌推广、产品营销等行为进行有效管理和运营操作。短视频创作者通过行为管理使账号更具知名度，更具影响力。

4. 风险管理

账号矩阵运营也存在一定的风险，风险主要来源于内容和言论，如果短视频内容出现违规或粉丝有很大的不满情绪，账号就会出现危机。一个账号出现危机，其他的账号也可能因此被牵连，短视频创作者要严格审核内容，有效引导舆论，及时疏解粉丝的不良情绪，处理不当言论，解决账号危机，避免危机进一步扩大，这就是风险管理。

12.4 短视频运营禁忌

短视频的内容应该遵守法律法规和社会道德，不得包含违法、违规或不良信息，不应该使用未经授权的音乐、图片或其他素材，注重自身和对他人版权和知识产权的尊重。随着国家对短视频平台监管越来越规范，平台的规则和制度也越发完善，很多刚入门的短视频创作者稍有不注意就会因触犯规则而被处罚。主要的注意点如下。

1. 视频"标题"的把控

这里的标题包括但不限于直播间标题、购物袋标题、第三方平台商品标题。一般平台遵循法规要求，有明令禁止使用的词语，如"点击参加抽奖""点击看美女""点击领红包""ta 正在关注你""你的通讯录好友"等引导点击的内容；"亏本""清仓""倒闭""滞销""挥泪大甩卖"等夸大促销性相关信息的词汇；"国家级""最""第一""绝无仅有""世界级"等夸大或误导性的极限词（详见第 7 章）。

标题不得重复关键词，或出现与商品名称、品类无关的关键词，标题应该以描述商品本身属性为目的，标题中各商品属性内容应客观属实，且与实际商品和商品详情页相关联；分享的商品信息应与直播过程中展示的商品一致（包括品牌、款式等）。

2. 主图、封面或者是购物车卡片所附商品图片合规

① 图片内容不能过分暴露，应符合平台及社区规范对内容的要求。

② 禁止展示多张图片拼接而成的商品图片。

③ 封面图片需清晰、美观，吸引用户；1∶1高清方图；可放符合规范要求的商品图。

④ 图片需清晰展示商品主体，容易辨识（禁止用大量文字等覆盖）。

⑤ 商品图和详情中不得出现与商品信息无关的描述，如出现外部网站的logo、联系账号、二维码等广告信息。

3. 回避"引导私下交易"

虽然国家倡导各大平台互通，但是大部分平台之间还是不能直接兼容的，比如短视频中不能添加二维码信息，不能直接加QQ号或者手机号码等信息插播引流。在店铺页面、商品详情页、推广页面、聊天工具、短信、实物包裹等任何向消费者展示的场景中，发布第三方信息（非平台链接、非平台联系方式、实体店信息、银行账号及其他付款方式、二维码等信息），都是属于引导私下交易的违规场景。一旦被平台检测到，轻则直播间被限流，重则被封号。

4. 其他操作注意事项

① 短视频发布尽量做到"一机一卡一号"，不要一个手机切换登录不同短视频号。

② 账号保持正常互动，不要在视频没看完时大量点赞、转发，不要花钱去互粉、互赞、刷粉、刷赞，没有任何意义，还会被平台降权。

③ 不要过于频繁地发布作品，会被平台判定为营销号，每天最多2~3个，作品发布时间最好间隔几小时。

④ 一旦开始运营账号，不要长时间停发作品，否则账号会被降权；也不要随意大量删除作品，会导致账号被降权，不想要的作品可以设置成私密。

⑤ 视频避免模糊不清晰，不要出现任何水印；视频里尽量不要出现任何品牌的logo，如果无法避免，出现时间不要太长。

⑥ 不要在同一Wi-Fi下登录、操作大量账号（超过五个）。

> **议一议：**
> 除此之外，你是否了解运营短视频账号还有哪些注意点？

参 考 文 献

[1] 陈传明. 管理学[M]. 北京:高等教育出版社,2019.

[2] 菲利普·科特勒,加里·阿姆斯特朗. 市场营销:原理与实践[M]. 楼尊,译. 17版. 北京:中国人民大学出版社,2020.

[3] 迈克尔·所罗门. 消费者行为学[M]. 杨晓燕,苗学玲,胡晓红,等译. 12版. 北京:中国人民大学出版社,2018.

[4] 艾·里斯,杰克·特劳特. 定位:争夺用户心智的战争[M]. 邓德隆,火华强,译. 北京:机械工业出版社,2021.

[5] 王斌,曹三省. 直播与短视频深度运营[M]. 北京:中国广播影视出版社,2021.

[6] 熊友君. 直播电商:带货王修炼真经[M]. 北京:中国广播影视出版社,2021.

[7] 陆高立. 直播销售:商业模式+平台运营+吸粉引流+带货技巧[M]. 北京:中国铁道出版社有限公司,2020.

[8] 肖椋,李彪,吕澜希. 全流程打造爆款短视频:策划、制作与运营[M]. 北京:清华大学出版社,2021.

[9] 肖红军. 共享价值、商业生态圈与企业竞争范式转变[J]. 改革,2015(7):129-141.

[10] 姜璇,王婷,邓世名. 品牌商直营模式下的新产品发布策略:质量,价格和渠道的联合决策[J]. 中国管理科学,2023,31(6):49-59.

[11] 刘秀玲,甘子颖. 数字经济下"直播+"线上线下融合全渠道模式对企业商业生态圈的影响[J]. 时代经贸,2023(2):111-114.

[12] 李飞. 全渠道零售的含义、成因及对策:再论迎接中国多渠道零售革命风暴[J]. 北京工商大学学报:社会科学版,2013(2):11.

[13] 肖勇波,王旭红,喻静,等. 直播电商:管理挑战与潜在研究方向[J/OL]. 中国管理科学:1-16[2024-05-28]. https://kns.cnki.net/kcms/detail/11.2835.93.20230310.0849.001.html. DOI:10.16381/j.cnki.issn1003-207x.2021.1113.